LIVROS QUE
CONSTROEM

CIP-Brasil. Catalogação-na-Publicação
Câmara Brasileira do Livro, SP

R143e
Ramos, Jair Jordão, 1907-1980.
   Os exercícios físicos na história e na arte : do homem primitivo aos nossos dias / Jayr Jordão Ramos ; ed. orientada pelos professores M. José Gomes Tubino e Cláudio de Macedo Reis. -- São Paulo : IBRASA, 1982.
            (Biblioteca didática ; 20)

   Bibliografia.

   1. Educação física e treinamento - História I. Tubino, Manuel José Gomes, 1939- II. Reis, Cláudio de Macedo, 1933- III. Título.

82-1239   CDD-613.709

Índices para catálogo sistemático:
1. Educação física : História   613.709

Os Exercícios Físicos na História e na Arte

Biblioteca "DIDÁTICA" — 20

Volumes publicados:

1. *Contabilidade de Custos* — Lawrence e Ruswinckel
2. *Curso de Secretariado Moderno* (Comunicação e Correspondência) — Luiza Chaibub
3. *Curso de Secretariado Moderno* (Datil., Taquig., Caligrafia) — Luiza Chaibub
4. *Física — 2º Grau — Dos Experimentos à Teoria* — Darcio P. Santos
5. *Aulas de Educação Física — 1º Grau* — Hudson V. Teixeira e Mario C. Pini
6. *Matemática — 1º Grau-5ª Série* — Carlos Cattony
7. *Matemática — 1º Grau-6ª Série* — Carlos Cattony
8. *Matemática — 1º Grau-7ª Série* — Carlos Cattony
9. *Matemática — 1º Grau-8ª Série* — Carlos Cattony
10. *Test Your English* — J.M. Gonçalves
11. *A Arte de Estudar* — M. Murça Viotto
12. *Saúde na Escola — 1º Grau* (Livro do Professor) — Ruth S. Marcondes e outros
13. *Saúde na Escola — 1º Grau* (Manual do Professor) — Ruth S. Marcondes e outros
14. *Metodologia Científica do Treinamento Desportivo* — M.J. Gomes Tubino
15. *As Qualidades Físicas na Educação Física e Desportos* — M.J. Gomes Tubino
16. *Teoria Organizacional da Educação Física e Desportos* — J.M. Capinussu
17. *Planejamento e Avaliação do Ensino* — P.D. Lafourcade
18. *Em Busca de uma Tecnologia Ed. Para as Esc. de Ed. Física* — M.J. Tubino
19. *O Sentido da Arte* — Herbert Read

JAYR JORDÃO RAMOS

OS EXERCÍCIOS FÍSICOS NA HISTÓRIA E NA ARTE

Do Homem Primitivo aos Nossos Dias

Edição orientada pelos professores
M. JOSÉ GOMES TUBINO e
CLÁUDIO DE MACEDO REIS

IBRASA
INSTITUIÇÃO BRASILEIRA DE DIFUSÃO CULTURAL S.A.
SÃO PAULO

Direitos desta edição reservados à

IBRASA

INSTITUIÇÃO BRASILEIRA DE DIFUSÃO CULTURAL S.A.
Rua. Treze de Maio, 446 - Bela Vista - Tel. 11 - 3284-8382
01327-000 - São Paulo - SP

Copyright (c) 1982 by
Regina Oliveira Ramos

Capa de Carlos Cezar

Publicado em 2010

IMPRESSO NO BRASIL – PRINTED IN BRAZIL

Sumário

Prefácio 9

Origem de um título: Os Exercícios Físicos na História e na Arte 11

I. Os Exercícios Físicos no Tempo e no Espaço 13
II. Desporto e Arte 33
III. Civilizações Primitivas de Ontem e de Hoje 49
IV. Antigas Civilizações do Mediterrâneo 59
V. Os Exercícios Físicos na Terra dos Faraós 69
VI. Esboço Histórico-Cultural-Desportivo da Velha Grécia 83
VII. Civilizações e Exercícios Físicos na Grécia Imortal 97
VIII. Os Jogos Gregos 127
IX. Os Exercícios Físicos em Roma 147
X. Idade Média e Precursores Renascentistas 163
XI. Movimento Doutrinário Germânico de Educação Física 181
XII. Movimento Doutrinário Escandinavo de Educação Física 193
XIII. Movimento Doutrinário Francês de Educação Física 213
XIV. Movimento Desportivo Inglês 225
XV. Movimento Desportivo Mundial 231
XVI. Alguns Líderes do Pensamento em Educação Física 245
XVII. Ideologia Olímpica 249
XVIII. Jogos Olímpicos Contemporâneos 257

XIX. Educação Física e Desportos no Brasil   *287*
XX. Museu de Educação Física e Desportos   *309*
XXI. Panorama Mundial da Educação Física   *331*

Bibliografia   *347*

Prefácio

Prefaciar essa obra "post-mortem" do Gen. Jayr Jordão Ramos é extremamente emocionante para nós! Essa emoção se justifica plenamente quando sabemos que o Gen. Jayr foi o maior vulto da História da Educação Física Brasileira! Nós, que o tivemos como bandeira de idealismo, nos sentimos diminutos diante de tanta grandeza humana e histórica!

Nosso contacto com esse grande mestre nos seus últimos dez anos de vida — exemplos, pioneirismos e realizações — nos permite toda uma carta de referências patrióticas em que a Educação Física se constituiu nosso ponto de encontro!

O Prof. Jayr Jordão Ramos marcou a Educação Física Escolar Brasileira quando retornou da Escola de Joinville-le-Pont e colocou o Brasil no debate sobre doutrinas internacionais e suas influências, e quando, alguns anos depois, alertava os especialistas brasileiros que os métodos estavam desaparecendo enquanto as formas de trabalho surgiam para ficar no novo contexto. No campo do treinamento de Alto Nível foi o primeiro a escrever com seu clássico *Cânones Atuais do Treinamento Desportivo* e depois os célebres trabalhos sobre *Interval-Training, Isométricos, Circuit-Training* e outros, que tanto serviram como literatura inicial para a comunidade desportiva nacional.

A Escola de Educação Física do Exército foi a tribuna principal para suas fecundas orações, nas quais o exercício físico sempre foi a variável fundamental da promoção do homem.

Enquanto viveu, foi o principal personagem da Educação Física Brasileira no Exterior, o que pode ser constatado pelos inúmeros reconhecimentos através de condecorações internacionais e principalmente pela eleição como Vice-Presidente da FIEP (Fédération Internationale d'Education Physique), em cuja função conseguiu projetar nosso Brasil através de seus trabalhos e da admiração da intelectualidade internacional da Educação Física.

Durante toda sua existência, criou um "Museu de Educação Física" imaginário, pelo qual expedia seus inúmeros trabalhos e permitia aos brasileiros, tão carentes de informações técnicas e científicas, um verdadeiro bebedouro de conhecimentos atualizados. Um ano antes de sua saída do nosso convívio, estimulado por nós, resolveu juntar todos esses trabalhos e complementar a obra, oferecendo um livro que se chamaria *Os Exercícios Físicos na História e na Arte*. Infelizmente o Gen. Jayr não poderá ver sua obra editada, mas grande número de gerações de brasileiros poderão senti-la e avaliar a importância da mesma! O livro *Os Exercícios Físicos na História e na Arte* representa toda uma vida pela causa da Educação Física e, ainda, representa uma obra que, temos certeza, só ele poderia escrever!

Ainda emocionados, por falar de alguém que através de uma humildade permanente conseguiu envolver-nos num ideário extraordinário em que a Educação Física assume o papel principal, podemos terminar esta apresentação dizendo que nesse livro o Gen. Jayr Jordão Ramos conseguiu transformar seu imaginário Museu de Educação Física em realidade.

Manoel José Gomes Tubino

José Maurício Capinussu

Origem de um título: Os Exercícios Físicos na História e na Arte

Em nosso primeiro dia de trabalho, após traçarmos o roteiro da presente obra, modesto ensaio sobre as atividades físicas através do tempo, ficamos em dificuldade quanto à escolha de um nome preciso, embora seguros, sem nenhuma dúvida, do que pretendíamos realizar.

Três denominações, em particular, surgiram em nosso espírito e foram objeto de nossa meditação: *Os Exercícios Físicos na História e na Arte*, *História da Educação Física* e *História dos Desportos*. Qualquer uma delas, embora de maneira incompleta, satisfazia nossa idéia e enquadrava-se no esboço delineado, tanto que agora, escolhido o nome definitivo, as demais denominações podem ser empregadas como subtítulos do trabalho executado, ressaltando, por conseguinte, o conteúdo do seu desenvolvimento.

Os tempos mudam e o progresso alarga os conhecimentos humanos. Certas expressões empregadas no campo da nossa especialidade, dentro dos atuais conceitos, deixaram de indicar a mesma coisa e adquiriram significações específicas. Educação Física, Cultura Física e Treinamento Desportivo, tomados como termo de comparação, afirmam tal fato. A primeira, entrosada no quadro pedagógico; a segunda, no meio brasileiro, diz respeito à simples formação corporal; a última, compreendendo um conjunto de esforços e meios postos em ação, visa ao preparo do atleta para a competição. Em todas há um elemento básico e comum —

o exercício físico. Em verdade, é difícil dizer onde uma começa e a outra acaba, pois se confundem comumente na prática.

Ao término da tarefa, longa e exaustiva, descortinando melhor o caminho percorrido, de imediato se impôs em nossa mente, solicitado por pesquisas e estudos, um título bem sugestivo e exato — *Introdução à História dos Exercícios Físicos*. É inadmissível que, até hoje, não exista um vocábulo consagrado para indicar a totalidade do trabalho físico. Os termos Fisiografia, Gimnologia e numerosos outros não conseguiram afirmar-se.

Aliás, a questão da terminologia das atividades físicas foi outro problema que, no decorrer do trabalho, tivemos de enfrentar. Precisamos ser coerentes, dando às coisas o seu verdadeiro nome. Em todos os países do mundo, tomados isoladamente, e com poucas exceções, há falta absoluta de uniformidade sobre o assunto. Pior ainda é a questão no cenário internacional, onde os conceitos se contradizem e existe uma confusão generalizada. Bastante complexo, o problema é cheio de controvérsias, dificuldades e sutilezas; por isso mesmo, apesar de sua importância, tem sido postergado.

Entretanto, embora considerando a acessibilidade do título — *Introdução à História dos Exercícios Físicos* —, sentimos que o vocábulo *Introdução* limita bastante a abrangência que desejamos dar ao nosso trabalho, motivo por que optamos pelo título *Os Exercícios Físicos na História e na Arte*, através do qual visualizamos tudo que se refere ao desporto e à educação física em suas mais variadas e complexas manifestações.

I
Os Exercícios Físicos no Tempo e no Espaço

Reconstituição de um Chasquis, corredor profissional do Império Inca, empregado em revezamento, para transmitir notícias e transportar pequenos objetos. Figura muito admirada pelos conquistadores espanhóis.

O Tempo e o Espaço estão sempre presentes no desenvolvimento da Civilização e da Cultura. Do primeiro, cogita a História. Do segundo, a Geografia.

A História dos Exercícios Físicos, segundo nossa compreensão, é escola de Cultura e de Educação. De maneira atraente e impregnada de beleza, ensina-nos a conhecer a Humanidade, por meio de acontecimentos, coisas e pessoas, entrosando-se nos diferentes aspectos políticos, sociais e militares da História da Civilização, onde ocupa lugar definido e sugestivo. O conhecimento do passado é chave para compreensão do presente e do futuro.

Dentro da acadêmica divisão da História, acompanhando a marcha ascensional do homem, documentada sobretudo no mundo ocidental, somos levados a afirmar que a prática dos exercícios físicos vem da Pré-História, afirma-se na Antigüidade, estaciona na Idade Média, fundamenta-se na Idade Moderna e sistematiza-se nos primórdios da Idade Contemporânea. Torna-se mais desportiva e universaliza seus conceitos nos nossos dias e dirige-se para o futuro, plena de ecletismo, moldada pelas novas condições de vida e ambiente.

Na atualidade, quando um mundo morre e outro luta para nascer, a conceituação dos exercícios físicos, nas suas vacilações, corresponde perfeitamente ao momento cultural e sócio-filosófico em que vivemos. Não há um rumo definido, mas sente-se, apesar de tudo, que o trabalho físico de predominância desportiva, sem desprezar outros aspectos, orienta-se para a vida dos dias de amanhã, em que o indivíduo, preso à máquina, cada vez mais a ela se escravizará, embora surja a certeza do aumento dos tempos de lazer, por conseguinte de uma exercitação imprescindível, mas intensa e facilitada.

O exame do sentido educacional das atividades físicas terá prioridade em toda nossa exposição; portanto, será dada à educação física propriamente dita, sempre que possível, posição de destaque. Procuraremos também acentuar, na concatenação do trabalho, a predominância dada aos exercícios de caráter pedagógico, natural, médico, musical, psicomotriz e desportivo. Ademais, para efeito de distinção, diga-se de passagem que há uma educação sistemática, produto de adequada preparação pedagógica e planos, e outra assistemática, espontânea e ocasional, cujo desenvolvimento é feito conforme as circunstâncias da vida.

O presente trabalho, resumo da evolução das atividades físicas, não será simples narração de fatos, exaltação de líderes, mostras de arte, dados pedagógicos, exame de formas de movimentos ou citação de exercícios. Dentro das nossas limitações, tudo faremos para que ele apresente algo de Cultura e Educação, abrangendo conhecimento sobre épocas, povos, obras e homens. Na pesquisa realizada, as fontes consultadas foram não somente no campo da Educação Física e do Desporto de Competição, como da História da Civilização, da Educação, da Sociologia e da Arte, sem excluir, evidentemente, os demais setores de pensamento humano.

Período Pré-Histórico das Civilizações

Para sermos exatos, cumpre fazermos, de início, algumas referências ao largo período pré-histórico, marcado pelo aparecimento do homem e pela sua luta para sobreviver.

O homem pré-histórico, nos primórdios do seu primitivismo, tinha sua vida cotidiana assinalada, sobretudo, por duas grandes preocupações – atacar e defender-se. No dizer feliz de alguém, era mais músculo do que cérebro. Realizava toda sorte de exercícios naturais, praticando uma verdadeira educação física espontânea e ocasional.

Desde o começo da aventura do homem sobre a Terra foi transmitida, de geração em geração, uma série de práticas utilitárias, que, observadas e imitadas, possibilitaram-lhe, vivendo em um meio hostil, melhor apurar seus sentidos, forças e habilidades. Baseado no "savoir faire" surgiu o exercício natural, cuja aprendizagem era realizada por ensaios e erros. Em particular, numerosas foram as práticas empregadas na preparação guerreira dos jovens selvagens. As tribos impunham-se pela bravura dos seus guerreiros.

Aterrorizado por tudo que o cercava, o homem primitivo considerava sua sobrevivência como favor dos deuses, dando à sua vida, por conseguinte, sentido ritual. De várias formas, não somente empregando a dança, manifestava seu misticismo. Desde os tempos mais remotos, os exercícios corporais, rudimentarmente sistematizados, constituíam atos respeitosos nas grandes festividades, inclusive no culto aos mortos.

Nos tempos pré-históricos, principalmente a partir do período paleolítico, existiram expressões de jogos utilitários e recreativos. Tais práticas, como as de hoje, sempre tiveram seu próprio cerimonial e regras estabelecidas e, geralmente, tanto vencedores como vencidos aceitavam o resultado desportivamente. Vem das civilizações primitivas, diz Diem, o aforismo: "Para ganhar é preciso saber perder", forma antiquíssima do atual "fair play".

Pelo visto, as atividades físicas das sociedades pré-históricas — dentro dos aspectos natural, utilitário, guerreiro, ritual e recreativo — objetivavam a luta pela vida, os ritos e cultos, a preparação guerreira, as ações competitivas e as práticas recreativas.

Antigüidade: Oriente e Novo Mundo

Tratando da Antigüidade, embora assentando nossas apreciações quase exclusivamente nos fatos do mundo mediterrâneo, não podemos deixar de relatar algo relativo aos exercícios físicos no Oriente e nas mais adiantadas populações indígenas do Novo Mundo, cujo modo de vida nos permite retirá-las do quadro pré-histórico clássico.

Não é exagero afirmar que a civilização ocidental, no seu passado escalonado no tempo, mais recebeu da oriental do que a ela deu. No campo das atividades físicas, exemplificando somente com quatro povos — o hindu, o chinês, o japonês e o persa — encontramos a validade de nossa afirmação, através, respectivamente, do Ioga, do "Cong-Fou", do "Jiu-Jitsu" e do "Pólo".

Dispondo de limitadas fontes de consulta, nos últimos anos da década 1960-1970 fizemos algumas pesquisas sobre a prática dos exercícios físicos dos povos orientais. Ficamos deslumbrados, entre outros, com os egípcios, os assírios, os babilônios, os hititas, os persas e os chineses.

A arte egípcia, cheia de majestade e beleza, revela, por meio de preciosos testemunhos, que a prática dos exercícios físicos, muito antes do milagre grego, ocupou importante lugar na brilhante civilização que floresceu na terra dos faraós. A luta livre, o boxe, a esgrima com bastão, disputando primazia com a natação e o remo, foram, talvez, os desportos de maior aceitação. Os romanos, mais tarde, aperfeiçoaram muitos golpes egípcios e estabeleceram regras de competição, criando assim a luta greco-romana. O "catch", forma espetacular e moderna de competição, está cheio de elementos da luta do antigo Egito.

Os povos mesopotâmicos, particularmente os assírios e babilônios, pelas suas condições de vida, cheias de imprevistos e em busca constante de novas aventuras, cultivavam exageradamente a força, a agilidade e a resistência, entregando-se a variadas atividades utilitárias.

Os hititas, povo de origem incerta, destacaram-se em todos os exercícios utilitários, sendo exímios cavaleiros. Deles ficou-nos um extraordinário manual de treinamento hípico, no qual o emprego do esforço e contra-esforço, na comparação de Diem, lembra o atual "interval-training".

Muitas coisas poderíamos informar sobre os povos asiáticos, onde toda ciência, pensamento e ação se assentavam na Filosofia, na Moral e na Religião, nas quais o exercício físico se entrosava. Na Pérsia, Índia, China, Japão e outros povos, em contraste com a prática do mundo ocidental, excepcionalmente, as atividades físicas tinham caráter agonal, servindo mais como um meio ritual ou de preparação para a vida. As competições surgiram, ocasionalmente, como ponto alto dos torneios e festividades.

Para reafirmar o que expressamos, poderemos apoiar-nos no objetivo da educação física persa: "Ensinar seus filhos a montar a cavalo, atirar com o arco e dizer sempre a verdade." A formação moral constituía preocupação desse povo, sendo ensinadas, desde a infância, a generosidade, a obediência e a moderação.

Completando a filosofia da prática das atividades físicas no Oriente, ressaltemos a velha China, para nela apreciar a justeza do conceito desportivo, no século I da nossa era, onde se ajustavam, em perfeita harmonia, parâmetros de verdadeira educação. Li-yu, poeta chinês, motivado pelo "T'su Chu", futebol de antanho, assim se expressava em versos modernizados, em tradução livre:

"Redonda é a bola, quadrado, o campo,
Igual a imagem da Terra e do Céu.
A pelota passa sobre nós como a Lua,
Quando duas equipes se encontram.
Foram nomeados os capitães, que dirigem o jogo
Segundo o imortal regulamento.
Nenhuma vantagem para os parentes,
Não há lugar para partidarismos; em troca
Reina a decisão e o sangue frio,
Sem erro nem omissão,
E se tudo é necessário para o futebol,
Quanto mais o será na luta pela vida!"

Para não estender este trabalho, pouco diremos quanto ao Novo Mundo. Nele, com idéias próprias dos tempos históricos, vamos encontrar povos indígenas bem seguros sobre a necessidade e vantagem do exercício físico. Nem todos eram selvagens.

Além das práticas utilitárias, em todo continente pré-colombiano de civilização adiantada, podemos enumerar uma gama enorme de jogos que constituíam, geralmente, objeto de culto, recreação e preparação guerreira.

Não somente no Oriente e na América pré-colombiana, mas em todo o mundo, foram encontradas atividades físicas, simultaneamente profanas e religiosas, havendo nelas muito espírito criador e originalidade.

Período Clássico: Civilização Ocidental

Para apreciarmos os exercícios físicos no período clássico, temos que considerar, sucessivamente, Grécia e Roma. Na primeira, estudaremos Atenas e Esparta, cujos fins eram no campo educacional, respectivamente, o cidadão integral e o guerreiro. Na segunda, que não conheceu a Educação Física, cujo objetivo visava a formar o guerreiro e, em seguida, a fase circense onde dominou, ao lado da decadência, a forma brutal e sangrenta da luta de gladiadores.

Grécia

Na civilização ocidental, tudo de grandioso e belo tem os seus fundamentos no helenismo. O exercício físico não foge à regra. Quando dele tratamos, disse alguém, pisamos alicerce da cultura grega. A exercitação do corpo constituía meio para a formação do espírito e da moral. Platão, filósofo genial, referindo-se à ginástica, afirmava que ela unia aos cuidados do corpo o aperfeiçoamento do pensamento elevado, honesto e justo.

Para demonstrar o papel que na vida grega desempenhava a prática das atividades físicas, integrada no espírito da juventude, é suficiente meditar sobre os dois versos abaixo, nos quais um atleta se lamenta depois de sofrer grave acidente:

"Despeço-me do foro, estádio e ginásio, desgraçado de mim,
Eu que fui a flor do ginásio, o adorno do óleo."

O ideal da beleza humana para o Ocidente, como bem observou Diem, nasceu nos locais desportivos da Grécia, onde a prática dos exercícios físicos e as manifestações artísticas eram consideradas irmãs. Como era artista, o grego com o desporto fez arte. Grandes artistas – Miron, Praxíteles, Lísipo, Policleto, Fídias, Pitágoras, Polignato, Naukides, Apolônio e muitos outros – através de suas obras, espalhadas pelos museus do mundo, demonstram tal afirmação.

No campo dos poemas e das composições literárias foram também admiráveis os poetas e os prosadores. Entre inúmeros, a História nos aponta – Homero, Píndaro, Ésquilo, Sófocles, Aristófanes, Eurípedes, Simônides e Baquílides.

Homero, na ação de divulgar feitos desportivos, pode ser considerado o "primeiro cronista desportivo do mundo".

As obras de Sócrates, Platão, Aristóteles e muitos outros filósofos atestam o valor da Educação Física entre os gregos. Os escritos de Hipócrates, Galeno e Icco de Tarento, para muitos o verdadeiro fundador da medicina desportiva, evidenciam, dentro do quadro das contribuições médico-pedagógicas, uma preocupação higiênica e terapêutica desportiva. As narrações de Heródoto, Xenofonte, Plutarco, Pausânias, Filóstrato e Luciano de Samosata são fontes preciosas para conhecimento da vida desportiva grega.

Dentre os helenos que ocuparam, a partir do século XIV a.C., o território grego e nele se estabeleceram, dois foram os troncos mais importantes — os jônios e os dórios —, radicando-se os primeiros em Atenas e os últimos em Esparta. Tinham costumes diferentes; enquanto os primeiros se distinguiram pela brandura, pelo gênio artístico e pela brilhante imaginação, os dórios apresentavam acentuadas tendências guerreiras. Seus descendentes, atenienses e espartanos, foram sempre rivais. Ambos se contrastavam radicalmente e, ao mesmo tempo, se completavam no seu antagonismo.

Atenas foi o Estado do Direito, que Péricles engrandeceu com o brilho do seu gênio e a grandeza de suas realizações. A educação corporal tinha lugar de destaque, adquirindo padrões de eficiência educacional, fisiológica, terapêutica, estética e moral compatíveis, dentro das limitações da época, aos progressos de conquista dos tempos atuais. Tudo era realizado, sem descurar da preparação militar, tendo em vista a formação do cidadão integral.

Esparta, ao contrário, foi o Estado do Dever. Tudo nela visava ao interesse coletivo. Os exercícios físicos tinham características guerreiras, objetivando principalmente a preparação militar, a disciplina cívica, o endurecimento do corpo e a energia física e espiritual. Homens e mulheres eram subordinados a preparação semelhante.

Não só Atenas e Esparta, mas toda a Grécia era um campo de práticas desportivas, bastante influenciadas pela mitologia. Os escritos em geral e os fragmentários restos da Antigüidade Grega, sobretudo seus magníficos vasos decorados e suas admiráveis estátuas, revelam uma gama enorme e variada de atividades, acentuadamente as de caráter competitivo. Embora os exercícios fossem realizados sob múltiplos aspectos, os mais praticados diziam respeito à preparação dos atletas para os seus Grandes Jogos Olímpicos, Píticos, Nemeus e Istmicos. Não é de estranhar a importância de tais manifestações, pois o povo da Velha Grécia se caracterizava pelo seu elevado espírito agonal. Ésquilo exigia que todo grego fosse um competidor. Vivia toda a Hélade empolgada pelas disputas, em permanente festividade desportiva.

Numerosos poetas, em odes admiráveis, cantavam os Jogos. Píndaro, o maior entre os maiores, exaltou a vitória e os vitoriosos.

Os Jogos Olímpicos eram os mais importantes e foram disputados 293 vezes durante quase 12 séculos (776 a.C — 393 d.C). Quando foram abolidos, com a queda do espírito grego, já estavam decadentes. O público se divertia com as lutas de colossos carregados de músculos e besuntados de gordura. Neles havia desaparecido a vitalidade e beleza dos primeiros tempos.

A celebração em honra de Zeus e outros deuses, no recinto de Olímpia, marcava a sobrevivência do paganismo, por conseguinte, oportunidade de antigas práticas, em época de progresso do Cristianismo. Levado por tal fato, o imperador romano Teodósio, no ano 394 d. C., pôs uma pá de cal nessas extraordinárias competições. Olímpia, que era o verdadeiro coração da Grécia, mesmo do mundo mediterrâneo, entrou em ruínas veneráveis, mas deixou para a posteridade sua ideologia sagrada e o valor do exercício como agente da educação.

Roma

Roma se desenvolveu numa terra onde já havia duas civilizações magníficas, a dos etruscos ao Norte, e a dos gregos ao Sul.

Da Grécia, herdou Roma sua cultura, mas sua civilização se caracterizou pelo seu espírito prático e utilitário.

Para facilidade do estudo dos exercícios físicos, entre os romanos, apresentaremos o assunto, dividido em três períodos:

No primeiro período, tempo da monarquia, o exercício físico, de influência etrusca, visava somente à preparação militar. De começo, era o soldado empregado na defesa de Roma; mais tarde na conquista interna.

No segundo período, tempo dos cônsules e do início das grandes conquistas, mais se acentuou a predominância guerreira, mas da Grécia, do tempo de esplendor, foram retiradas algumas receitas de prática higiênica e desportiva.

No terceiro período, tempo do Império, por conseguinte de glória e de decadência, mantiveram-se as práticas anteriores até certa época, para passarem, pouco a pouco, a absoluto abandono, salvo quanto aos espetáculos circenses, tão cruéis e sanguinários como seus combates de gladiadores, naumáquias (simulacros de batalhas navais) e venações. Havia também as célebres corridas de carros e exercícios de salto sobre o touro.

Sem o vigor dos escritores gregos, apareceram em Roma, sobretudo na época imperial, alguns intelectuais tratando das atividades físicas. Cumpre citar alguns: Galeno, Marcial, Propércio, Cícero, Plínio o Jovem, Virgílio, Horácio, Sêneca, Dionísio de Helicarnaso e Suetônio.

Com o tempo, os romanos, inspirados nos Jogos Gregos, procuraram criar os seus, sem o brilho dos helênicos, devido à mentalidade do povo, orientando-os para os adestramentos militares.

Os artistas romanos sempre estiveram motivados pelos exercícios físicos, sobretudo no campo da escultura e da arquitetura. Ao lado de obras de arte, Roma conserva, até hoje, recordações de suas admiráveis instalações desportivas. As termas, o circo, o anfiteatro e o estádio constituíam os principais locais de prática das atividades corporais, embora normalmente abastardadas nas finalidades de uma educação física racional.

Os combates de gladiadores, guardadas as proporções, eram presenciados delirantemente pelo público, como hoje, em quase todo o mundo, as partidas de futebol.

Depois de largo tempo de esplendor, ao lado do surgimento de novo conceito de vida com o Cristianismo, o abastardamento do povo, as lutas políticas, e as práticas sangrentas e amorais acarretaram a decadência de Roma, completada pela invasão dos germanos.

No século II d.C. Juvenal, célebre poeta satírico, insurgindo-se contra os vícios que campeavam, expressou em versos seu desalento: "Orardum est ut sit mens sana in corpore sano." Isto é: "É preciso pedir ao céu a saúde da alma com a saúde do corpo", na tradução de Paplauskas Ramunas, pedagogo canadense. Este aforismo, sem significação na época, está perfeitamente de acordo com a medicina psicossomática contemporânea e a ciência da personalidade.

Idade Média

A Idade Média, repleta de ascetismo, não foi um período de completa ignorância, noite de trevas na cultura do antigo mundo europeu. Os povos, acorrentados ao regime feudal, sofreram o impacto do Cristianismo, porém, nos mosteiros e universidades, frades e estudantes, ávidos de saber, comentavam as teorias de Aristóteles, continuavam enriquecendo o patrimônio dos conhecimentos e criaram a escolástica. A cultura não desapareceu, tanto que nesta época floresceu a arte gótica, surgiram as primeiras universidades e viveram personalidades geniais como Pedro Abelardo, Santo Tomás de Aquino, Alberto Magno, Roger Bacon e Dante Alighieri. O Renascimento, termo mais clássico do que real, recebeu da Idade Média numerosas contribuições. Sem as fontes materiais que ela criou, teria sido muito diferente a marcha cultural do mundo. Na verdade, podemos qualificá-la como uma ponte vacilante, mas que permitiu, com segurança, a passagem entre a Antiguidade e a Idade Moderna.

Devemos considerar a Idade Média, para melhor apreciá-la, como dois largos períodos de transição; o primeiro, preso aos fatos decadentes do Império Romano e o segundo com a volta do classicismo, prenúncios da chegada da Idade Moderna, nova reviragem na História da Civilização.

O começo da época medieval foi bastante difícil, diante das constantes ameaças de povos conquistadores. Foi um período de violência e confusão, obrigando os nobres a se refugiarem em castelos fortes, ao redor dos quais se reuniam os habitantes do campo, temerosos da incursão inimiga. Os exercícios físicos, já enfraquecidos no decorrer da decadência romana, ainda mais perderam sua importância, restando apenas uma prática deturpada e debilitada, desprovida de unidade pedagógica.

As Cruzadas, que a Igreja porteriormente organizou, durante os séculos XI, XII e XIII, exigiam preparação militar, cuja base foi constituída, sem dúvida, pelos exercícios corporais. Entre os cavaleiros, classe nobre da sociedade feudal, surgiu a instituição das Justas e Torneios, em substituição aos antigos jogos públicos da Grécia e de Roma. Tais jogos, cujo objetivo era "enobrecer o homem e fazê-lo forte e apto", foram praticados para melhor adestramento dos cavaleiros, impondo, por conseguinte, boa prática de esgrima e equitação. Mesmo para o servo reapareceram alguns exercícios úteis à guerra, como o manejo do arco e flecha, a luta, a escalada, a marcha, a corrida e o salto.

Alguns jogos simples e de pelota, a caça e a pesca constituíram, ao lado dos exercícios naturais, divertimentos para todas as classes sociais. O futebol de antanho aperfeiçoado e o tênis, com os nomes de cálcio e jogo de raqueta, respectivamente, têm suas origens na Idade Média.

A justa era disputada entre dois cavaleiros, revestidos de pesadas armaduras, protegidos por escudos especiais e armados de lanças de ferro.

O torneio foi o grande desporto de equipe da época medieval, praticado com entusiasmo pelos disputantes e admirado por massa selecionada de espectadores. Os alemães dizem tê-lo inventado; o mesmo afirmam os franceses. Eles tinham aspecto coletivo, geralmente bastante faustoso, sob a forma de combates simulados entre dois partidos. Muito sangrento nos primeiros tempos, reminiscência do circo romano, mais moderado após codificado pelo francês Geoffroy de Prelly.

A cavalaria traduzia ideal novo e vida nova. O cavaleiro cultivava a verdade, a lealdade, a justiça, a cortesia, a generosidade, a proteção dos fracos e das mulheres.

Segundo Pierre de Coubertin, a "Idade Média conheceu um espírito desportivo de intensidade e brilho superiores àquele que conheceu a própria Antiguidade Grega". Havia elevado espírito de lealdade nas pelejas, que ofereciam oportunidade a lances de bravura, que valorizavam o homem, envolvendo a brutalidade da tragédia em uma aura sublime e cavalheiresca. O profissionalismo desportivo era coisa desconhecida. Para o mundo ficou a conduta cavalheiresca, sinônimo de nobreza, lealdade e distinção.

Idade Moderna

A tomada de Constantinopla pelos turcos, em 1453, marca simbolicamente o início dos tempos modernos. Para caracterizar seus primórdios, do ponto de vista cultural, utilizou-se o termo Renascença, quando, na realidade, no dizer de Reinach, "nada morrera, porque o que está morto não evolui". Importantes acontecimentos trouxeram aprimoramento na área da educação, onde os exercícios físicos assumiram papel de alta significação. A educação física refletiu um passo seguro dado em busca do seu próprio conhecimento.

Na evolução dos acontecimentos históricos não existe solução de continuidade, tanto que na nossa exposição, ao lado dos renascentistas dos novos tempos, vamos encontrar alguns que viveram nos últimos anos da Idade Média e outros que, surgidos mais tarde, chegaram a atuar na Idade Contemporânea.

Nos tempos medievais, depois de 1300, começou a aparecer uma civilização distinta, marcando, paulatinamente, a fusão da civilização greco-romana e do Cristianismo. Nasce o Humanismo, que reconcilia a educação intelectual, moral e física. Ele significa a cultura voltada para o homem, "a medida de todas as coisas", segundo a sabedoria grega.

Com a adoção das idéias clássicas, a partir do século XVIII, no Ocidente, manifesta-se o interesse pela vida natural e os exercícios são empregados como agentes da educação, embora de maneira teórica e empírica. Não tendo sido criado um corpo de doutrina, não foi solucionado, objetivamente, o problema do exercício físico. Porém, os novos dados pedagógicos, fisiológicos e técnicos preconizados, lançando luzes para a questão, serviram de base, mais adiante, para o apuro e sistematização da ginástica racional. Em virtude da ligação entre o exercício natural e a cultura, pouco a pouco, começou a marcha progressista da Educação Física.

Dentre muitos, alguns pedagogos são dignos de menção.

Erasmo de Roterdam (1467-1536), expoente pré-renascentista, criticando a escolástica medieval, cooperou para a evolução da ginástica. Calvino (1508-1565), uma das figuras máximas do movimento reformista e favorável a alguns aspectos do problema pedagógico, preocupou-se também pelo incremento das práticas físicas. Ambos concorreram para marcar uma etapa cultural na existência humana.

No quadro da Educação Física, na época em estudo, alguns filósofos, pedagogos e homens de saber exerceram papel especial. Sobre eles faremos apenas algumas referências de caráter geral, sem entrar no total dos seus legados. Deter-nos-emos apenas nas personalidades julgadas indispensáveis, para efeito de apreciação global, adequada à evolução da teorização do exercício corporal.

Na Itália, quatro figuras destacaram-se entre as demais: Vittorino da Feltre (1378-1446), Maffeo Veggio (1407-1458), Leonardo da Vinci (1452-1519) e Gerolamo Mercuriale (1530-1606), cujas obras principais ou iniciativas pedagógicas foram, respectivamente, *La Giocosa de Mantova, Educação da Criança, Estudo dos Movimentos dos Músculos e Articulações* e *Da Arte Ginástica*. Os primeiros educadores atuaram ainda na Idade Média.

Digno de menção é também Miguel Ângelo (1475-1564), que reproduziu figuras vigorosas, atléticas mesmo, mostrando grande interesse pelo corpo.

Na obra *Da Arte Ginástica*, bastante completa do ponto de vista teórico e prático, é apresentada, pela primeira vez, a idéia de lição de ginástica, possivelmente inspirada no pentatlo grego indicado por Aristóteles como a melhor maneira de exercitação. A revista espanhola "Citius, Altius, Fortius" publicou, recentemente, essa admirável obra fundamental na História da Educação Física.

Na França, quatro educadores merecem destaque especial: Rabelais (1494-1553), Montaigne (1533-1592), Fénelon (1615-1715) e Rousseau (1712-1778). Como anteriormente, pela ordem de citação, cabe-nos ressaltar suas obras capitais: *Gargântua e Pantagruel, Ensaio, Educação dos Jovens* e *Emílio* ou *Da Ginástica*. Todos pregaram a renovação da educação e agitaram problemas no campo do exercício físico. Muito influíram nas reflexões dos criadores dos métodos clássicos de educação física.

No século XVI, Rabelais, na sua notável obra acima citada, pregou a necessidade dos exercícios naturais. Amigo da natureza, rebelou-se contra o ensino escolástico e defendeu, de maneira tenaz, o direito de o homem viver ao ar livre e desenvolver, ao máximo, suas qualidades físicas e espirituais. Parece ter sido o primeiro a observar, dentro da nova concepção, o realismo da existência. Ridicularizou as imposturas e hipocrisias de sua época.

Montaigne, em síntese admirável, expressou o valor do exercício: "Não é bastante endurecer a alma, é preciso também enrijecer os músculos." Imaginou o entrelaçamento do espírito e do corpo.

Fénelon considerava a prática do espírito como "dever de cada indivíduo para com a pátria e das nações para o bem-estar da república universal", palavras que o Conde Baillet Latour, sucessor de Coubertin no Comitê Olímpico Internacional (COI), aplicou na exaltação dos Jogos Olímpicos Contemporâneos.

"A natureza é boa, a civilização é má", conceito que condensa, em última análise, a filosofia de Rousseau. Até Goethe, conservador por excelência, reconheceu o caráter revolucionário e as conseqüências sociais do novo modo de vida imaginado por esse grande pensador.

A Inglaterra apresenta uma gama enorme de precursores: F. Bacon (1561-1623), John Locke (1632-1704), Thomas Morus (1478-1592), Mulcaster (1533-1592) e muitos outros, na quase totalidade empiristas. Do primeiro, digna de citação, é a obra *Investigação Científica,* onde afirma que somente se pode tirar conclusões em fatos recolhidos e estudados; o segundo notabilizou-se por ter sido influenciado por Montaigne e inspirado em Rousseau; o terceiro, relembrando as doutrinas de Platão, teve ação de relevo na filosofia de sua obra *Utopia* e nas pesquisas que realizou; e o quarto pelo espírito do seu trabalho sobre *Posições.*

Na *Utopia,* Morus, pregando a vida na natureza e criticando o sistema educacional vigente, prevê a importância dos exercícios que mantêm e cultivam "a beleza, o vigor e a agilidade do corpo, os dons mais agradáveis da natureza".

Na Alemanha vamos encontrar, entre outros, Hoffmann (1660-1742). Suas idéias sobre o *Movimento Artificial e as Sete Regras da Saúde* são estudos preciosos. Muitos educadores, com nome firmado na evolução da educação física, embora atuando nos tempos modernos, serão considerados quando estudarmos a questão da sistematização da ginástica. Somos favoráveis ao início do movimento alemão com Basedow e Guts-Muths, pelo caráter pedagógico dos seus exercícios, quando por muitos são olhados apenas como precursores.

Além dos citados, seria injusto não evidenciar o espanhol Vives (1492-1540), animador dos jogos, que influenciou a obra de Mulcaster; Comenius (1592-1672), natural da Morávia, autor da *Didática Magna* e tido por alguns como o "primeiro evangelista da pedagogia moderna"; Pestalozzi (1746-1827), teólogo e pedagogo suíço, a quem se devem os trabalhos *Leonardo e Gertrudes* e *Como Gertrudes Educa os seus Filhos*.

Os ensinamentos de Pestalozzi constituíram extraordinária tentativa de pedagogia experimental, estabelecendo a unidade e a harmonia do corpo, do espírito e da alma. Ele mostrou, de maneira expressiva, que o espírito de educação deve ser o mesmo em todas as circunstâncias. Sua trajetória na vida, no dizer de alguém, foi um rastro luminoso de saber e de devotado amor à Humanidade. Dizem que foi o primeiro educador a chamar a atenção para os dois elementos fundamentais da execução dos exercícios, a posição e a execução perfeita, sem os quais os praticantes não alcançam os objetivos visados.

Todos os precursores ressaltados, por meio de suas contribuições, teóricas e práticas, muito influíram na ação educacional, que proporcionou o grande movimento de sistematização da ginástica.

Idade Contemporânea

Os primeiros sistemas regulares de Educação Física, elaborados com certa ordenação e obedecendo a determinados princípios pedagógicos, apareceram a partir da segunda metade do século XVIII, com Basedow (1723-1790), Ling (1776-1839) e Amorós (1770-1848), dando importância aos exercícios ginásticos. Deles surgiram, na Europa Ocidental, três grandes movimentos doutrinários que, fechados em seus princípios e influenciados pelo fator político, persistiram em seus antagonismos até o II Grande Conflito Mundial, aproximadamente. Tais movimentos — do Centro, do Norte e do Oeste — tiveram seus principais centros culturais sediados, respectivamente, na Alemanha, Suécia e França. Com conceituação diferente dos sistemas citados manifestou-se na Inglaterra, devido ao pioneirismo de Arnold (1795-1842), a prática dos jogos desportivos.

Outros sistemas, enquadrados pedagogicamente, surgiram mais tarde, baseados em determinadas predominâncias, como o exercício natural, o exercício construído, o desporto, a música e, ultimamente, a psicomotricidade.

Suplantando a ginástica, na atualidade, grande é o movimento desportivo mundial, nem sempre ajustado no quadro educacional, pelos aspectos de caráter profissional, político ou espetacular.

Movimento Germânico

A educação física germânica, inspirada nas novas idéias pedagógicas, especialmente de Locke e Rousseau, começou em 1760 com Basedow e o filantropismo por ele criado. Além dele, na estruturação da doutrina, dentre outros educadores, tiveram atuação marcante: Guts-Muths (1759-1839), como notável pedagogo; Jahn (1778-1852), como fundador e animador da mais autêntica ginástica alemã de cunho patriótico; e Spiess (1810-1852), por sua luta tenaz em prol da introdução da ginástica na escola. Muito contribuíram também Salzamann (1744-1811), Vieth (1763-1836), o dinamarquês Nachtegall (1777-1847), Arndt (1769-1860), Dürre (1796-1879), Massmann (1797-1874) e muitos outros.

No começo, as idéias de Guts-Muths alcançaram grande sucesso, mas os acontecimentos políticos dos séculos XVIII e XIX prejudicaram a generalização da ginástica por ele criada. O próprio termo "gimnastik" foi substituído.

Desfavorecido pelas circunstâncias, Guts-Muths foi ultrapassado por Jahn, exaltado patriota e verdadeiro criador da ginástica alemã, chamada "turnen", uma forma de trabalho impregnado de conteúdo nacionalista.

Na Alemanha e nos países influenciados por sua cultura, por mais de um século, o sistema preferido foi o de Jahn, apesar das resistências encontradas. Rothstein (1810-1865), partidário dos exercícios suecos, enfileirou-se como um dos seus muitos opositores.

Jahn, conhecido como "Turnvater" (pai da ginástica), é a figura mais representativa do movimento germânico, tendo em Eiselen e Friesen seus melhores colaboradores e em Spiess o grande continuador de sua obra, a que deu um caráter mais pedagógico.

Muito sofreu Jahn, quando viu o exército prussiano, cheio de belas tradições, ser esmagado por Napoleão em Iena e Auerstaedt. Sofrimentos que continuaram em face das contradições políticas de seu país, onde passou a ser perseguido por suas idéias de revanche.

O "turnen", exercício de força e energia, constituiu-se produto da cultura alemã, posto ao serviço de sua grandeza, causa e determinações. Era seu lema: Vive quem pode — supressão dos fracos — ai dos vencidos.

Mais tarde, procurando solução para seu problema político de libertação, a Tchecoslováquia, com o movimento dos Sokols idealizado por Miroslaw Tyrs, retirou da ginástica de Jahn muitos ensinamentos e práticas.

As ginásticas de Guts-Muths e Jahn, com finalidades e procedimentos diferentes, mantiveram-se durante muito tempo em campos contrários. Embora tenha sido maior a realização do "turnen", houve épocas em que foi proibido, ficando mesmo fora da lei.

Durante o período nazista, dentro da doutrina de Jahn e da programação de Neuendorff, surgiu uma orientação das atividades físicas voltadas para o campo de batalha. Era a volta das idéias de Wagner e Nietzsche, defensores da superioridade racial do povo germânico expressa pelo emprego da força sobre a razão.

Após a queda de Hitler, surgiram outras orientações inspiradas em fórmulas mais humanas, pedagógicas e democráticas. Um intenso movimento de predominância musical e a ginástica natural austríaca, bastante empregados, ao lado do desporto e outras formas de trabalho, caracterizam bem os novos propósitos.

O casal Langlade, em seu excelente trabalho sobre ginástica, caracteriza bem a educação física moderna alemã, bastante variada nos processos empregados e ligada a três ordens de manifestações: a artístico-rítmico-pedagógica, a técnico-pedagógica e a desportiva.

A primeira tendência, a que chamaremos musical, foi nos tempos idos inspirada nos trabalhos de Noverre (1727-1809), Delsarte (1811-1871), Isadora Duncan (1878-1929) e sua irmã Elisabeth (1874-1948), Dalcroze (1865-1950), Laban (1879-1968), Mary Wigmann (1888-1974) e outros. Com caráter verdadeiramente educativo, ela teve seu impulso inicial dado por Rudolf Bode (nascido em 1881). Tal orientação, consubstanciada na ginástica feminina moderna, tem na *Medau Schule*, obra de Heinrich Medau (1890-1974), um centro de elevada prática. Presentemente, Hannebuth tem-se projetado por seus trabalhos originais. Outros lhe seguem as pegadas, apresentando trabalhos cheios de beleza e criatividade.

A tendência técnico-pedagógica, visando a uma educação pelo movimento e evidenciando novo despertar das idéias de Guts-Muths, constitui cogitações de Gaulhofer-Streicher e esforços de implantação de Slama, Groll, G. Schmidt e outros. Na Alemanha Ocidental continua grande o movimento progressista, sendo numerosos os professores e treinadores de projeção internacional: Liselott Diem, August Kirsch, Jürger Dieckert, Shultz, Grupe etc. Na Áustria, como documentarista, é justo mencionar o professor Josef Recla.

A tendência desportiva, dentro de novos conceitos e realizando toda sorte de pesquisas científicas, constitui ponto alto das atividades físicas nas duas Alemanhas.

Na medicina desportiva, tendo Herxheimer como vanguardeiro, uma gama enorme de médicos tem trazido luzes ao campo científico do treinamento, possibilitando-lhe os melhores resultados. Entre os novos, podemos mencionar Reindell, Procop, Nöcker, Mies, Roskmann, Hollmann e Wartenweiller, este no campo da biomecânica.

Movimento Sueco

Para bem compreendermos o movimento sueco, temos de partir da Dinamarca, onde se manifestou a idéia da ginástica como parte da educação geral. Nachtegall, ligado também ao movimento germânico, foi um dos precursores das atividades nórdicas, professor que foi de Ling, fundador da ginástica sueca.

Ling (1778-1839), poeta e educador, é nome inconfundível no campo dos exercícios corporais. Sua obra — a *Ginástica Sueca ou de Ling* — evoluiu extraordinariamente, constituindo hoje em dia, apesar do largo desenvolvimento desportivo, verdadeiro monumento educacional. Dispensou atenção especial aos exercícios livres ou segmentários e deu à sua ginástica um sentido formativo e higiênico.

Para realização das atividades ginásticas, imaginou Ling um sistema constituído de quatro divisões principais: pedagógica, médica, militar e estética. Porém acionou, de preferência, as duas primeiras modalidades, estabelecendo para elas princípios definidos.

Em 1808, sob a influência de Ling, a Suécia deu os primeiros passos no estabelecimento da ginástica escolar. Prosseguindo nos seus esforços, em 1813, fundou o célebre Instituto Geral de Ginástica (CGI), transformado nos últimos anos em Escola Superior de Educação Física e Desportos. Tal estabelecimento, por muitos anos, serviu de modelo para organizações congêneres.

Com a morte de Ling, o sistema sofreu certa estagnação e dogmatismo, ficando a ginástica, em certas épocas, reduzida a exercícios corretivos, benéficos sem dúvida, mas incompleta dentro de uma educação física geral. Os males apontados foram, pouco a pouco, sendo corrigidos, destacando-se nesse trabalho, além do pessoal do Instituto, alguns professores de nomeada, geralmente conhecidos como inovadores.

Deixando de lado os mantenedores da tradição lingiana, embora com propósitos de aperfeiçoamento, surgiram alguns espíritos revolucionários, verdadeiros construtores de uma nova ginástica sueca, nos seus diferentes aspectos. Entre professores e homens de ciência, suecos e não-suecos, são dignos de menção: Zander (1835-1920), Viktor Balck (1844-1928), Frode Sandolin, Müller (1866-1938), Elin Falk (1872-1942), Elli Björksten (1870-1947), Niels Bukh (1880-1950), Lindhard,

Thulin (1875-1965). Muitos dos citados constituíram sistemas próprios ou difundiram novas idéias científicas ou práticas, apesar da resistência dos tradicionalistas. Niels Bukh criou novas técnicas para os exercícios segmentares, dando-lhes energia e movimento. Lindhard e Thulin foram notáveis ecletistas, respectivamente, nos campos da Fisiologia e da Pedagogia.

Thulin merece maiores esclarecimentos, por ser a mais importante personalidade da escola sueca depois de Ling.

O aperfeiçoamento da ginástica sueca não estagnou nos inovadores mencionados. Outros, no decorrer dos anos, trouxeram suas contribuições, através dos trabalhos de Maja Carlsquist, Hilma Jalkanen e Tora Amylong.

Fora do círculo nórdico, a ginástica sueca manteve-se durante muito tempo presa à tradição. Mas, na Suécia sobretudo, o sistema evoluiu no sentido de maior ecletismo, começando a aparecer uma série de tendências novas, tais as contribuições da Ginástica Olímpica, da Ginástica Natural Austríaca, das práticas lúdicas e recreativas, dos exercícios naturais de Hébert e de vários sistemas não-lingianos da Ginástica Moderna, principalmente na parte feminina.

No campo da investigação científica, além de Christensen, que brilhou na fisiologia do esforço, no momento dois fisiologistas suecos são justamente apreciados: Astrand e Saltin.

Com espírito aberto, os seguidores deste movimento continuam seus esforços para descobrir outras aplicações da ginástica, a fim de adaptá-la às necessidades dos praticantes.

Procurando ser sintético, muito deixamos de informar sobre a análise do método sueco no campo da ginástica médica, da ginástica para todos, da ginástica voluntária, da ginástica de pausa e, sobretudo, dos sistemas neo-suecos.

Movimento Francês

Para estudo deste movimento, que constitui ponto de partida doutrinário da educação física brasileira, teremos de considerar as figuras e métodos de Amorós, Demeny, Hébert, e as doutrinas do chamado Método Francês e da Educação Desportiva. Em todos estes sistemas militaram múltiplos campos de pensamento, de ação, de interesse ambiental e de orientações específicas.

Amorós (1770-1840), espanhol naturalizado francês, teve sua atuação bastante ligada ao exército. Foi técnico brilhante e pedagogo perspicaz, fundamentando sua ginástica nos conhecimentos da natureza humana e na análise do movimento. Escreveu o primeiro regulamento militar de ginástica e fundou, em Paris, um instituto especializado. É considerado o criador da escola amorosiana, alicerce de sistematização da educação física francesa. Seu método tinha em mira o desenvolvimento das qualidades físicas, o aumento da energia e a exaltação das qualidades morais.

• Demeny (1850-1917), analista notável e investigador incansável, foi colaborador do fisiologista Marey (1830-1904) e continuador dos seus trabalhos. Publicou numerosas obras de alto valor, fez severas críticas ao método sueco e lançou as bases de uma educação física francesa essencialmente eclética e realizada através de movimentos completos, arredondados e contínuos, dentro da máxima economia de forças. Preconizou também a ginástica feminina com acompanhamento musical.

Georges Hébert (1875-1957), oficial da Marinha e criador do método natural, concebido na melhor filosofia e tradição de Rousseau, escreveu muitas obras técnicas, entre elas a *Educação Física, Viril e Moral pelo Método Natural*. Pregando o retorno à natureza, criou um sistema higiênico e pleno de utilitarismo. Convencido do valor global do exercício, condenou o procedimento analítico na aprendizagem.

O Método Francês teve origem na Escola de Joinville-le-Pont, fundada em 1852, que contou de início com a colaboração de Napoléon Laisné, discípulo de Amorós. Lagrange, Demeny e Boigey cooperaram na estruturação do sistema, cuja codificação apareceu em definitivo, em 1927, com a publicação do *Regulamento Geral de Educação Física*. Introduzido no Brasil, foi difundido durante muitos anos, de maneira sistemática, em todos os recantos do território nacional.

No mundo inteiro, mesmo entre autores qualificados, existe confusão entre os métodos de Hébert e o francês, como se fossem um só. São duas doutrinas distintas, embora a classificação dos exercícios do último método, em famílias, tenha sido inspirado em Hébert que, por sua vez, buscou ensinamentos em Amorós, sem dúvida influenciado pelo jovem *Gargântua*, de Rabelais.

A Educação Desportiva, filosofia surgida no pós-guerra, constitui aspecto interessante de trabalho estruturado pelo Instituto Nacional de Desportos (INS), organizado no local da velha Escola de Joinville-le-Pont. Teve em Maurice Bacquet e Listello figuras de primeiro plano. Procurando substituir o exercício feito por obrigação pelo executado com prazer, foram estabelecidas duas etapas para a realização progressiva e prática das atividades físicas: iniciação desportiva e treinamento generalizado.

Embora adepto da sueca, Phillipe Tissé (1852-1935) exerceu importante papel na educação física francesa. Foi também apóstolo dos jogos, das atividades ao ar livre e do desporto educativo. Seus admiráveis pensamentos são ainda hoje lembrados pela profundidade dos conceitos neles contidos.

No movimento francês, na época das sistematizações e com concepções diferentes, três professores são dignos de menção: Clias, Triat e Paz.

Hoje há novas concepções com Le Boulch (líder da psicomotricidade), Parlebas (líder da sociomotricidade), Riaux, Seurin e outros.

II
Desporto e Arte

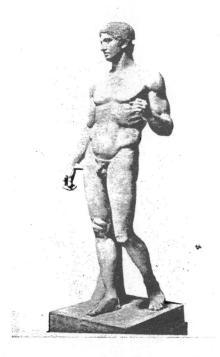

O DORÍFERO
DE POLICLETO

Mármore de extraordinária perfeição, um dos mais belos da Antigüidade. Representa um lançador de dardo, cópia de obra-prima do século V a.C. e pertencente ao Museu Nacional de Nápoles, figurando na Palestra Sanítica de Pompéia.

Sobre a Arte Desportiva, englobada em um todo, pouco se tem escrito. O existente trata, normalmente, das suas diferentes manifestações particulares, limitadas no tempo e no espaço.

Atrás da beleza e do bom gosto de qualquer obra de arte, nos variados setores da atividade física, está o homem, expressando a época e a influência do momento histórico de sua vivência. As admiráveis estátuas gregas modeladas no tempo de Péricles (490-429 a.C), geralmente diferem de umas tantas inexpressivas e pesadas das fases arcaica e da decadência. Em toda parte constituem representações simbólicas da própria vida, traduzindo o progresso e retrocesso das civilizações.

Vamos ressaltar a grandeza da Arte Desportiva, acompanhando o tempo e procurando conjugar o exercício físico ao espírito criador no campo das artes plásticas, literárias, musicais, fotográficas e outras inerentes ao talento humano. Sempre que possível, de cada obra tomada como exemplo procuraremos visualizar a fisionomia e analisar o conteúdo.

Em países altamente desenvolvidos ou de civilização milenar existem volumosa documentação bibliográfica e ricos museus, capazes de ativar nossas forças espirituais, expressando o valor e a beleza do movimento, no sentimento e na ação. Infelizmente, em nosso País, pouco ou quase nada existe. No Museu da Escola de Belas Artes, no Rio de Janeiro, pode-se ter pequena consciência do passado artístico grego e no Museu Desportivo do Maracanã colher alguns informes, sem expressiva importância no campo da Cultura, onde a Arte representa um dos aspectos essenciais. Algumas associações desportivas brasileiras mantêm salas de troféus e recordações, vinculadas às suas glórias e aos seus benfeitores.

Desde a Velha Grécia, seus pensadores firmaram estreita ligação entre o corporal e o espiritual. O fato não foi esquecido. Em 1826, por exemplo, Schleiemárcher (1768-1843), filósofo alemão, assim traduziu seu pensamento: "Não se pode demonstrar nada exclusivamente corporal... todo corporal tem influência sobre o espiritual, não existe nenhuma disfunção do corpo que não venha acompanhada de pronta ação do espírito; toda perturbação do corpo supõe alteração na unidade vital." Os atos da vida projetam-se na esfera espiritual-corporal.

O movimento corporal e o espírito vivem irmanados. De Kant (1724-1804), filósofo alemão e apreciador da Educação preconizada pelos grandes pensadores renascentistas, é a expressão: "Nada sucede à alma que não tenha reflexo no corpo." Goethe (1749-1775) e Schiller (1759-1787), entre muitos outros pensadores alemães, ressaltam o conceito da beleza ligado ao movimento desportivo.

Novas técnicas e concepções de alto gabarito e interesse, nos últimos cinqüenta anos, aproximadamente, vieram modificar bastante o conceito tradicional de museu. A museologia na atualidade, essencialmente funcional, transformou os antigos e sentimentais "depósitos culturais" em instituições vivas e poderosas armas de Educação e Cultura, utilizando, para atingir seus objetivos, os ensinamentos da Pedagogia, da Psicologia, da Antropologia, da História, da Sociologia, da Tecnologia, das Ciências em geral e dos demais ramos de conhecimento. Todas as atividades da vida contemporânea têm, como expressão de sua cultura, museus próprios. Assim se impõe, entre nós, a organização de museus especializados em Exercícios Físicos, onde a Educação Física racional e o Desporto competitivo, espetacular e de alto nível, terão posições destacadas. Em tais instituições serão reveladas a utilidade e a beleza artístico-desportiva, tomadas em acepção ampla, a fim de mostrar a importância de sua função educativa, biológica e social.

Embora fora do tempo histórico, marcado pelo aparecimento da escrita e de certas habilidades manuais, podemos expressar algo do homem primitivo, habitante das cavernas e atuando no seu cotidiano como caçador e pescador. Ele ligava sua vida miserável à luta pela sobrevivência. Progressivamente, foi-se imbuindo do prazer estético, reflexo de suas qualidades congênitas e culturais, do seu espírito criador espiritual e imaginativo.

Cada povo, selvagem ou não, tem a sua cultura. Nos primórdios da evolução humana, em épocas de maior primitivismo e em todas as partes do mundo, encontram-se grosseiras gravuras rupestres. Os animais, a luta pela sobrevivência e o erotismo, que constituíam os principais elementos de familiaridade, motivavam artisticamente a rude mente do silvícola. Para ele, a imagem equivalia à realidade, tal como o bisão flechado, pintura mural, encontrada na caverna de Niaux, França. As danças rituais, marcando certos acontecimentos da vida e da morte e alguns movimentos naturais, revelam interesse nos desenhos gravados na pedra.

Plantando raízes na civilização mediterrânea, deixemos de lado os países da Ásia e o resto do mundo conhecido, para apreciarmos a

Antigüidade Clássica, especialmente a Arte Grega, escolhida pelo seu esplendor para nossos comentários. Na Velha Grécia, notáveis escultores deram ao mundo os cânones da beleza plástica, através de admiráveis modelos de sua juventude, formada no estádio para sua grandeza e força.

O arquétipo do escultor grego era o adolescente, reflexo de uma prática desportiva enobrecida espiritualmente.

No século VII a.C., ao tempo de Sólon, arconte de Atenas, unidos estavam o estádio e a Arte, pois as obras anteriores, em geral, eram imperfeitas, como demonstram vários Apolos rudemente modelados e sem graça, como o de Tenéa, desajeitado e sorrindo perplexo. Nesse período maravilhoso, baseado no passado, foram lançados os verdadeiros fundamentos artístico-desportivos e buscadas formas precisas de esculpir, que prepararam o país para o milagre artístico do futuro e para enfrentar duras situações. Surgiu um grande entusiasmo pela figura humana, pelo corpo desnudo e atlético, refletindo a força nacional, impregnada de confiança, grandeza e orgulho. O feito do soldado da Maratona, cantado em prosa e verso, morto extenuado após o cumprimento do seu dever ao dar a notícia da vitória, ao povo apreensivo reunido no estádio de Atenas, revela elevada formação cívica de homens conscientes e resolutos, preparados por elevada educação física, espiritual e moral. O artista traduzia sua força criadora, encarnando a época de sua vivência. Do ponto de vista de modelagem, bem equilibrada e sólida, sente-se reflexo da coluna dórica, como mais tarde, no ciclo de cansaço espiritual, passa a dominar a arte jônica, mais fina e de menor imagem de potente grandeza. Aparecem também estátuas de grande corpulência, sinal do tempo de declínio no campo físico-espiritual.

Fundamentado no século VII a.C., surgiu, nos dois séculos seguintes, uma gama enorme de artistas geniais — Miron, Policleto, Naukides, Praxíteles, Lísipo etc. — cujos vasos decorados e estátuas atestam o milagre grego no campo desportivo.

O Dorífero, de Policleto, da época do esplendor e tomado para análise, mostra-nos um atleta de perfeita conformação física, virilidade, serenidade espiritual e propósito de ação efetiva. Nesse ciclo histórico era vibrante a alma do povo.

Mais tarde, a partir do século III a.C., salvo algumas exceções, as figuras já não são tão expressivas. Alguns originais, sobretudo da época da decadência, apresentam forma fina ou abrutalhada. Outros demonstram cansaço, esgotamento e tristeza. O Hermes de Praxíteles, embora de grande beleza e pertencente à metade do século IV a.C., reflete, possivelmente, menos interesse do povo pelas atividades físicas. O Apolo do Belvedere, do século I de nossa era, não demonstra a vitalidade das estátuas do tempo de Péricles. O helenismo, apesar de tudo, ainda viveu por muito tempo, envaidecido das glórias do passado, mas deixou muitas estátuas detestáveis como o Hércules Farnese, representando a saúde pela força deformadora da beleza plástica.

Para estudo da Arte desportiva greco-romana, entre as publicações existentes do nosso conhecimento, indicamos à apreciação os seguintes trabalhos: *Sport ed Arte* (Giochi dela XVII Olimpiada, Roma, 1960), *Olimpia y Juegos Olimpicos Antiguos* (Conrado Durantez, Comité Olimpico Español, Madrid) e o catálogo denominado *El Deporte en el Arte Classica* (XIX Olimpiada, Festival Internacional de las Artes, México). No primeiro trabalho citado há interessantes gravuras de outros aspectos da arte desportiva, sendo alguns inéditos e pouco conhecidos. Revelam um verdadeiro tapete mágico, através de fotografias ricas nos detalhes dos exercícios físicos da Etrúria, Velha Grécia e Itália Meridional. A Arquitetura e a Escultura foram, no campo da arte plástica, expressões máximas do gênio helênico.

Nos grandes museus de arte da Europa Ocidental, principalmente nos da Itália, são abundantes as estátuas de atletas e pinturas decorativas de alto valor artístico, arqueológico e desportivo. Os museus do Vaticano, em particular, apresentam, em forma original ou cópia, os mais ricos espécimes greco-romanos: o *Apoxiômenos de Lisipo,* o *Discóbolo de Miron,* o *Discóbolo de Naukides,* a *Atleta Grega,* o *Apolo de Belvedere,* a *Diana* e a *Corça,* o *Cavaleiro Grego* e outros. Ricos também são os museus de Roma, Nápoles, Siracusa, Vila Giulia, Munique, Olímpia, o Britânico, o do Louvre e muitos outros espalhados, sobretudo no Velho Mundo. Suas peças ampliam nossa cultura e tocam nossa sensibilidade.

A arquitetura desportiva também deixou traços notáveis na Grécia, onde se notabilizou, entre outros, Libon, o construtor do Templo de Zeus Hórkios, em Olímpia. Vetrúvio, arquiteto romano, elucida-nos sobremaneira sobre a questão. Porém, grandiosos mesmo foram os admiráveis locais romanos para os desportos, tais como os circos Máximo, de Flamínio e de Nero; o anfiteatro denominado Coliseu; o estádio do Campo de Marte e as termas, grandiosas e ricas, como as de Agripa, Nero, Diocleciano, Tito, Trajano, Constantino e Caracala. Os arquitetos romanos foram grandes mestres, demonstrando extraordinário talento e bastante operosidade.

Passemos ao campo da literatura helênica, na vanguarda da qual deve ser colocado Homero, divulgador de aventuras e feitos desportivos, magistralmente descritos na *Ilíada* e na *Odisséia,* admiráveis epopéias heróicas. Ademais, as narrativas de Heródoto, Xenofonte, Plutarco, Pausânias, Filostrato e Luciano de Samosata são fontes preciosas para conhecimento, com arte, da vida desportiva grega. Heródoto, o Pai da História, em mais de uma competição de vulto, leu suas admiráveis crônicas sobre as guerras persas.

Além de Homero, os poemas e as composições de Píndaro, Ésquilo, Aristófanes, Baquílides, Simónides de Cos, Eurípedes e Sófocles, sem necessidade de citar outros grandes poetas e escritores, mostram à saciedade e em belas letras a importância, perfeição e desenvolvimento do desporto grego, assim como o elevado espírito competitivo de sua juventude.

Nos Grandes Jogos da Velha Grécia, sobretudo nos Píticos, participavam não somente atletas de escol para consecução da vitória, como a fina flor da cultura literária e outras variadas artes. Havia concursos de música, de eloqüência, de harpa, de lira, de cítara, de flauta, de dança, de declamação, principalmente das crônicas de Homero, das narrações de Heródoto e das odes de Píndaro.

Olímpia, durante muitos séculos, teve seus dias de glória cantados por Píndaro em formosos versos:

"Como nada avantaja a luz do sol
Em calor, dulçura e resplendor,
Nenhum brilho logra igualar
Ao da glória de Olímpia"

Enaltecendo os atletas vencedores, Píndaro, declamando suas odes, acompanhado pela lira, entusiasmava os espectadores:

"O vencedor, o resto de seus dias,
Terá uma felicidade com sabor de mel..."

Sófocles (497-405 a.C.), grande trágico, notável orador e poeta, deixou-nos admirável descrição de uma corrida de carros nos Jogos Píticos. Eis um pequeno trecho, pleno de objetividade e pormenores: "Ele chegara para os famosos certames délficos, glória de toda a Hélade, a fim de participar da competição. Pois bem, assim que ouviu a voz vibrante do arauto, anunciando a corrida programada para início das provas, com público pregão, apresentou-se entusiasmado, causando admiração a todos os espectadores. Quando no final da disputa, retornando ao ponto de partida, recebeu aplausos e aclamação geral. Expressando muito em poucas palavras, cumpre dizer-lhes que nunca vi tanto arrojo e proeza em qualquer mortal. Tantas foram as competições apregoadas pelos juízes, tantas foram as vitórias com que se viu ovacionado o arguivo Orestes, descendente de Agamenon, que liderou, no passado, as hostes de toda a Grécia. Tudo foi assim até então. Porém, quando um deus resolve levantar a mão, ninguém, forte que seja, escapa ao golpe. Em outro dia, ao nascer do sol, marcado para o começo da corrida de carros, ele apareceu na arena entre numerosos competidores. Um era aqueu, de Esparta; outro era corredor; em seguida, vinham dois líbios hábeis em dirigir carros e manejar cavalos, junto aos quais estava outro concorrente com éguas tessálicas; um sexto, vindo da Etólia, conduzia potros castanhos; o sétimo era magnésio; o oitavo guiava brancos corcéis de estirpe ariana; o nono era de Atenas, a cidade construída pelos deuses; finalmente, o último, que encerrava o cortejo com seu décimo carro, era beócio.

Já na arena os corredores, após a tirada da sorte, foram colocados pelos juízes no local da partida. Repercute a trombeta brônzea e arrancam os competidores. Era admirável como, ao mesmo tempo que incitavam os cavalos com seus gestos, sacudiam as rédeas com as mãos e espessa nuvem de pó levanta-se na arena..."

A Idade Média foi a época das Grandes Cruzadas, surgindo a Cavalaria, que constituiu novo ideal dentro das contingências da maneira de viver. Os jograis, criando sugestiva arte, iam de castelo em castelo, cantando as proezas dos cavaleiros nos combates contra os infiéis, na defesa dos fracos, nas justas e nos torneios.

Realizando trabalhos específicos, de caráter geral ou parcial, muitos filósofos, literatos e poetas dos Tempos Contemporâneos exaltaram o desporto, constituindo suas contribuições verdadeiras obras de arte. Eis alguns: Goethe, Kant, Schiller, Herder, Klopstoch, Spranger, Fichte, Hesse, Erwin Mehl, Torsten Tegner, Sven Hedir, Byron, Kipling, Shaw, Hemingway, Jaspers, Victor Hugo, Émile Zola, Coubertin, Paul Hezard, Giraudoux, Montherlant, René Maheu, Marcel Prévost, Jusserand, Ortega y Gasset, Cagigal, Rui Barbosa, Fernando de Azevedo, João Lyra Filho etc. Tal citação revela pequena perspectiva histórica, constituída por alemães, austríacos, suecos, ingleses, norte-americanos, franceses, espanhóis e brasileiros.

Rudyard Kipling, poeta, romancista e contista inglês, exprimiu em belos versos os conceitos do "fair play" e da força de vontade no seu poema *If*. Este poema tem caráter universal, traduzido em quase todas as línguas, porém com temas diferentes em seu desenvolvimento. O poeta, como bem comenta Monteiro Lobato, enumera as condições adversas a que deve resistir o homem para que, em triunfo, atinja o objetivo, a fim de ser dono da Terra e de tudo que nela exista. Assim agindo será um "Homem". Ei-lo em tradução livre, retirada do livro de Diem (edição espanhola, tendo o desporto como tema):

"Quando as forças do coração falam à multidão
Empregam em sua ação até o último suspiro,
Quando você extenuado grita agüenta,
Só a vontade o conduz até a meta

Quando você, sem adulação, fala à multidão
Ou discute com príncipes e continua amigo de todos,
Quando nem amigo ou inimigo pode ferir-lhe
E aprecia a cada segundo seu valor

Quando você chega ao mais implacável minuto
Com sessenta lances de intensa corrida, então
Você é o mundo e tudo que nele existe de bem,
E mais ainda, você é um Homem, meu filho"

Vendo inerte a fortaleza de um corpo, extravasando sua dor e revolta diante do inevitável, a poetisa brasileira Ana Amélia de Queiroz Carneiro de Mendonça, com emoção e angústia, toca nossa sensibilidade no seu poema A Morte do Atleta. Ei-lo:

"Quando tombou inerte aquele corpo
Em que a vida soubera ser tão linda,
  em que os músculos todos
Era força, harmonia e movimento
  vigor e plenitude,
Aquele corpo que há pouco ainda
Em um ritmo de força e de saúde,
  uma expressão serena de beleza,
  um glorioso florão da natureza,
Todas as coisas palpitaram de revolta,
Todas as árvores tremeram,
Todos os astros empalideceram.

Pelos campos de luta,
Em que os atletas se adestravam
Correu um frêmito de dor.
Pelas praias sonoras
Em que os atletas se banhavam
Ouviu-se um lúgubre clamor.

Quando o corpo do atleta
Tombou inerte sobre a terra,
Todos os poetas
Que viram nele a vida
  maravilhosa e forte,
  vencida pela morte
Tinham a nítida impressão
De que ele não podia
Ficar assim tombado
Como um farrapo atirado ao chão

E que depressa, transfigurado,
Ele havia de erguer-se,
Levantar-se de novo
  desafiando a vida transitória
Tão frágil e tão fátua,
  para ficar rígido e frio
  numa atitude de vitória
  — mármore esplêndido e sem jaça —
Formando a sua própria estátua
Para exemplo do nosso povo
  e grandeza da nossa raça"

Vale apresentar, como expressão do "talento francês" e análise do espírito de disciplina, de sacrifício e de energia desenvolvidos pelo desporto, alguns aforismos de Jean Girandoux (1882-1924):

— O desporto consiste em transmitir ao corpo algumas das importantes potências do espírito: energia, valor e paciência.

Ele é o antípoda da doença.

— Quem não é atleta, até certo ponto, transporta miseravelmente o corpo de outro através da existência.

— Nadadores são os que sabem deslizar na água; desportistas, os que sabem mover-se no ar. Os demais atravessam a vida dentro de um miserável caixão de mergulho.

— O desporto, sem os seus campeões, será semelhante ao que seria a literatura sem os seus autores.

Dos Jogos Olímpicos de Estocolmo até os de Londres, ao lado das provas desportivas, houve torneios de Arte. Na capital sueca, usando pseudônimo, Pierre de Coubertin ganhou a medalha de ouro por sua ode ao desporto. O poeta italiano Nicolas (1895-1958), em Antuérpia, ganhou a medalha de ouro com seus Cantos Olímpicos. Em Amsterdam, coube ao poeta polonês Kazimierz, com seu poema *Lauréis*, dedicado a Paavo Nurmi, a medalha de ouro no concurso de obras épicas e o novelista polonês Jan Garandowski, com seu livro *Disco Olímpico*, recebeu a medalha de bronze.

Torstner Tegner, genial escritor desportivo sueco, exaltado por Diem, é dono de larga experiência e agradável estilo. De duas jóias literárias, dadas como exemplos, tiramos os seguintes trechos de sua autoria:

"Antigüidade desportiva — um sonho? ... Não é um sonho! É uma realidade evidente... que, apesar de todas as dificuldades de nosso tempo, volta a florescer diante de nossos olhos."

"O espírito desportivo" — afirma — "é universal, supranacional, como o vento que infla a vela dos barcos competidores e como o sol que brilha benfazejo sobre as embarcações de variadas bandeiras nacionais."

Ele reduz esta "realidade evidente" a três razões: "Um competidor fala o mesmo idioma, o mesmo e claro idioma da ação de seu adversário.

Os dois se entendem e se sentem solidários. A habilidade do meu adversário representa complemento para mim... O adversário materializa em suas melhores qualidades parte dos meus sonhos pelo ideal!"

Afirmam que é de Tegner uma das mais belas canções sobre o desporto.

Voltemos às artes plásticas, tratando da pintura e da escultura contemporâneas, informando, de preferência, algo sobre os tempos mais próximos de nós. Os museus do mundo possuem quadros de motivos desportivos de pintores apontados como geniais: Rembrandt, Rubens, Renoir, Gericault, Monet, Léger, Dégas e muitos outros.

Do século XIX, chegaram até nós cópias de duas belas pinturas do duelo feminino, de autoria de Emile Bayard. A primeira refere-se ao encontro; a segunda, à reconciliação.

Nos últimos cinqüenta anos, muitos artistas passam a sonhar no campo da escultura: Otto Kalembach cria a sua *Atleta Feminina;* Renné Sintenis, o seu *Jogo de Pólo;* Fritz Bossing, a sua *Atleta Feminina em Repouso;* Fritz Genkinger, os seus temas de *Ginástica Artística;* Alfons Karny, o *Exercício com Corda;* Edwin Scherff, os *Três Remadores* e Fujita, os *Lutadores.* Muitos outros têm revelado seu talento em mostras de arte moderna e antiga.

Embora suprimidos os concursos de arte nos Jogos Olímpicos, desde Londres (1948), excelentes têm sido as exposições organizadas no decorrer das competições, sendo dignas de encômios as de Roma, México e Munique. Na primeira, foi mostrada a riqueza artística dos museus italianos, sobretudo no campo da escultura e da arquitetura grecoromanas. Na segunda, sob o título *O Desporto na Arte Clássica*, figuraram admiráveis peças dos museus italianos. Além disso, a arte desportiva mexicana pré-colombiana revelou curiosidade e agrado. Finalmente, tais mostras fazem lembrar o brilho da magnífica exposição de Berlim (1936), no decorrer dos Jogos Olímpicos.

Intenso relacionamento tem o desporto com a música. Ela foi incluída por Coubertin na série das cinco artes e figurou nos Jogos Olímpicos. O conjunto ficou conhecido como o Pentatlo das Musas. Jacques Dalcroze (1865-1950), compositor emérito, reconheceu a ligação desporto-música, asseverando que mutuamente se podem representar. Ela embeleza as apresentações desportivas, com as quais se identifica em uma síntese arte-desporto, expressão da alegria de viver, através de maior estética e emoção.

Atualmente, o movimento desportivo possui um tesouro de músicas e canções de elevado valor social, entusiasmando a vida popular. Não há espetáculo desportivo sem música. Aliás, procura-se, no momento, criar uma música desportiva específica, motivada pelo acontecimento e capaz de traduzir a execução do movimento corporal, sobretudo nos desportos ditos artísticos. Tal fato acontece, por exemplo, na ginástica de solo, na patinação, na natação sincronizada, na ginástica rítmica desportiva e em outros aspectos das atividades físicas, de massa ou escolar. Entre nós, no meio militar e em certa época, admiráveis espetáculos foram montados — Balalaicas — onde a força motriz, motivada pelo ritmo, demonstrava que a música, ramo de arte, é capaz de dar, além do domínio dos movimentos e disciplina de execução, notável progresso às exercitações físicas. Com o tempo, os compositores enriquecerão, sem dúvida, o domínio conjunto da música e do desporto.

O cinema, o rádio, a televisão, a fotografia, a estampa de livro, o desenho, os "posters", a medalhística, os troféus, os objetos simbólicos e a filatelia muito representam artisticamente para o desporto. No entanto, o próprio desporto traz em si mesmo muita beleza na execução, excluída a violência dos jogos, na apreciação dos movimentos perfeitos, belos e harmoniosos. Um festival de ginástica olímpica de alto nível, por exemplo, vale pelo melhor espetáculo nos modernos meios de comunicação de massa.

Os filmes desportivos constituem realidade na Arte. Já nos Jogos de Berlim (1936), Leni Rienfenstahl, sob o título *Festival do Povo*, apresentou o impressionante desenrolar das competições expressas em um filme de raro valor artístico.

A fotografia tem progredido extraordinariamente na atualidade. Cheia de colorido e nitidez, tem melhorado, dia a dia, sua técnica. Os museus especializados em arte desportiva, na fotografia e nas estampas de livros têm parte apreciável de suas mostras.

O Museu de Cultura Física e Turismo de Varsóvia possui no seu acervo, ao lado de variadas peças, rica coleção de "posters", forma exuberante de arte, compostos não somente pelos estabelecidos para os Jogos Olímpicos, como numerosos impressos para propaganda dos mais variados eventos desportivos. Em 1972, quando da montagem da exposição denominada os "Posters Desportivos do Mundo", patrocinada pelo Comitê Olímpico Internacional (COI), artistas de todos os continentes foram convidados para participar, tendo muitos apresentado obras de notável espírito criador. Na ocasião, foi elaborado um bem documentado álbum, reproduzindo os principais cartazes exibidos, que pelo seu colorido e idéias expressas marcaram um avanço da arte desportiva e serviram, ao mesmo tempo, à causa da coexistência entre os povos.

As medalhas são de uso comum em todas as competições, constituindo nos Jogos Olímpicos galardões muito ambicionados. Infelizmente, constituindo inqualificável injustiça, até agora, nenhuma medalha existe, outorgada pelo COI, para premiar os grandes técnicos e certos elementos altamente categorizados das equipes de treinamento. Em quase todos os países foram criadas medalhas de mérito desportivo destinadas a premiar atletas de escol e desportistas de real atuação à causa.

Para os Jogos Olímpicos de Moscou, o pintor russo Victor Crizkihov imaginou interessante mascote — o urso Misha — que se tornou popular em todo o mundo.

44

Os selos desportivos despertam muito interesse, principalmente entre os jovens, sendo excelentes elementos de propaganda. Surgiram, inicialmente, na Grécia, em 1896, por ocasião dos I Jogos Olímpicos. Foi emitida uma série de doze valores de estilo clássico, muito rara hoje em dia, representando cenas de Jogos da Velha Grécia.

Vinte anos se passaram sem outras iniciativas no gênero, ressurgindo na Bélgica, em 1920, para comemorar os Jogos Olímpicos de Antuérpia. É possível acompanhar a sucessão das competições, a partir da mencionada época, por meio de selos emitidos pelos países organizadores. Ademais, no decorrer do tempo começaram a aparecer peças especiais para comemorar certas vitórias, financiar as despesas de delegações, exaltar o desporto, realizar propaganda de eventos desportivos etc.

Mesmo sem motivação olímpica, hoje em dia, todos os países emitem selos desportivos comemorativos ou de rotina postal.

Finalizando este capítulo, diremos que filósofos, literatos e artistas têm acompanhado o desporto no decorrer dos séculos. Na Idade Moderna e Contemporânea, no dizer de Diem, ele é "neto do Renascimento e filho da Revolução Francesa", tendo contribuído para mudar velhos hábitos do homem, imprimindo novas idéias de dignidade e liberdade, quebrando certos tabus nocivos e tornando sua vida mais alegre e natural. Na arte é expressivo seu aproveitamento.

O desporto moderno, higiene de corpo e de espírito, não chega a contar dois séculos de existência, sendo hoje realidade social e modelo extraordinário no campo da Arte. Ele conquistou o mundo, nele se impondo, acarretando, com sua prática, efeitos bons e maus, não importa. Obviamente, porém, muito mais benéficos. O escritor francês Montherlant, analisando sua nobreza, disse com acerto que "a Poesia é o seu conteúdo fundamental!"

Pelo visto, as forças espirituais guiam o homem. Embora independentes do corpo, são a ele ligadas, pois suas expressões se traduzem em movimento. O Desporto entrou no mundo espiritual e motivou o artista, convertendo-se em meio de Cultura, Educação e Recreação.

No entrelaçamento Desporto-Arte, o museu especializado constituirá ponto alto. Queremos, para nosso País, um museu moderno e funcional ligado à História e à Arte, a fim de cooperar no desenvolvimento da cultura, da imaginação e da sensibilidade da nossa gente, aproveitando o exercício físico nas suas diferentes modalidades de emprego, para mostrar-lhe, de maneira atraente e convincente, a beleza da arte desportiva, o valor da ciência moderna, a verdade da vida como idéia educativa, o patrimônio cultural de outros povos e os feitos e tradições da nossa terra. Ademais, muitos e muitos outros objetivos serão atingidos com sua criação.

Nos grandes museus de arte, principalmente na Itália, são abundantes as estátuas de atletas, pinturas desportivas e vasos gregos, de elevado valor artístico e arqueológico, mostrando familiaridade e interesse pelo assunto, desde as mais remotas épocas. Os museus do Vaticano, em particular, apresentam, em forma original ou reproduzidos, os mais ricos espécimes da Antigüidade: o Apoxiamenos de Lisipo, o Discóbolo de Naukides, o Apolo de Belvedere, a Atleta Grego, o Discóbolo de Miron, a Diana Caçadora etc. Numerosos museus europeus têm nas suas galerias muitos quadros de motivos desportivos, das mais belas pinturas de todos os tempos, de autoria de mestres consagrados — Rembrandt, Rubens, Renoir, Gericault, Manet, Picasso, Leger, Baumeister e muitos outros. E, na atualidade, muitos jovens começam a sonhar no campo da arte desportiva: Otto Kallenbach cria seu "arremessador de martelo"; Fritz Brossing, sua "atleta feminina em repouso" etc.

Notável foi nos últimos tempos, por ocasião dos Jogos Olímpicos de Roma, a grandiosa exposição organizada pelo Comitê Olímpico Italiano. Nela eram vistas, em suas 31 salas, ao lado das mais belas esculturas, afrescos e vasos etruscos, mosaicos e medalhões do Império Romano, gravuras antigas, pinturas de mestres consagrados, maquetes de instalações antigas e modernas, em síntese, toda a história da arte desportiva italiana.

Pouco numerosos são os museus inerentes às atividades físicas no mundo. Los Angeles (Fundação Helms), Chicago, Nova Iorque (Museu de Arte Desportiva), Springfield (Naismith Memorial), Olímpia, Estocolmo, Helsinque, Freyburg um der Unstrut, Oslo, Basiléia, Praga, Varsóvia, Brasov (Romênia), Lausanne (Museu do Comitê Olímpico Internacional) e algumas outras cidades européias e norte-americanas já possuem o seu, embora, em sua maioria, restritos nas suas exposições e impregnados de sentimentalismo.

Em 1957, na exposição de arte parisiense denominada "As pinturas, testemunhas de seu tempo", foram reunidos, entre outros, os quadros de Buffet (volibol), Fujita (lutadores), Kikune (patinagem), Van Dongen (boxe), Vilon (luta) e Urote ("rugby").

Nos Jogos Olímpicos do México, o programa artístico foi de alto gabarito, com excelente apresentação de peças antigas e modernas. Em particular, sob o título "O Desporto na Arte Clássica", ricas peças dos museus italianos foram expostas com bastante agrado. A arte desportiva mexicana foi também uma revelação.

Na Espanha, com extraordinário sucesso, realizou-se a II Bienal Internacional dos Desportos nas Artes Plásticas.

No Brasil, na utilização das atividades físicas como meio de cultura, podemos afirmar, de modo categórico, que nada ou quase nada existe. Apenas algumas associações desportivas mantêm salas de troféus e recordações, vinculadas às suas glórias e aos seus benfeitores.

Queremos para nosso País um museu moderno e funcional, ligado à História e à Arte, a fim de cooperar no desenvolvimento da cultura, da imaginação e da sensibilidade de nossa gente, aproveitando o exercício físico nas suas diferentes modalidades de emprego, para mostrar-lhe, de maneira atraente e convincente, a beleza da arte desportiva, o valor da ciência moderna, o patrimônio cultural de outros povos e os feitos e tradições da nossa terra. Ademais, muitos e muitos outros serão os objetivos que visamos com a sua criação.

O Museu de Educação Física, a ser criado no Brasil, tem de ser uma realidade. Diz Fernando Pessoa, extraordinário poeta lusíada: "O Homem sonha, Deus quer e a obra nasce..."

III
Civilizações Primitivas de Ontem e de Hoje

Saltador terminando o salto. Decoração de um vaso ático da segunda metade do VI século a.C. e pertencente ao Museu Britânico, em Londres.

O período que vai do aparecimento do ser humano sobre a Terra até a introdução da escrita, estimado em cerca de um milhão de anos, é o que denominamos de Pré-História. Para estudá-lo, formulamos hipóteses e procuramos interpretar, com inteligência e sabedoria, os vestígios deixados pelo homem primitivo, através de pedras trabalhadas ou não, ossadas de animais, crânios humanos, pinturas rupestres, toda sorte de objetos rudimentares, monumentos de pedras, e, mais tarde, utensílios de bronze e ferro, câmaras mortuárias, estradas e aquedutos. Sua duração em confronto com o período histórico, diz Burns, historiador ianque, equivale a sete dias sobre uma hora.

Convém ressaltar, no entanto, que nem todos os povos atravessaram os mesmos estágios simultaneamente. Enquanto o Egito dos Faraós já vivia em plena época histórica, perto dele, não longe do Mediterrâneo e em torno do qual as civilizações progrediam, numerosas populações, no maior primitivismo, erravam miseravelmente pelas planícies, desoladas e tristes, da atual Europa.

Ainda hoje, na segunda metade do século XX, muitos aglomerados humanos em estado selvagem, como algumas tribos isoladas na floresta amazônica, no interior da África ou nos desertos australianos, continuam paradas no tempo. Em tais regiões, milhares e milhares de indígenas, sem contacto com as populações civilizadas, mantêm-se, quando não em situação pior, em plena fase neolítica ou da pedra polida. O quadro é de miséria e desolação: toscas cabanas por morada, meio errantes e preocupados com a sobrevivência, nus ou quase nus, alimentando-se da caça, da pesca e de produtos silvestres e realizando, nem sempre, uma agricultura bastante rudimentar. Como seus ancestrais, no dizer feliz de alguém, continuam sendo mais músculos do que cérebros.

Pelo visto, tanto ontem como hoje, o homem no estado de primitivismo pratica uma verdadeira educação física natural e utilitária que, com o correr dos tempos, vai-se tornando, cada vez mais, artificial e sistematizada.

Quase todos os exercícios físicos, qualquer que seja sua forma de realização, vêm, portanto, de priscas eras. As raízes de suas origens, hipotéticas ou verdadeiras, são encontradas nas mais primitivas civilizações. Alguns foram levados, através dos tempos, a outros lugares, mantendo-se fiéis às suas execuções originais, enquanto outros sofreram modificações estranhas ou inerentes ao meio. Porém, em todos os casos e de maneira sintética, podemos asseverar que os exercícios físicos do homem provêm de quatro grandes causas: a luta pela existência, os ritos e cultos, a preparação guerreira e os jogos e práticas atléticas.

Luta Pela Existência

Desde o homem eolítico, da infância da Idade da Pedra e culturalmente o mais atrasado que se conhece, em lenta evolução, foi transmitida, de geração em geração, uma herança de palavras, de normas de vida, de atitudes, de instituições e de práticas utilitárias.

Dentre as práticas utilitárias, acreditamos, com fundamento na análise do sistema de vida das populações primitivas, que os movimentos naturais, observados e imitados por gerações sucessivas, possibilitaram ao homem, vivendo em um meio hostil, melhor utilizar seus sentidos, suas forças e habilidades na dura luta pela existência. Baseado no "savoir faire", inato ou quase inato, surgiu o exercício útil, cuja aprendizagem era feita e é feita, na expressão de Leal d'Oliveira, por "ensaios e erros", embora não existisse um treinamento consciente e sistemático. Como no terreno da vida primitiva cabem hipóteses, com certo fundamento, podemos dizer que o primeiro professor de educação física foi, sem dúvida, o homem que ensinou a seu filho a posição erecta e o caminhar.

Nosso antepassado eolítico, representado, entre outros, pelo "Pithecanthropus Erectus", tinha sua vida cotidiana marcada por duas grandes preocupações — atacar e defender-se —, na busca constante de alimentos para sua subsistência e a dos seus familiares ou companheiros. Para isso, nômade como era, andava distâncias consideráveis em terrenos mais ou menos acidentados, rastejava, escondido na vegetação ou entre as árvores, para acercar-se de sua presa; trepava em árvores para observar, apanhar frutos ou fugir dos seus inimigos e animais ferozes; saltava de grandes alturas e transpunha abismos, fossos e obstáculos; levantava e transportava pedras, troncos e outros objetos; corria em velocidade, ou por longo tempo, atrás da caça ou para fugir das tempestades, de seus inimigos e das feras; arremessava pedras e paus em alvos quase sempre móveis; usava suas mãos, seus punhos e machados para golpear ou executar certos trabalhos; lutava, em terrível corpo-a-corpo, empregando sua inteligência, pouco desenvolvida, para vencer homens e animais; atravessava rios e lagos a nado; mergulhava em profundidade para apanhar peixes e executava muitas outras atividades físicas. As caminhadas constantes e as corridas, em particular, constituíam, para o homem primitivo, questão de vida ou morte. Pelo visto, era uma vida cruel, difícil e perigosa, imposta pela dureza dos tempos e pela necessidade de conservar a existência.

Mais adiante, em séculos contados por milhares, vamos encontrar, sucessivamente, os espécimes de Heidelberg, de Neanderthal e de Cro-Magnon, este último já na sua fase primitiva de "Homo Sapiens". Através dos tempos, embora em lento progresso, muito lento mesmo, foi o homem paleolítico se equipando melhor com instrumentos de pedra lascada e organização material cada vez mais avançada. Surgiram muitos objetos: machado, raspador, lança, faca, punhal, agulhas de osso, arpões pontiagudos, anzóis, pedras de pontas aguçadas para o arremesso e, sobretudo, iniciou-se, no fim do período, o uso do arco e flecha para abater os animais e inimigos à distância. A caça e a pesca constituíam, sem dúvida, a tarefa principal, quase única, da vida do antepassado paleolítico. Nas paredes de suas habitações, nas suas cavernas, gravava ou desenhava, com bastante realismo e facilidade, os animais que lhe eram familiares, demonstrando, assim, a importância da pesca e da caça nos seus afazeres.

Na caverna de Mas d'Azil, no território da atual França, foram encontrados desenhos, utensílios de trabalho e armas, tudo expressando, com o uso da pedra lascada, mais capacidade do homem para vencer as dificuldades. Em muitos e muitos lugares, em todos os continentes, numerosos foram os achados, entre eles, um interessante desenho de arqueiro correndo, gravado na pedra e pertencente ao primitivismo africano. Mas, apesar da evolução realizada, era um estágio muito rudimentar de aperfeiçoamento. De fato, ele tinha avançado muito pouco no caminho da civilização.

Em seguida, vem a época neolítica, possivelmente 10.000 anos a.C., sendo a tecelagem, a olaria, a produção artificial de fogo, os instrumentos e armas de pedra polida e o uso incipiente dos metais as suas principais realizações no campo industrial. É marcada pela presença do "Homo Sapiens", no início de sua fixação ao solo, pela agricultura e pela domesticação de animais, por conseguinte, já com características modernas e diferentes do Homem de Cro-Magnon. O nível do progresso, como nunca, atinge certa perfeição e a propriedade privada é instituída pelos mais fortes e mais astutos. Porém, apoiado no passado, continua o homem primitivo baseando sua vida na atividade física intensa, nos movimentos naturais, dirigidos para aumentar seu potencial na luta pela existência.

Foi o homem neolítico, cumpre chamar atenção, pelos seus reflexos no campo dos exercícios aquáticos, o primeiro a distribuir-se por todo o mundo. Na sua luta pela vida não há uma área habitável na superfície da Terra que ele não tenha penetrado, desde os desertos árticos até as selvas tropicais. Inventou ou aperfeiçoou, vindo do paleolítico, barcos e jangadas e, com eles, venceu distâncias inacreditáveis, atravessando rios e lagos e aventurando-se por mares desconhecidos.

Tudo leva a crer, de acordo com a teoria mais aceitável, que os ameríndios, gente de raça amarela, no período neolítico, antes mesmo da descoberta da roda, vindos da Ásia, através das terras gélidas da Sibéria e do estreito de Behring, após se estabelecerem na região norte do Alasca e do Canadá, espalharam-se por toda a América.

A Idade da Pedra, em regiões distintas e sem influência recíproca, foi substituída, mais tarde, por nova cultura baseada no uso dos metais. O progresso humano, ainda lento, tomou outras formas, inclusive no campo do trabalho físico.

Retornando ao quadro clássico da pré-história, cumpre assinalar que, no fim de seu longo período, em muitas regiões, onde o uso do ferro ou de certas práticas acelerava o progresso, já havia, como bem acentua André Maurois, certa civilização, incluindo trocas de produtos, pequenos aglomerados humanos, estradas transitáveis, exploração do subsolo, agricultura rudimentar, indústria incipiente e criações de animais domésticos. A vida tornou-se menos dura, o homem já não lutava tanto. Mas, ainda por necessidade e imposição dos tempos, tinha de manter-se sempre em bom estado físico e espiritual, a fim de demonstrar capacidade de ação para enfrentar seus inimigos e tornar-se, muitas vezes, chefe e senhor. Ademais, pela experiência adquirida, sentiu quão necessário se tornava adestrar seus descendentes, através de exercícios naturais, de caráter utilitário e guerreiro, a fim de torná-los mais corajosos, fortes, ágeis e resistentes.

Ritos e Cultos

Para o homem primitivo, com os olhos sempre voltados para o céu, o mundo e as forças naturais formavam uma unidade. Ele devia subsistir mediante duros esforços, considerando sua sobrevivência como um favor dos deuses, por conseguinte, tendo um sentido ritual.

A dança, desde o paleolítico superior, tornou-se atividade física derivada, mística e lúdica, indicando um estado de alma menos cruel, um despontar de sentimentos do homem primitivo. Por ela lhe é comunicado o poder dos deuses e agradecidas as mercês deles recebidas.

Não somente sob a forma de dança manifestavam-se os ritos. Desde os tempos mais remotos, os exercícios corporais, rudimentarmente sistematizados, constituíam atos respeitosos nas grandes festividades religiosas, inclusive no culto aos mortos. No fundo das atuais manifestações desportivas, por incrível que pareça, há algo de origem pré-histórica. Nos Jogos Olímpicos, por exemplo, podemos observar atletas, antes da competição, realizarem uma breve oração, tal qual, conta-nos Homero, nos jogos fúnebres em honra de Pátroclo, morto diante dos muros de Tróia por Heitor, quando Ulisses pediu fervorosamente à Atena: "Ajude-me, ó deusa, favoreça-me e dê aos meus pés mais ligeireza."

As cerimônias fúnebres, encontradas em todas as civilizações pré-históricas, explicam-se pelo desejo de os familiares do defunto mostrarem a ele que, após sua morte, nada havia mudado, possibilitando-lhe, assim, mais uma vez, participar das alegrias e dos bens da existência.

As competições eram verdadeiros atos de culto. Através deles, o homem primitivo se ligava com os poderes superiores, personificados pelas forças da natureza. Os selvagens ainda existentes, como os seus antepassados, ainda hoje praticam ritos desse gênero.

Preparação Guerreira

Desde o começo da humanidade, até os tempos contemporâneos, o homem tem sido obrigado a lutar pela vida e a procurar sair vitorioso nas contendas. No caso da guerra atual, apesar do extraordinário progresso científico e tecnológico, o homem continua sendo o elemento decisivo no campo de luta. Explica-se assim a necessidade da preparação guerreira dos jovens de hoje, da mesma maneira que outrora faziam os povos selvagens. As tribos impunham-se pelo valor dos seus guerreiros.

No Novo Mundo, antes da descoberta de Colombo, bem cuidada era a preparação do homem para a guerra. Os astecas, por exemplo, submetiam os meninos, desde os sete anos, a práticas físicas variadas e intensas, fazendo-os viver na natureza, arrostando perigos e inclemências do tempo, a fim de habituá-los ao sofrimento e torná-los resistentes às fadigas e intempéries, realizando, assim, uma verdadeira educação espartana.

Jogos e Práticas Atléticas

O jogo, dizem os modernos pedagogos, é o meio empregado pela natureza para preparar os seres vivos para a vida. O selvagem, sem dúvida, dentro do maior primitivismo, é um jogador, e sempre assim o foi.

Nas sociedades mais atrasadas, certos atos fúnebres e o transbordamento da alegria resultante da pesca, da caça feliz, de feitos guerreiros, da chegada das estações almejadas, do fim das épocas de chuvas, dos nascimentos, dos casamentos, da nubilidade e de outras afirmações positivas de vida manifestavam-se por danças rituais e outras representações instintivas que, realizadas depois em cerimônias e jogos regulares, deram lugar à transformação das atividades físicas em uma arte. É a fase primeira da educação física.

É óbvio que, desde os tempos pré-históricos, existiram expressões de jogos, principalmente entre crianças e gente jovem. Tais jogos, naturalmente com novos significados, foram incorporados, através dos tempos, aos sistemas de educação em geral.

Os jogos primitivos, como os de hoje, sempre tiveram seu próprio cerimonial, suas próprias regras e, geralmente, tanto vencedores como vencidos aceitavam o resultado desportivamente. Vem das civilizações primitivas, diz Diem, o aforismo — "Para ganhar é preciso saber perder" —, forma antiqüíssima do atual "fair play".

Nos mais diversos povos — na Ásia, na América pré-colombiana, na África, na Austrália e até entre os indígenas das ilhas mais longínquas do Oceano Pacífico — foram encontrados jogos com caráter idêntico, simultaneamente profanos e religiosos.

Entre os ameríndios, principalmente maias e astecas, naturalmente com algumas variantes, praticava-se o "jogo da pelota", onde os componentes das equipes, de maneira semelhante ao atual basquetebol, se esforçavam por fazer passar a bola entre os aros de pedras, colocados no terreno da competição e em paredes artisticamente trabalhadas. Na linguagem indígena de imagens da época, o campeão do jogo era um símbolo do céu, servindo para nele ser prestado culto à divindade.

Os maias e astecas praticavam também um jogo semelhante ao tênis, onde era bastante acentuado o trabalho das espáduas e nádegas, sendo estas protegidas por meio de uma peça de couro.

Os incas, as tribos da Califórnia, os araucanos e outros povos indígenas, naturalmente os mais adiantados, tinham jogos regulares.

Os índios do norte da América, com significado de culto, praticavam os jogos da "serpente de neve" e do "aro", cujo conhecimento chegou até os nossos dias através de seus descendentes. O "lacrosse", espécie de hóquei, constituía prática recreativa dos índios da vasta planície do continente norte-americano.

Os esquimós do norte da América, Groenlândia e noroeste da Ásia, como seus antepassados, também têm seus jogos de pelota, cuja confecção, ainda hoje, é feita de pele de foca ou rena.

Na Austrália, mesmo os indígenas não civilizados praticam tais jogos, sendo a bola feita com couro de canguru. Além disso, os primitivos australianos jogam uma espécie de rúgbi, um futebol com equipes até 100 homens, cujo vencedor será o participante que mais vezes tocar a pelota.

Em diferentes partes do mundo, a título de exemplo, sobre as práticas atléticas, há algo interessante a informar, o que faremos de maneira sucinta.

Quanto ao Novo Mundo, correspondendo ao fim da pré-história na escala gradual da evolução dos povos, naturalmente com traços diferentes das civilizações primitivas clássicas, vamos encontrar alguns indígenas pré-colombianos, atrasados em certos aspectos de cultura e bem avançados em outros, já com idéias, próprias dos tempos históricos, sobre a necessidade e vantagem dos exercícios físicos. Pelo visto, nem todos eram selvagens.

No território do atual México, os índios "Taharumaras", descendentes dos maias, ainda hoje são excelentes atletas, destacando-se na corrida, na caçada e no emprego do arco e flecha. Dizem os cronistas, do tempo da colonização espanhola, que suas famosas corridas de resistência, abertas aos dois sexos, duravam vários dias, debaixo de grande entusiasmo e apostas, sendo os percursos iluminados por tochas. Durante a competição, o corredor impulsionava com o pé uma bola de madeira, fazendo-a avançar, de cada vez, cerca de 25 cm.

Cumpre assinalar pelo pitoresco, entre os astecas e os incas, a existência de um interessante tipo de atleta profissional, selecionado pela sua resistência e empregado como mensageiro para assegurar, por meio de duras corridas de revezamento, as comunicações entre os mais distantes pontos dos dois grandes Impérios, estabelecidos nas terras e adjacências, respectivamente, do atual Peru e México. Entre os incas era este atleta conhecido por "chasquis", significando em língua indígena "o que toma", "o que recebe", "o que troca", isto é, uma espécie de mensageiro.

Entre os antigos índios habitantes do atual território dos Estados Unidos, por suas proezas físicas, é interessante ressaltar algumas tribos, cuja capacidade de ação bastante aumentou, no estado de barbaria de sua civilização, com a utilização do cavalo. Eram grandes caçadores do bisão, boi-selvagem de grande porte, vivendo em grandes manadas na grande planície norte-americana. Como eles, no Brasil, os índios guaicurus e os charruas também foram grandes cavaleiros.

Na Oceania, goza de grande popularidade entre os indígenas, sobretudo na Austrália, o lançamento de dardo e do bumerangue. O tiro com o bumerangue pode considerar-se como o jogo nacional australiano, sendo hoje praticado até pelos brancos. Devido à sua forma curva, o bumerangue arremessado, obedecendo às leis da mecânica, volta ao ponto de origem. Os povos primitivos atribuem a essa trajetória uma força mágica. Outros exercícios são comuns nos povos de civilização primitiva da Oceania, dominando os de características naturais: têm grande habilidade nas marchas e corridas, saltam com grande rendimento e trepam em árvores com facilidade.

Os esquimós, já referidos nos jogos, praticam atividades naturais: caça, pesca, natação, canoagem ("kayack"), luta e corrida sobre a neve.

Outros exemplos, como os anteriores, buscados em todos os lugares de vida primitiva, mostram à sociedade a grande importância do exercício físico, como elemento de preparação utilitária e humanização do homem em idade tribal.

Pelo visto, as atividades físicas do homem das civilizações primitivas apresentam cinco aspectos: natural, utilitário, guerreiro, ritual e recreativo. Não é praticada uma educação física sistemática, mas, ao contrário, uma forma espontânea e ocasional.

IV
Antigas Civilizações do Mediterrâneo

Davi dançando ante a Arca do Senhor. Miniatura da Bible Moralisée. França. Século XIII.

HITITAS — Os hititas, povo de origem muito incerta, habitavam um reino que, em certa época, se estendeu da Ásia Menor até a Babilônia. Sua civilização era inferior à dos egípcios e babilônios e seu apogeu foi no século XII a.C. Até meados do século passado pouco se conhecia do império por eles organizado, salvo algumas referências da Bíblia e outras encontradas em inscrições egípcias. Chegaram a conquistar a Mesopotâmia e lutaram contra os egípcios. Nas suas terras, mais tarde, existiram os reinos da Frígia, da Capadócia e da Lídia.

Os gregos sempre representavam os hititas montados a cavalo e, comumente, enviavam os filhos de suas famílias de maior projeção social para, entre eles, aprenderem a montar e guiar carros com mestria.

Além da equitação, orientada para a guerra e a caça, praticavam a natação, o remo, a esgrima, o tiro e a luta. Eram também exímios condutores de carros de corrida, empregados nas caçadas e excursões guerreiras.

Em escavações da antiga capital hitita de Boghazoi foi encontrado um extraordinário manual de treinamento hípico, verdadeiro monumento no gênero. Escrito cerca de catorze séculos antes de Cristo, segundo os entendidos, parece ser uma obra moderna, consubstanciando larga experiência. O plano do treinamento dos animais, nele existente, progressivamente estabelecido e com suas fases de esforço e contra-esforço, lembra, no dizer de Diem, o atual sistema fracionado.

Povos da Mesopotâmia

Nas terras entre os rios Tigre e Eufrates, após demorados trabalhos arqueológicos, descobriram-se os restos de notável e antiga civilização, até certo ponto comparável à dos egípcios. A parte superior da planície formada por tais cursos d'água foi chamada, pelos gregos, de Mesopotâmia (palavra que significa "entre rios"); sua parte inferior recebeu a denominação de Caldéia. Ao norte, na região montanhosa do médio Tigre, ficava a Assíria.

Vários povos, semitas e não-semitas, estabeleceram-se nessas terras e desapareceram, sucessivamente, diante da invasão de tribos mais fortes. Os sumérios ou sumerianos, entre outros, constituíram importante e progressista império, onde, em tempos heróicos, viveu o poderoso deus Gilgamés, espécie de Héracles grego, tão forte que era capaz de sufocar um leão, contra o próprio peito, com um só braço. Mais tarde, tal povo foi dominado pelos acádios. Porém, com o correr dos séculos, dois povos principais distinguiram-se na região — os babilônios e os assírios. Os primeiros demonstraram qualidades mais humanas e pendores para a civilização; os últimos, insensíveis e cruéis, tornaram-se famosos pela brutalidade com que agrediam os povos vizinhos.

Os babilônios e assírios usavam uma escrita ideográfica, moldada em tijolos com inscrições chamadas cuneiformes, isto é, em forma de cunha, cuja decifração, após pacientes estudos, em 1851, foi feita pelo inglês Rawlinson. Assim se pôde conhecer muita coisa sobre a vida desses povos. Os babilônios ocupavam-se com suas lavouras, com a construção de canais que irrigavam a terra, com o embelezamento de suas cidades. Os assírios, essencialmente caçadores e guerreiros, viviam em um ambiente de violência, sob o terror de deuses vingativos e do domínio absoluto de reis sanguinários e cruéis.

Dentro de uma evolução cheia de lutas e conquistas, de saques e pesados tributos, os povos mesopotâmicos adquiriram, apesar de tudo, elevado grau de cultura, cujos reflexos podem ser afirmados, na Babilônia, pelo célebre código de Hamurabi, concatenação do Direito babilônico e primeira ordenação sistemática legal na história do mundo. A civilização lhes deve também, ao lado da Literatura, inúmeros conhecimentos de Matemática, Astronomia, Medicina, irrigação e um sistema de pesos e medidas usado em quase toda a Antigüidade.

Pelas suas condições de vida, cheia de imprevistos e em busca constante de novas aventuras, tais povos cultivavam exageradamente a força, a agilidade e a resistência, entregando-se às mais variadas atividades utilitárias. A marcha militar, a corrida, o uso do arco e flecha, o arremesso de lança, o boxe, a equitação, a natação e a canoagem constituíam os exercícios indispensáveis à sua formação física e preparação guerreira. A caçada também era muito apreciada.

Alguns objetos de arte e outros achados, além de numerosas inscrições guerreiras, afirmam seu interesse pelos exercícios físicos.

O magnífico relevo da "leoa ferida", da coleção do Museu Britânico, onde se vê um animal enfurecido, arrastando-se e rugindo de dor e cólera, faz-nos acreditar na familiaridade do arco e flecha entre a gente mesopotâmica. A cena da "caçada do leão", rico relevo do Museu do Louvre, confirma nossa informação e alerta-nos sobre o emprego do carro de corrida entre os assírios.

A estatueta de bronze de lutadores, encontrada nas escavações do templo de Chafadji, mostra-nos a predileção dos povos mesopotâmicos por tal desporto, indispensável aos guerreiros. Tudo nos leva a crer que os vasos na cabeça são decorações, talvez floreiras, nada tendo a ver propriamente com a luta.

O Museu do Louvre, procedente das escavações de Ashunnak, possui um pequeno relevo, bem antigo, de dois barbudos boxeadores assírios na peleja.

Na equitação não faltam exemplos. Em Kisch (cerca de 20 km ao noroeste da Babilônia) foi encontrada uma quadriga de cobre, parecendo um carro de corrida. Esta pequena obra de arte é completada por pequena plataforma para o cocheiro e por quatro onagros (asnos selvagens), ungidos ao carro. Uma inscrição achada recentemente, sobre adestramento de cavalos de corrida, nos convence da importância do desporto hípico. Porém, nada mais representativo do que um manual assírio, precioso encontro, onde muitos pormenores são dados quanto à maneira de preparar cavaleiros e cavalos para as disputas desportivas e atividades guerreiras.

Relativamente à natação, dois relevos, em particular, convencem-nos do utilitarismo do seu emprego. Aliás, em todos os povos antigos sua aprendizagem era essencial à sobrevivência, diante da brutalidade do sistema de vida. No primeiro, nadadores fugindo de arqueiros inimigos; no segundo, um soldado, auxiliado por um flutuador de ar, faz a travessia de um rio.

Como em todos os povos antigos, comumente os desportos entrosavam-se com o culto. Dizem textos cuneiformes que, desde priscas eras, os sumérios celebravam a festa do Ano Novo com jogos, competições e banquetes em honra do deus Marduk.

Etruscos

Para conhecimento dos Exercícios Físicos em Roma, temos de partir dos etruscos. Oriundos, possivelmente, da Ásia Menor e mesclados com gente autóctone e imigrantes vindos do Norte, depois de expulsos do Vale do Pó pelos gauleses, estabeleceram-se na Etrúria, região das terras férteis da atual Toscana, onde construíram importante civilização. Durante os séculos VI e V a.C. predominaram em quase toda a Itália primitiva, exercendo forte influência política e cultural sobre os demais povos da península, desde os Alpes até Cápua, inclusive a ilha de Córsega. Mesmo após a vitória de Roma, numerosos traços de sua civilização marcaram a vida romana. Embora com um pouco de exagero, apreciando o fato, Pfister, historiador alemão, afirma que ela continuou sendo "em cultura e civilização uma colônia etrusca".

Essa cultura, sem dúvida, tinha íntimas relações com a cretense, a grega e a egípcia, sobretudo com a última, relativamente ao compasso ritual de existência.

Os etruscos não se assemelhavam aos outros habitantes da Itália, nem pelos costumes, nem pela língua, nem pelo tipo físico. Bastante religiosos e supersticiosos, ofereciam sacrifícios e oferendas às almas dos mortos, davam-lhes uma morada suntuosa e seus pretensos adivinhos diziam ler o futuro. Embora utilizassem o alfabeto grego, sua linguagem devia ter sido, pela complexidade de formulação do pensamento, de difícil interpretação para os italiotas, que constituíam o grosso da população mais próxima. Os homens eram, na sua maioria, de pequena estatura, robustos, com a cabeça grande e os braços musculosos. Foram bons lavradores, artistas, arquitetos, comerciantes e piratas. Tinham cidades fortificadas e distinguiam-se nos trabalhos de saneamento e na construção de esgotos, templos e túmulos. Estes, semelhantes aos dos egípcios, visavam dar ao morto um ambiente que recordasse as alegrias da vida.

Com o correr dos tempos, o povo etrusco foi absorvido pelo Império Romano. Sua história é pouco conhecida, cheia de enigmas, mas sua arte se revelou de maneira extraordinária, tendo deixado para a posteridade um acervo de alto valor cultural. Tinham gênio inventivo, bom gosto e adoravam as jóias e adornos. Suas criações espalhadas pelos museus da Itália, Alemanha e outros países, mostram-nos um mundo de beleza, expressão e originalidade. Essa arte, é bom que se diga, embora de influência grega, apresenta certa autonomia e características próprias. As mostras da Vila Giulia de Roma, da seção etrusca do Vaticano e existentes nos lugares das antigas colônias etruscas são verdadeiramente deslumbrantes. Na exposição "O Desporto na História e na Arte", realizada por ocasião dos Jogos Olímpicos de Roma, e no Festival Internacional de Arte "O Desporto na Arte Clássica", promoção dos Jogos Olímpicos do México, foram apresentados, no original ou reproduzidos, interessantes espécimes de arte desportiva etrusca. O material existente em Tarquínia, no museu e em vários túmulos, é de beleza sem par, principalmente os afrescos gravados nas paredes tumulares.

O desporto ocupava importante lugar na cultura etrusca. Nela está, até certo ponto, a origem do desporto romano. As estatuetas, os relevos, as decorações nos vasos, os afrescos dos túmulos e outras formas de arte, embora tragam em si a dificuldade dos séculos e a extensão do território, para uma apreciação geral, convencem-nos de que os etruscos praticavam uma educação física sistemática, fato demonstrado através da perfeita configuração muscular e da atitude observada nas obras de arte. Nas paredes do túmulo de "Poggio al Moro", correspondente ao VI século a.C., encontramos a imagem de um arrojado salto mortal sobre um obstáculo de madeira, ao lado de alguns flexionamentos do tronco. No Museu da Vila Giulia, da mesma época, há uma estatueta de bronze representando uma jovem na execução de uma "ponte", exercício típico de ginástica. Os dois exemplos citados são suficientes para demonstrar nossa afirmação.

Numerosos eram os desportos praticados, mas cabe, talvez pelo seu aspecto natural, o primado ao atletismo. Os afrescos aplicados sobre as paredes dos túmulos de "Poggio al Moro", "Bighi" e "Scimmia" mostram-nos uma gama enorme de atletas na corrida, nos saltos em distância e com vara, nos arremessos do disco e do dardo, além de outros desportos. Tais pinturas são comparáveis às melhores dos vasos gregos.

Muitas e muitas outras obras de arte, além dos afrescos, caracterizam o apreço pelo desporto-base. No Museu Nacional de Palermo existe um relevo do VI século a.C. bastante expressivo, representando corredores na chegada. No Museu Cívico de Bolonha, há uma estatueta de bronze, do V século a.C., de um lançador de peso (pedra). Ademais, inúmeros achados de atletas, com disco na mão, revelam-nos o interesse pela prática dos exercícios com esse material. O conhecido bronze do lançador do dardo, da rica coleção do Museu da Vila Giulia, mostrando vigor e serenidade, pode ser comparado às obras gregas.

Particularmente, cumpre alertar sobre as pinturas encontradas, em 1958, em Tarquínia, no chamado túmulo das "Olimpiadi", onde podemos observar jovens corredores, saltadores em distância, lançadores de disco e corredores de carro. Admirável é o detalhe de um discóbolo na corrida. Não menos belo é o de três corredores, que embelezam a capa da belíssima obra *"Sport ed Arte"*, publicação de arte dos Jogos Olímpicos de Roma.

A luta e o pugilismo constituíam práticas de largo interesse, sendo a última a mais antiga representação artística da Etrúria. Em quase todos os túmulos, por nós referidos, foram encontrados afrescos de tais desportos. Em muitos deles, podemos ver pugilistas com pequenos halteres nas mãos, particularidade etrusca, encontrada mais tarde nos combates sangrentos dos gladiadores romanos. Há belas peças na categoria, principalmente o afresco denominado "Dois Lutadores", do túmulo dos "Anguri", em Tarquínia.

Bastante praticados eram os desportos aquáticos, coisa natural em um povo de navegantes e pescadores. Na Gliptoteca de Munique, por exemplo, há uma estatueta de bronze, da primeira metade do V século a.C., cheia de realismo, representando um jovem prestes a dar um mergulho. Igualmente bem movimentada é a cena de um nadador, após ter pulado de uma pedra ao mar, peça do século VI a.C. e pertencente à rica coleção do Museu "Della Cacia e della Pesca".

Completam o quadro dos exercícios físicos etruscos as figurações de atividades hípicas e coreográficas. As primeiras revelam decisão e nobreza e as danças harmonia e beleza. Em Tarquínia, nos diferentes centros de exposição, os afrescos, principalmente de corridas de carros, tocam a nossa sensibilidade.

Como bons arquitetos que eram, os etruscos construíram praças alongadas, em lugar de quadradas, tendo no sentido longitudinal tribunas para os espectadores, formadas de tablados de madeira protegidos por coberturas, sendo, talvez, os precursores desse sistema de acomodação do público assistente de competições, pois, na mesma época e por muito tempo, os gregos utilizavam colinas marginais ou levantavam terraplenos. No afresco do túmulo das "Bighi" há tais construções.

As mulheres etruscas, ao contrário das gregas, compareciam aos banquetes e festejos, inclusive aos espetáculos desportivos. Elas desconheciam a reclusão oriental e movimentavam-se livremente na vida pública.

Pelo visto, as ricas peças de motivos desportivos etruscos, espalhadas na Itália e no estrangeiro, constituem, utilizando uma afirmação de Diem, verdadeiro manual de atividades físicas.

O Povo Judaico

De raça semítica, também chamado hebreu ou povo de Israel, distinguiu-se por suas crenças religiosas, diferentes de outras da Antigüidade, pois acreditavam num único deus.

A Terra de Canaã, ou Palestina, onde os hebreus habitavam, depois de chegarem do sul da Mesopotâmia, ficava entre o Mediterrâneo e o deserto. Ao norte situavam-se a Síria e a Fenícia; ao sul, a região árida do Sinai.

Ao atingirem a nova terra, chefiados por Abraão, encontraram vestígios de uma cultura original anterior à deles. Nômades como eram, levavam vida simples, sempre à procura de novos campos para apascentar os seus rebanhos. Obedeciam ao mais velho da tribo — o patriarca (chefe, sacerdote e juiz).

A Bíblia, livro sagrado dos hebreus e dos cristãos, trata da criação do mundo e da vida dos patriarcas. Coube a Israel, o terceiro deles, constituir-se em protetor das doze tribos em que o povo se dividiu, após sua fixação na Terra da Promissão (Palestina).

Em face da fome, chamados por José, filho de Israel e ministro de um dos faraós egípcios, os hebreus radicaram-se no Egito, onde viveram muito tempo; porém, maltratados pelos naturais do país, retornaram à Palestina, guiados por Moisés (15 séculos a.C.), depois de vagarem quarenta anos pelo deserto.

Na Palestina, as tribos de Israel viveram um tanto independentes, porém constantemente molestadas por povos vizinhos, daí a necessidade de se unirem, fato político realizado por Saul, como rei, e a quem sucedeu Davi, guerreiro e poeta, considerado o fundador do reino hebreu (dez anos a.C.). Estabeleceu a capital em Jerusalém, empreendeu conquistas e fixou os limites do país.

Salomão, filho de Davi, foi um rei pacífico, sábio e organizador. Após sua morte deu-se o Cisma, resultando os reinos de Israel e Judá, que, dirigidos por reis incapazes, lutaram entre si, entraram em choques infelizes com os vizinhos e acabaram sendo conquistados por Roma.

No domínio de Roma, ao tempo de Herodes, nasceu Jesus Cristo e deu-se também a dispersão do povo hebreu pelo mundo. Israel deixou de existir, como nação, durante muitos séculos, somente conseguindo estabelecer-se como república em 1948.

No campo das atividades físicas, na Antigüidade, de maneira sistemática pouco foi realizado pelos judeus. Salvo a Bíblia, as fontes bibliográficas, em número reduzido, quase nada elucidam, exceção quanto à dança e expressões da ginástica rítmica, que alegravam o povo. Sobre elas, como herança deixada pelos antepassados, há algo documentado relatando manifestações para celebrar vitórias, colheitas, escolha de esposas e cenas de desafios de cânticos.

No entanto, de maneira assistemática, há notícias sobre práticas desportivas realizadas, de caráter festivo ou utilitário — equitação, caça, exercícios de levantamento de pedras, lançamento de funda, frontão e uso de armas.

Depois do êxodo, parece ter havido tentativas sistemáticas de Educação Física, fato comum em todos os povos subjugados. Nada se sabe sobre competições desportivas, pois as Macabíadas, glorificando o atleta judeu, constituem empreendimento dos nossos dias.

Salvo a Bíblia, nada de importante foi legado por literatos, pintores e escultores. Parece que não era permitido criar, coisa inexplicável, tratando-se de um povo forte, de mentalidade e inteligência privilegiada. No atual Israel, alguns pesquisadores procuram desvendar o passado desportivo, acreditando-se que algo classificado como dança, por questão de linguagem, se confundia com outros exercícios. Hoje, existe grande esforço para fazer renascer todos os aspectos da velha cultura.

Pesquisando a questão, não há dúvida que a dança, expressa em numerosas passagens da Bíblia, sobretudo no Velho Testamento, era bastante popular, traduzindo a exteriorização de sentimentos interiores, considerado comportamento normal no tempo, como autodefesa na desgraça e manifestação de alegria. Sem ser ritual, expressiva e sem agradecimento a Deus, ela surgia, de maneira espontânea, nos festivais públicos. Segundo Sholan Herman, a dança substituía outras formas de trabalho, como parte integrante da expressão física.

Para firmar seu prestígio de grande rei, Davi, acompanhando o gosto de seu povo, tornou-se dançarino, podendo a ele aplicar-se, com propriedade, as citações 3 e 4 do Eclesiastes:

"Tempo para chorar — e tempo para rir
Tempo para lamentar-se — e tempo para dançar."

Apreciador da corrida, dele são as expressões referentes a um seu compatriota, constantes do Salmo XXIX, comparando-o ao sol: "Como um herói se alegra a correr por sua pista."

Nas suas danças, o povo de Israel fazia-se acompanhar de flauta, lira, harpa, pratos, tamborim e tambor. Durante a ocupação romana muitas instalações desportivas foram construídas na Palestina. Alguns exercícios gregos de recuperação foram conhecidos.

Herodes estabeleceu, como Roma fazia em outras partes de seu vasto império, competições desportivas na Palestina, cuja realização ocorria de quatro em quatro anos.

V
Os Exercícios Físicos na Terra dos Faraós

Alguns elementos da ginástica masculina e feminina

O Egito antigo, situado ao nordeste da África, compreendia vasta faixa de terra que se estendia da Etiópia ao Mediterrâneo, entre o Deserto Líbico, no ocidente, e o Deserto Arábico, no oriente. Nele, o Nilo constituía o elemento de vida e impulsionador de grande civilização.

Heródoto, historiador grego, qualificou com bastante sabedoria a terra dos faraós como um presente do grande e caudaloso rio.

Os primitivos habitantes do Egito eram de origem camita. Através dos tempos, misturando-se com eles, outros povos (principalmente africanos e asiáticos) trouxeram sua contribuição, de maneira a formar uma raça com características próprias.

De modo geral, nos seus séculos de esplendor, o grosso da população masculina compunha-se de indivíduos altos, sólidos e musculosos, largos de ombros, estreitos de quadris, com braços e pernas alongados, peito forte e saliente, rosto oval, boca carnuda e pele bronzeada.

Os atuais felás assemelham-se extraordinariamente às antigas estátuas descobertas nas escavações.

Quando Heródoto visitou o país, surpreendeu-se com o vigor físico de sua gente. Assim como os homens, as mulheres eram esbeltas e possuíam admirável harmonia de formas. Tais observações e outros fatos levam-nos a acreditar na existência de um plano sistemático de atividades físicas.

Do ponto de vista temperamental, dizem as crônicas que os antigos habitantes se mostravam sempre resignados, calmos, alegres, laboriosos, pouco faladores e possuidores de elevado espírito religioso.

A religião desempenhou papel importante na vida egípcia, imprimindo seu traço em quase todos os setores de atividades. Evoluiu em vários estágios: de um simples politeísmo para um monoteísmo filosófico.

Os mortos eram embalsamados. Acreditavam os antigos egípcios que, por ocasião da inumação, a alma juntava-se ao corpo. Explica-se, assim, o costume generalizado de colocar as múmias em sarcófagos, ao lado dos quais depositavam estátuas dos servidores e objetos de uso pessoal, propiciando tudo para uma vida de além-túmulo.

Antes de o povo grego estabelecer o significado universal de beleza, o Egito já era um país de alto nível cultural e de conceitos firmados. Sua rica história, cheia de enredos e fábulas, leva-nos, no entanto, a duvidar da veracidade de muitos fatos de remotas épocas, tornando-se difícil, muitas vezes, discernir entre o real e o imaginário.

Arte Egípcia

No século passado e no início do corrente, vários cientistas e arqueólogos, dentre os quais os franceses Champollion (o decifrador dos hieróglifos), Rougé, Marriette e Maspero, o norte-americano Davis, o italiano Belzoni e os ingleses Caravon e Carter, realizaram importantes estudos e descobertas, esclarecendo muitos pormenores da antiga civilização egípcia, altamente desenvolvida e cheia de fausto, quando a maior parte da humanidade do mundo conhecido errava ainda em uma vida primitiva pelas florestas e estepes da atual Europa. Investigações modernas, como a do egípcio Zacharias Ghaneiam, têm contribuído para trazer mais luz a tão empolgante assunto.

Assim, apoiado nas revelações de desenhos, pinturas, estátuas, baixos-relevos, inscrições, objetos de adorno, utensílios domésticos e outros elementos encontrados em monumentos, glorificadores e tumulares, somos induzidos a crer que de quarenta a quarenta e cinco séculos antes de Cristo eram os exercícios físicos, sob as mais variadas formas, de certo modo familiares e praticados pelos antigos egípcios, visando com eles adquirir saúde e vigor, qualidades indispensáveis nos trabalhos agrícolas, na preparação guerreira e na formação desportiva.

A mocidade egípcia, de acordo com a mentalidade da época, tudo fazia para seguir o exemplo dos seus reis. Em particular, observava e procurava imitar suas façanhas desportivas. Os faraós, comumente, por ocasião de celebrações e nas festas populares, mostravam em competições o grau de suas habilidades. O exercício adquiriu, assim, grande importância, servindo as qualidades demonstradas para aumentar seu prestígio e exaltar o poder real.

Amenófis II, por exemplo, foi um atleta de escol e de grande perfeição física. Durante sua infância, notabilizou-se na prática do remo, na equitação, na corrida e no arremesso da flecha. Do seu carro em movimento, dizem as inscrições, acertava no alvo com bastante precisão.

Seu arco foi encontrado junto à sua múmia. Trabalhos recentes de desaterro, através de uma série de inscrições de forma poética, constantes da obra *Pirâmides, Esfinges e Faraós*, de Kurt Lange, reafirmam as proezas físicas de Amenófis II:

"Vogava à proa de seu navio com duzentos homens.
Remava-se com força. Transpuseram assim uma meia milha.
Mas tomando-os a fadiga, seus membros fraquejavam,
E o ar lhes faltava aos pulmões.
Sua Majestade pegou resolutamente seu comprido remo de vinte
côvados
Remou com força e fez seu navio acostar,
Depois de ter coberto três milhas
Sem descansar seu remo.
Os rostos que o cercavam brilhavam de admiração
Quando realizou ele tal proeza.
. . . .
Esticou trezentos arcos robustos
Para experimentar o trabalho dos artífices,
Para saber quem não entendia nada e quem tinha habilidade,
Depois fez o que vou contar-vos...
Avançou pelo seu campo de tiro
E viu que quatro alvos de cobre oriental,
Da grossura dum palmo, tinham sido para ele preparados;
Dum posto a outro havia uma distância de vinte côvados.
Então Sua Majestade apresentou-se no seu carro,
Tal como o deus da guerra em sua força.
Pegou seu arco
E quatro flechas ao mesmo tempo.
Visou e atirou nos alvos
Como o deus da guerra em seus ornamentos,
Suas flechas atravessaram os alvos
E se cravaram no poste próximo.
Nunca semelhante proeza fora realizada;
Nunca se ouviu dizer
Que uma flecha atirada contra um alvo de cobre
O atravessasse e caísse no chão . . ."

Atividades Físicas

Causam verdadeira admiração a riqueza documentária do antigo Egito e o número extraordinário de atividades físicas praticadas. Os desportistas contemporâneos ficam deslumbrados diante de tanto material, comprovante do elevado grau alcançado no campo da fisiocultura. Tais exercícios eram muito semelhantes aos que, na atualidade, e guardadas as devidas proporções, chamamos de exercícios instintivos, ginástica, desportos individuais, desportos de combate e desportos de exterior. Embora sendo numerosas as exercitações físicas e grande o espírito competitivo da juventude da terra dos faraós, quase nada nos indicam as fontes sobre a prática dos desportos coletivos. Igualmente, tudo leva a crer que as grandes reuniões desportivas, tipo olimpíadas, eram desconhecidas, embora Heródoto tenha encontrado no Egito Superior competições em honra de Perseu.

Cabe-nos agora particularizar as diferentes atividades físicas.

A. *Os Exercícios Instintivos*

No quadro destes exercícios, realizavam, sem dúvida, atividades naturais, pequenos jogos e danças.

Os exercícios naturais ou globais, forma de trabalho predominante nos albores de qualquer civilização, eram executados para satisfação das necessidades individuais: a marcha, o trepar, o saltar, o levantar e transportar, a luta, o correr etc. São inúmeros os murais onde se vêem homens, principalmente soldados, realizando movimentos naturais. No túmulo de Mahu (Tell-el Amarna) foi encontrado um desenho cheio de vida, no qual se vêem alguns corredores acompanhando o carro do faraó. No templo de Luxor, em baixo-relevo, existem interessantes exercícios de trepar; alguns jovens procuram alcançar o cimo de uma árvore por meio de tábuas, em que se apóiam.

Ptah-Hotep, filósofo e autor do notável livro *Máximas*, que apreciava os exercícios físicos, tanto como Sócrates e Platão, atribuía muita importância à educação corporal sob a forma recreativa.

Os pequenos jogos constituíam modalidade de recreação bastante apreciada. Um, da categoria de transportar e muito original, é descrito por Nefisa Al-Ghamarawi, educadora egípcia: uma criança toma a posição de quatro, imitando um animal de carga, usualmente o camelo; duas outras, uma de cada lado, colocam-se sobre as suas costas e seguram, cada uma, as pernas da outra com as mãos; a criança, imitando um animal, começa então a mover-se, carregando as companheiras nessa estranha posição. Numerosos outros deste gênero foram revelados nos murais.

Em Sacara, por exemplo, na tumba de Mereruca, há desenhos que apresentam um jogo: duas equipes, de três meninos cada uma, estão lutando; os dois primeiros de cada equipe, enlaçados pelas mãos, empurram-se com os pés, enquanto os companheiros os envolvem pela cintura e os puxam com força. Em muitas cenas de lutas e jogos, inclusive na tumba citada, foram encontradas inscrições hieroglíficas que, de maneira expressiva, afirmam o espírito competitivo do antigo egípcio: "Teu braço é mais forte do que o dele; não cedas!" e "Nosso grupo é mais forte que o deles; força, companheiros!"

Os jogos de bola eram também praticados. Nos museus do Cairo, Londres e Berlim encontram-se bolas cheias de grãos, palhas ou folhas e forradas de couro multicolorido.

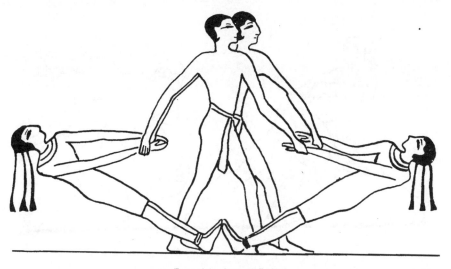

Exercício de equilíbrio

O Carrossel

O hieróglifo empregado na designação de natação (correspondente ao século XXX a.C.)

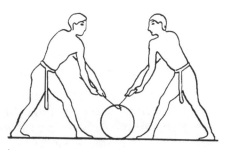

Interessantes cenas de lutas de jovens mostrando grande vitalidade.

Bastante conhecido é o mural de moças jogando bola. São pinturas de Beni-Hassan (século XX a.C.), pertencentes ao Museu Metropolitano de Arte de Nova Iorque. Dois grupos de jovens jogam pequenas bolas, que são lançadas e devolvidas, reciprocamente, com harmônicos movimentos.

Muitos outros jogos foram revelados nos monumentos egípcios: o carrossel, o jogo do arco, um hóquei primitivo, a pirâmide, a luta do bastão, o lançamento de facas em alvos de madeira etc.

O jogo do arco, por exemplo, consistia em uma disputa bastante simples: cada jogador com habilidade procurava empurrar o arco para o lado do seu oponente, sendo vencedor o primeiro a fazê-lo.

Do ponto de vista psicológico e recreativo, tinham as crianças, além dos jogos citados, outros folguedos e brinquedos próprios de suas idades: jogos mímicos, jogos de esconder e perseguir, jogos de saltar, bolas de vários tamanhos, bonecas, animais de madeira e de barro, entre

Moças egípcias jogando bola

outros, crocodilos com mandíbulas móveis e pássaros. Brincavam como as crianças de hoje.

Conheciam os egípcios as danças expressionistas, ginastas, de imitação, guerreiras, satíricas, dramáticas, líricas, ditirâmbicas, fúnebres e religiosas, realizadas individualmente, por pares ou grupos.

Havia também, provam os murais, um sistema completo de ginástica rítmica. Nos templos de Luxor e de Carnac, nas cenas de viagem do deus Amon, tal fato é evidente.

Em certas festas, dançarinas profissionais davam belos espetáculos de expressão e agilidade.

B. *A Ginástica*

Bastante variada era a ginástica egípcia, parecendo mesmo ser superior à dos gregos. As imagens encontradas fazem acreditar na existência de um sistema completo de educação física, embora não possam indicar, pela simples apreciação das ilustrações, quais os princípios e leis regedores do trabalho. Os hieróglifos pouco adiantam na elucidação, embora expliquem, de maneira notável, o que tais figuras representam.

A ginástica não tinha a forma atual, mas os antigos egípcios conheciam certos exercícios próprios para desenvolver a força muscular e o adestramento no combate, utilizando para isso pesos, lanças, troncos de árvores e outros materiais. Muitos desses exercícios, sob forma original ou com pequenas modificações, figuram hoje em dia nas séries das diferentes escolas modernas de ginástica.

Os exercícios livres, em duplas ou grupos, eram de prática comum. Um, de resistência, executado por dois ginastas, ainda se realiza atualmente. Outro, de equilíbrio, é constantemente encontrado gravado nos monumentos. O chamado "peixe voador" é também bem interessante.

Parece que davam grande importância aos exercícios de flexão do tronco. Há muitas figuras nos monumentos indicando tais exercícios. A conhecida "ponte", executada com apoio da cabeça e das mãos, é uma atitude bastante comum nas figurações egípcias. Ela aparece também invertida, estando o praticante deitado.

Nos baixos-relevos são encontrados muitos exercícios da atual ginástica de chão, principalmente executados por mulheres. Entre elas eram muito praticados os saltos mortais para trás, individualmente ou em pares.

C. *Os Desportos Individuais*

Consideraremos nesta categoria o atletismo (arremessos, corridas e saltos), o levantamento de peso e a natação (vários estilos e salvamento).

Ao contrário dos jogos, bem escassa é a documentação sobre os desportos individuais, embora não haja dúvida sobre o interesse que por eles nutriam os egípcios.

A corrida, já apreciada como exercício natural, mais do que as outras formas de atletismo, era bastante praticada. O rei Amenófis (século IV a.C.) foi um grande corredor; ninguém conseguia alcançá-lo. Diodoro da Sicília, grande historiador romano, conta-nos que na corte real do Egito, na época de Seti (século XIII a.C.), os príncipes e seus companheiros realizavam exercícios físicos, entre eles corridas de resistência. Djêser, fundador da 3ª dinastia (século XXVII a.C.), em sua pirâmide de Sacara gravou sua efígie na corrida — um dos mais antigos documentos desportivos do mundo. Finalmente, diremos que dois reis da 19ª dinastia, Seti I e Ramsés II, na maioria dos templos e principalmente no gigantesco Abu-Simbel, têm perpetuadas suas imagens em posição de corrida.

Há nos monumentos figurações de cargas levantadas do solo e transportadas sobre a cabeça. O esforço muscular empregado na construção de pirâmides e de outros monumentos leva-nos a afirmar que os antigos egípcios, utilizando o adestramento adquirido nos seus trabalhos, praticavam em seu lazer o levantamento de pesos. Ainda hoje os egípcios se destacam no halterofilismo.

Sendo o Egito um país fluvial e com experiência marítima, presume-se que seus habitantes foram bons praticantes de natação, conhecendo mesmo alguns estilos. O hieróglifo empregado na designação de natação, correspondente a 3.000 anos a.C., dá-nos uma idéia perfeita do "crawl".

A natação fazia parte da educação dos príncipes. Ramsés II, no seu templo de Abidos, mandou gravar na pedra algumas frases da batalha de Kadech (1286 a.C.) contra os hititas, e aí podem ver-se cenas de salvamento de náufragos. Distinguem-se práticas de primeiros auxílios (retirada da água de asfixiados) e alguns homens sendo ajudados em seus nados.

D. *Os Desportos de Combate*

A luta livre, o boxe e a esgrima foram, talvez, os desportos de maior aceitação no antigo Egito.

Os murais encontrados nas tumbas de Beni-Hassan (ano 2000 a.C.) constituem magnífica revelação da técnica da luta livre. São séries completas, com cerca de 400 figuras, assemelhando-se a um filme cinematográfico. Para maior percepção das ações, um dos lutadores está pintado de vermelho claro e o outro de um tom mais escuro.

Sobre a luta em si, diz Nefisa Al-Ghamarawi: "É provável que os lutadores untassem o corpo de óleo para tais exercícios. Lutavam inteiramente nus, apenas com um cinto, possivelmente de couro. Os dois combatentes em geral se aproximavam um do outro, sustentando os braços obliquamente à frente do corpo, e cada qual tentava segurar o seu oponente da melhor maneira, conforme sua forma de ataque. Era permitido segurar qualquer parte do tronco, cabeça ou membros."

No túmulo de Tjanung, em Tebas, correspondente a 1450 anos a.C., há pinturas de lutadores nobres com suas respectivas insígnias.

No túmulo de Ptah-Hotep, já referido na apreciação dos jogos, há interessantes cenas de lutas. Constam de jovens executando volteios e mostrando grande vitalidade.

As imagens dos lutadores muitas vezes são acompanhadas de inscrições humorísticas, tais como: "Eu te porei de espáduas", "Farei que teu coração chore e se atemorize" e "Verás como farei que desmaies diante do faraó, que viva e seja são e salvo."

Os romanos, através dos tempos, aperfeiçoaram muitos golpes egípcios e estabeleceram regras de competições, criando assim a luta greco-romana. Nos nossos dias, o "catch", forma espetacular e moderna de luta, está cheio de elementos da luta do antigo Egito.

Além das figurações encontradas nos túmulos, muitas inscrições em hieróglifos provam que os egípcios praticavam o boxe antes de os gregos o terem introduzido nos Jogos Olímpicos. Certos socos e diversos movimentos dos pés do pugilismo moderno, por incrível que pareça, já eram conhecidos desde os tempos mais remotos.

A esgrima constituía outra modalidade desportiva bastante difundida. Cenas de assaltos são comuns nos murais, sendo empregados como armas, principalmente, bastões curtos de madeira. Os contendores esgrimiam-se com e sem defesa. No primeiro caso, com escudo para o braço e capacete almofadado para a cabeça, deixando a descoberto os olhos, o nariz e a boca.

Heródoto, descrevendo uma festa religiosa, relata a luta de bastões, na qual participavam cerca de 1.000 homens. Tão popular foi essa luta que ainda hoje camponeses egípcios praticam uma espécie de esgrima de bastões de maneira idêntica aos pintados em antigos murais.

E. *Os Desportos no Exterior*

O remo, a vela, a pesca, a equitação, a caçada, o arco e flecha e as corridas com carro eram atividades populares entre as praticadas em plena natureza. Os jogos taurinos em certas épocas constituíram atividades de atração.

Os egípcios praticavam o remo com mestria; a forma alongada de suas canoas sugere a existência de competições desse desporto. Como os romanos, realizavam lutas entre embarcações, verdadeiras batalhas navais, cheias de colorido e desportividade.

A vela e a pesca constituíam também atividades muito apreciadas, do ponto de vista profissional e recreativo. Para a pesca, serviam-se da linha e do anzol, da rede de arrasto e do arpão, sendo o Nilo bastante procurado por causa da abundância de peixe.

Numerosas são as cenas de caça, principalmente de leões, veados e pássaros. No templo de Abidos, vemos Seti I ensinando a seu filho Ramsés a maneira de abater um vitelo. No Museu do Cairo, pertencente à tumba de Tutancâmon, há magnífica pintura mural reproduzida neste trabalho, onde se vê o grande faraó caçando leões.

Nas caçadas eram mortos carneiros selvagens, antílopes, touros bravios, leões, crocodilos, hipopótamos e outros animais. Caçavam animais a laço, e pinturas funerárias mostram-nos egípcios com hienas presas. Uma fonte hieroglífica relata que, por ocasião de uma caçada, o faraó Tutmósis III abateu 120 elefantes, quase perdendo a vida nessa aventura.

Da análise do exposto, sente-se que caçada de grandes animais, ao contrário da de outros gêneros, não constituía um desporto popular. Era geralmente praticada pelos reis e nobres, que assim enchiam os seus lazeres.

A prática do arco e flecha é encontrada desde os tempos pré-históricos do Egito, evoluindo posteriormente para constituir habilidade não somente de reis e soldados como também de marinheiros e camponeses.

Figurações sobre arco e flecha são numerosas em quase todos os monumentos. Colocada entre as patas da esfinge de Gizé, uma estela mostra Amenófis II em posição de atirar com o arco. Em Carnac, referente à 18ª dinastia (séculos XIV e XIII a.C.), figuram cenas de arremessos de flecha, nas posições de pé ou de carro de combate.

Na ilustração de Tutancâmon na caça, citada anteriormente, vemos o emprego de tal material. Na sua sepultura e em muitas outras de reis, ao lado de ricos objetos, são encontrados comumente arcos e flechas.

Os jogos taurinos não tinham o aspecto brutal e sanguinário das atuais touradas espanholas. Eram praticados pelos homens, em espetáculos públicos, em uma verdadeira demonstração de coragem, sangue-frio e agilidade.

Conclusão

Sintetizando, muito do que foi dito pode ser apreciado no Museu Guimet, em Paris. Um mural dos tempos mais remotos e descoberto na tumba do faraó Ti, em Sacara, mostra-nos, em conjunto, um quadro expressivo e fiel dos exercícios físicos da época, reproduzidos com rara felicidade. Sete grupos de lutadores realizam as suas práticas. Igual número de corredores movimentam-se com disposição e vivacidade. Numerosos atletas praticam desportos: esgrima com espada curta, caça de animais ferozes, competições fluviais, salto com vara e outros de difícil reconhecimento. Há também manifestações de arte: canto, música e dança.

Também nos monumentos de Beni-Hassan, erigidos durante a 11ª e 12ª dinastias (séculos XXI e XX a.C.), pode-se ver, sobre os muros das sepulturas de duas princesas, belas exercitações: luta livre, atletismo, natação (nados livre, de peito e costas), arremesso de flecha, esgrima, hóquei, caça, pesca, ginástica, exercícios individuais e coletivos e jogos de bola.

Vencendo os séculos, no Egito, nos tempos atuais, principalmente entre gente simples do interior, há reminiscências de manifestações desportivas do passado: corrida de camelos com carga, corrida de costas, jogos simples, subida no mastro etc. Tal fato serve para ressaltar a popularidade no antigo Egito das atividades desportivas que, através das gerações, chegam até os nossos dias.

A arte egípcia, cheia de majestade e beleza, revela-nos, pois, por meio de preciosos testemunhos, que a prática dos exercícios físicos, durante toda a Antigüidade, ocupou importante lugar na brilhante civilização que floresceu na terra dos faraós.

VI
Esboço Histórico-Cultural-Desportivo da Velha Grécia

O DISCÓBOLO DE MIRON	O APOXIOMENOS DE LISIPO
É considerada a obra-prima da Educação Física. Nela o artista busca a ação, a atitude e o gesto, e todos os sentidos do atleta estão concentrados na execução do arremesso. É extraordinária sua divulgação em todo o mundo, correspondendo sua criação ao século V a.C. A presente fotografia é uma reprodução pertencente ao Museu Nacional Romano, coleção Lancelotti.	O atleta, demonstrando serenidade e beleza, limpa seu corpo. Após o exercício, e antes de se lavar, o atleta utilizava a rascadeira, instrumento de metal curvo e estriado, munido de um cabo e quase sempre de bronze, para se desembaraçar do óleo de oliveira, areia e suor que cobriam sua pele. Cópia de uma obra-prima do IV século a.C., esta estátua pertence ao Museu do Vaticano, onde é bastante admirada.

"À proporção que a Humanidade se afasta da Grécia Imortal, distancia-se também da cultura e da civilização, e cai na barbárie e selvageria. O progresso e a civilização estão, realmente, no helenismo. A revelação da Grécia constitui sempre conquista do espírito." (Humberto Grande).

Espalhando ordem e progresso pelo mundo antigo, na sua fase de expansão e glória, a Grécia cresceu extraordinariamente no decorrer dos séculos, antes de tudo abater pelas manifestações de força do seu Direito e o poderio de suas Legiões.

Havia, na Grécia Antiga, em sua fase de maior expansão, cinco grupos territoriais bem definidos:

1º) A Hélade, com suas cidades como Corinto, Messênia, Tebas, Delfos, Atenas, Argos e Esparta. Era a Grécia propriamente dita, a Grécia Central.

2º) A Grécia Asiática (costa egeana) com suas cidades como Focéia, Priane, Pérgamo, Esmirna, Heracléia, Magnésia, Mileto, Halicarnasso, Abidos, Éfeso, Tírinto e Tróia, todos centros de cultura e comércio.

3º) A Grécia Ocidental, constituída pelas colônias florescentes estabelecidas nos golfos e promontórios da península itálica e mais além e cujas cidades mais importantes foram Poestum, Cumas, Síbaris, Crotona, Metaponte, Tarento, Massília (a Marselha de hoje) etc.

4º) A Grécia da África, cujas cidades mais progressistas eram Neucratis, na foz do Nilo, e Cirene, na Cirenaica.

5º) Finalmente, a Grécia Insular, compreendendo a Sicília (onde se encontrava Siracusa), as ilhas do Adriático, Cítara e Creta, as Cíclades e as Esporades, Rodes e Chipre, Samotrácia e Monte Athos, Quios, Lesbos, Milo, Tasos, Cós, Naxos, Cárpato, Lemnos etc.

A Grécia nunca se unificou politicamente, embora mantendo unidade na língua e na religião, de modo geral. Cada cidade, pequeno Estado, era ciosa de sua autonomia.

Aspectos Gerais

A Educação Física, nos albores da civilização grega, era quase exclusivamente utilitária e guerreira. Com o decorrer dos tempos, sem abandonar suas características iniciais, tornou-se pedagógica, formativa e eugênica. É interessante ressaltar que foram os gregos os primeiros, entre os povos antigos, a compreender a importância das atividades físicas para a melhoria da espécie humana e para a educação do povo em geral.

Os exercícios físicos, ligados ao espírito imaginativo do grego e ao sobrenatural, mesclavam-se, naturalmente, com a religião. Muitos deuses eram considerados modelos de força e beleza e os grandes atletas glorificados como heróis populares, verdadeiros semideuses.

Mitologicamente, os primitivos habitantes da Grécia eram deuses e heróis com poderes divinos, que desceram à terra e ensinaram aos homens os bens da vida social. O homem comum acreditava que tais divindades habitavam o Monte Olimpo (com exceção de Poseidão), de onde partiam para difundir a idéia civilizadora. Para eles, os deuses tinham as fraquezas, as paixões e as virtudes humanas.

Zeus, Hera, Atena, Apolo, Artemis, Afrodite, Édipo, Poseidão, Perseu, Teseu, Orfeu, Ulisses, Aquiles, Héracles, Coerebus da Elida, Milo de Crotona constituíam, entre numerosos seres divinos, semidivinos e humanos, figuras amadas e veneradas por toda a população. Hermes, não citado para ser posto em evidência, além de mensageiro de Zeus, confundia-se com os mortais como grande corredor de velocidade e protetor do povo. Era particularmente adorado nos ginásios e palestras.

Depois da conquista romana, a maioria dos deuses passou a ser mais conhecida por seu nome latino: Júpiter (Zeus), Netuno (Poseidão), Minerva (Atena), Vênus (Afrodite), Dian (Artemis), Hércules (Héracles), Mercúrio (Hermes) etc. Houve também fusão de divindades, conforme os respectivos atributos.

Deixando de lado Tebas, de influência secundária na formação do pensamento pedagógico do mundo grego, duas cidades-líderes, durante muitos séculos, traçaram normas à vida helênica: Esparta e Atenas. Na primeira, onde legislou Licurgo, os exercícios corporais objetivavam, principalmente, a preparação militar e cultivavam a agressividade e a energia na ação. Já em Atenas, que Péricles engrandeceu com sua extraordinária capacidade e talento, a educação física foi adquirindo, no decorrer dos séculos, padrões de eficiência educacional. Muitas afirmações de seus grandes pensadores, apesar da distância de mais de 25 séculos que separa as duas civilizações, parecem ter sido estabelecidas por nossos modernos filósofos, pedagogos e cientistas.

Sócrates, Platão, Aristóteles, Hípias preocuparam-se bastante com a prática dos exercícios físicos. Os ensinamentos de Hipócrates, Heródico, Galeno e Icco de Tarento serviram de fundamentos para a criação da medicina desportiva. As crônicas de Heródoto, Xenofonte, Plutarco, Pausânias, Filostrato e Luciano de Samosata ajudam-nos a reconstituir a vida desportiva grega. Os poemas e as composições literárias de Homero, Píndaro, Ésquilo, Eurípedes, Simonides, Baquilides e Sófocles, sem necessidade de citar uma gama enorme de grandes poetas e escritores, mostram, à saciedade, a importância, a perfeição e o desenvolvimento extraordinário das atividades físicas, assim como o elevado espírito competitivo da juventude helênica. Píndaro, o maior de todos, elaborou hinos sublimes, enaltecendo o espírito olímpico e a grandeza da civilização espiritual.

Porém, irmanados com os preceitos e narrações, as Belas Artes, sob as mais variadas formas — Escultura, Arquitetura, Pintura, Arte Decorativa etc. — atestam, através da produção de grandes artistas — Miron, Praxíteles, Lísipo, Fídias, Scopas, Polignoto, Libão, Silanião Pitágoras, Naukides, Apolônio etc. — quão esplendorosa e inspiradora foi a Educação Física na Grécia Imortal.

Quanto à música, além de sua natureza artística, teve entre os gregos função pedagógica e social. Como manifestações válidas, ligam-se a ela o canto coral e a dança, ambos integrados na educação e cultura do povo.

Da Grécia vem-nos o ideal da Cultura e da Arte. Havendo a possibilidade do lazer para o homem livre, em face da existência de enorme população escrava, muitos escritores e artistas deixaram para a posteridade seus admiráveis trabalhos, que se multiplicaram em um número enorme de edições e obras, as últimas sobretudo no campo da escultura.

Para terminar, sintetizando tudo que afirmamos, façamos nossas as expressões admiráveis de Mário Gonçalves Viana, humanista português e escritor de raça: "Se não fossem os artistas gregos, que nos legaram os frisos do Partenon e as maravilhosas estátuas dos atletas e dos jogadores da velha Hélade; se os poetas e os filósofos não houvessem descrito, ou celebrado, no verso e na prosa, os velhos Jogos Ístmicos, Písticos, Nemeus e Olímpicos, nós pouco saberíamos o que foi o *milagre* da Grécia: a educação ateniense que procurava atingir, numa síntese humana admirável, a Força, a Beleza e o Bem."

Alguns Líderes do Pensamento Grego

As idéias de Sócrates, Platão e Aristóteles, ao lado das de muitos outros filósofos, atestam a importância do exercício físico entre os gregos.

Sócrates (468 — 399 a.C) — Mestre de Platão. É considerado o criador da ciência moral por ter sua filosofia racional assentada na interpretação da conduta humana. Pregava que a "Educação tem por fim evitar o erro e descobrir a verdade". "Só sei que nada sei" e "Conhece-te a ti mesmo" são duas frases que bem traduzem seu pensamento. Apesar de ser um dos mais famosos filósofos gregos, nada escreveu. Suas idéias foram divulgadas por Platão. Através dele, falando sobre o costume de as pessoas tornarem difíceis as coisas fáceis, assim se expressou: "Na música a simplicidade torna a alma sábia; na ginástica, dá saúde ao corpo." Numerosíssimos foram seus conceitos sobre os exercícios físicos. Filosofou não somente com a razão, mas também com o corpo e o sangue. Agia com autenticidade total — no pensamento, na afirmação e na ação. Encontrada a verdade procurava torná-la realidade, criando a teoria do pensar: dizer conforme pensou e agir segundo a convicção que lhe era própria.

Sócrates

Foi um inspirado, encarregado de ensinar aos homens a sabedoria. Na procura da verdade foi estimulado pela lógica negativista dos sofistas. No seu pensamento está o ponto de partida da cultura ocidental, na qual o exercício físico é parte. Nele devemos buscar os ensinamentos e refletir sobre a vida moral, a fim de estabelecermos uma teoria racional do agir humano. Morreu para não desobedecer à lei.

Platão (429 — 347 a.C.) — Ateniense, mestre de Aristóteles. Foi um dos maiores educadores da Humanidade. Dele é o conceito: "A educação consiste em dar ao corpo e à alma toda a perfeição de que são capazes." Autor dos famosos *Diálogos* e de *A República*. Nesta última obra, em dez volumes e escrita em forma de diálogo, Sócrates é o principal personagem. Em seus escritos há freqüentes alusões aos exercícios físicos. Seu é o conceito: "Todo ser vivo tem necessidade de saltar e brincar, e é portador de um ritmo que produz a dança e o canto". Personifica o equilíbrio entre o corpo e o espírito. Dizem que foi desportista e, como lutador, competiu nos Jogos Olímpicos.

Platão

Sobre o interesse de Platão pelo exercício físico, I. P. Marinho, na sua *História da Educação Física*, fornece-nos, transcrito do livro terceiro de *A República*, o seguinte diálogo cheio de sabedoria:

"Sócrates — Depois da música, é pela ginástica que se deve educar os jovens.

Glauco — Sem dúvida.

Sócrates — É preciso que por ela se exercitem, desde a infância, através de toda a vida. Aqui está meu pensamento sobre a matéria: vê se pensas o mesmo. Não é o corpo, em minha opinião, por mais bem constituído que seja, o que por sua virtude faz virtuosa a alma; ao contrário, é a alma, quando boa, que dá ao corpo, por suas virtudes, toda a perfeição de que ele é capaz. Que te parece isto?"

Interessou-se também Platão pela classificação dos exercícios, cuidou do trabalho físico da mulher, referiu-se à preparação dos mestres e à necessidade de instrução adequada para ministrar a educação física.

Encontram-se nas obras de Platão admiráveis conceitos. Em um deles, pregando ética moral, através do corpo e do espírito:

"O corpo humano, que encerra nossa alma, é um templo em que se aloja uma centelha da divindade. Deve-se embelezar esse templo por meio da ginástica e dos esportes, para que Deus se encontre bem nele. Assim, habitá-lo-á muito tempo e nossa vida transcorrerá harmoniosamente."

Aristóteles (389 — 332 a.C.) — Amigo e mestre de Alexandre, o Grande. De começo aderiu à escola de Platão, tendo seguido este até a morte. Mais tarde rompeu com os sucessores do mestre e fundou a escola peripatética. Pode ser considerado como o maior pensador do mundo antigo, um gênio. Sua obra abriu caminho para muitas ciências. Exerceu enorme influência sobre os filósofos e teólogos da Idade Média.

São notáveis os seus conceitos sobre a beleza moral e a prática dos exercícios físicos, condenando, pela brutalidade e dureza, o sistema educacional de Esparta. Insurgiu-se contra o desregramento da juventude ateniense.

O quinto livro de sua principal obra, denominado *Política*, é dedicado à educação. Nele, defende o princípio que a educação compreende três etapas distintas: a vida física, o instinto e a razão. Pregava a necessidade de "prestar os primeiros cuidados ao corpo antes da alma; em seguida, ao instinto", acrescentando ainda: "só se deve formar o instinto pela inteligência, e o corpo pela alma". Para ele, o "verdadeiro objetivo da educação é a obtenção da felicidade por meio da virtude perfeita". A sua doutrina constitui um verdadeiro esboço de educação progressiva, muito se parecendo com o que hoje se faz. Estabeleceu preceitos admiráveis sobre a prática dos exercícios físicos. Ele dizia que a ciência da ginástica devia investigar "que exercícios são mais úteis ao corpo e qual o melhor deles".

Grandes Médicos

Os escritos de Icco de Tarento, Heródico, Hipócrates e Galeno evidenciam, dentro do quadro de contribuições médico-pedagógicas, uma preocupação higiênica e terapêutica desportiva.

Icco de Tarento (500 a.C.). Médico e atleta olímpico. Pelos seus trabalhos, práticos e objetivos, é apontado, hoje em dia, como um dos iniciadores da utilização da Medicina no campo desportivo. Atribuiu grande importância ao regime alimentar do atleta.

Heródico (V século a.C.). Foi contemporâneo de Platão e de Hipócrates. É o pai da ginástica médica. Ministrava a seus doentes um regime baseado na alimentação dos atletas e no treinamento físico. Bastante experiente na prática dos exercícios, instruído em Medicina, homem de observação e pesquisa, pode ser considerado também como um dos precursores da medicina desportiva.

Hipócrates (460 a 365 a.C). Considerado o mais notável médico da Antigüidade e grande pensador. Suas obras englobam os mais variados assuntos. São notáveis seus conselhos aos atletas. Um deles: "É bom acostumar-se à fadiga, à corrida de duplo-estádio, sem forçar a passada." Foi contemporâneo de Platão e Aristóteles, que o consideraram grande e genial. Sua obra muito influenciou os trabalhos de Galeno.

Galeno (131 — 210 a.C.). Embora romano de nascimento, foi um médico de cultura grega. Aperfeiçoou a ginástica e preocupou-se bastante com os desportos, criticando sua prática brutal, fato perfeitamente compreensível, por ter vivido na fase do profissionalismo desportivo. Por incrível que pareça, demonstrando extraordinária intuição, afirmou que o exame da urina constituía um meio de controle do exercício. Publicou um tratado de higiene e uma obra sobre o jogo de pelota. Dizem que tomou parte nos Jogos Ístmicos.

Grandes Cronistas

As narrativas de Heródoto, Xenofonte, Plutarco, Pausânias, Filostrato e Luciano de Samosata são fontes preciosas para o conhecimento da vida desportiva grega.

Heródoto (484 — 425 a.C.). Historiador e geógrafo. Cícero, expoente máximo do gênio latino na prosa, denominou-o o "Pai da História", por ter sido o primeiro cronista da história grega. Consagrou-se nos Jogos Olímpicos, lendo suas extraordinárias narrativas. Em uma delas, descrevendo fatos da guerra contra os persas, assim se expressa: "Chegaram junto a Xerxes alguns soldados fugitivos da Arcádia. Careciam de tudo e pediram trabalho. Conduzidos à presença do rei, e entre os persas que os interrogavam, um lhes perguntou o que faziam os gregos naquele momento. "Celebram agora os Jogos Olímpicos e as corridas de cavalo" — responderam os fugitivos. "Em que consistem os prêmios concedidos aos vencedores?" — continuou perguntando o persa que os interrogava. "Em uma coroa de louros" — responderam eles. Ao inteirar-se o rei de que o prêmio não consistia em dinheiro, porém em uma coroa de louros, exclamou: "Que gente rara é esta? Mostra-se insensível ao interesse e só combate pela glória."

Amado e respeitado em toda a Grécia, sempre que aparecia em Olímpia era assinalado com estas palavras: "Este é Heródoto, o que descreveu as campanhas persas em língua jônica e glorificou nossas vitórias."

Xenofonte (430 — 354 a.C.). Discípulo de Sócrates, historiador, filósofo e general do exército grego. Tomou parte na Retirada dos Dez Mil, magistralmente descrita na obra *Anabase*. Ocupou-se dos desportos em várias de suas obras, tendo-nos legado um tratado de equitação.

Mostrou admiração pela educação espartana e condenou o desregramento da juventude ateniense. Pregou a necessidade do exercício, afirmando que o jovem, no ginásio, "deve dar proporções justas a seu corpo."

Plutarco (50 — 124 d.C.). Embora romano, foi um cronista notável da vida grega. Na sua obra *Educação da Criança* expressa de maneira feliz seus conceitos sobre as atividades físicas, mostrando a necessidade do exercício racional e condenando o atletismo brutal e desumano. Deixou-nos informações preciosas sobre a "corrida da flama".

Pausânias (século II). Seus escritos constituem abundante documentação sobre o desporto grego. Enumerou muitas estátuas de atletas que havia nas cidades onde passou, com indicações de seus feitos. O seu *Itinerário*, apesar da falta de certos pormenores, é obra verdadeiramente notável. Descreveu a Grécia e fez referência aos Jogos. No Tomo III (fascículo 4) da revista "Citius-Altius-Fortius" há excelente estudo sobre a personalidade e ação de Pausânias.

Filostrato (século II da era cristã). Autor de um tratado de ginástica. É importante seu testemunho sobre a decadência desportiva, conseqüente da implantação do profissionalismo e da queda dos costumes da Grécia de Péricles, Sólon e Demóstenes.

Luciano de Samosata (125 — 190 d.C.). Grego colonial e escritor satírico. Esteve várias vezes em Olímpia, atraído pelos Jogos e como orador solene. Entre suas obras figura um diálogo, *Anacarsis*, que versa sobre as atividades físicas, abordando o assunto com precisão e competência. Nele, mostra-nos as concepções opostas de um grego e de um asiático relativamente ao desporto. O primeiro mostra-se entusiasta e o segundo ri e admira-se das práticas que observou na Grécia. Suas dissertações e narrativas são cheias de simplicidade, inteligência e bom senso. A título de curiosidade, damos a seguir o confronto que ele estabeleceu entre o atleta honesto e o desonesto: "Vêde o que se passa no estádio, entre os atletas que disputam o prêmio da corrida. Aquele que sabe correr logo que na sua frente cai a barra de saída, somente pensa em se lançar na pista e alcançar a meta; ele confia na sua velocidade. Não procura de nenhum modo prejudicar os companheiros, e não arquiteta qualquer manobra contra os concorrentes. Em compensação, o mau atleta, incapaz de alcançar o prêmio e sem esperança de obtê-lo pela velocidade, recorre a manobras desleais. Procura parar o adversário, incomodá-lo, fazê-lo cair; ele sente, perfeitamente, que, no caso de não utilizar semelhantes meios, jamais poderá vencer."

O Exercício Físico e Outras Práticas

O conhecimento das atividades físicas helênicas perde-se na noite dos tempos. A mitologia, não permitindo separar o imaginoso do real, embora indique por parte do povo grande interesse e longa familiaridade das práticas desportivas, torna a pesquisa um tanto contraditória e complexa. Assim, não se pode determinar, com precisão, a época do aparecimento dos movimentos com formas definidas, dos quais derivam grande parte dos exercícios da atual Educação Física da Humanidade.

Os escritos em geral e os fragmentários restos de Antigüidade grega, principalmente suas maravilhosas estátuas e magníficos vasos decorados, revelam uma série enorme e variada de atividades, acentuadamente as de caráter competitivo: corridas variadas, salto em distância, arremessos de disco e de dardo, lutas, pentatlo, pugilato, pancrácio, jogos de bola, danças, corridas de cavalo, corridas de carros, arco e flecha, caça, esgrima, natação, saltos aquáticos, remo, salto taurino e outros.

Os atletas gregos não ficavam fechados em suas especialidades. Utilizavam toda sorte de exercícios para a preparação geral dos seus atletas: corridas, saltos, levantamento de pesos, lutas, danças, trabalhos pesados etc.

Em Esparta, as mulheres tomavam parte em todos os exercícios, não sendo levadas em consideração as diferenças entre os sexos. Em Atenas, ao contrário, a educação era essencialmente doméstica, havendo no campo das atividades físicas uma prática adequada ao sexo feminino.

Dentro das características da educação espartana e ateniense, no apogeu de suas civilizações, socialista a primeira e democrática a última, eram as crianças convenientemente exercitadas. Em Atenas, onde brilhou o gênio helênico, como coroamento, havia a passagem pela efebia,

HERMES DE PRAXÍTELES

Esta obra-prima, mármore da metade do século IV a.C., é de uma beleza incomparável, parecendo animada de vida e movimento. Dotada de senso de medida e delicadeza, mas a vitalidade não é a mesma de outras estátuas. Foi encontrada mutilada nas escavações de Olímpia. Nela, o deus, representado por um jovem cheio de vida e força, brinca com Dionísio ainda criança. Adorado pela juventude, Hermes governa as lutas corporais, a corrida de velocidade e inúmeras outras atividades físicas. O original está no Museu de Olímpia.

escola de preparação física, intelectual, social e moral. O efebo, produto de preparação física e estética bem orientada desde a infância e representada, mesmo em passadas épocas, por admiráveis espécimes de arte, mostra-nos, através de suas linhas corpóreas, energia, equilíbrio, vigor e harmonia de formas.

Incrementada por Heródico, no século V a.C., e mais tarde aperfeiçoada por Galeno, Icco de Tarento e outros, a ginástica, prática de

CABEÇA DE PUGILISTA

O pugilismo era um desporto brutal, sendo os atletas armados de "cestos", presos nos punhos e cheios de ferragens. Dura era a fisionomia do pugilista. A presente fotografia é de uma obra de arte do século VI a.C., encontrada em Olímpia e atribuída a Silanião. Museu de Atenas.

CABEÇA DE ZEUS OLÍMPICO

O exercício deu aos gregos profundo sentimento de beleza plástica. Por isso mesmo eram os deuses comumente representados sob a forma de atletas. Esta cabeça do rei dos deuses, pai de todas as divindades e dos homens, modelada na metade do século VI a.C. e pertencente ao Museu Nacional de Atenas, é apreciada por sua majestade e beleza. Em sua honra realizavam-se os Jogos Olímpicos.

caráter médico, constituiu exercício usual. Pelo expresso, ela correspondia à responsabilidade do médico. Igualmente, completando sua ação, a massagem, a unção e os banhos eram largamente empregados.

Para a preparação dos atletas, dentro de criteriosa seleção, havia pessoal qualificado. Uns tinham atribuições específicas na Educação Física, outros colaboravam exercendo funções complementares e diretivas no quadro educacional e administrativo: ginastas, pedótribos, xistarcas, agonistarcas, pedagogos, sofrenistas, oplomacos etc.

A popularidade e o esplendor da Educação Física, a partir do século XI a.C. e durante o período áureo da civilização grega, constituíam grande realidade. Com a prática dos exercícios procurava-se tornar o cidadão bom e virtuoso, viril e esbelto, de caráter firme e nobre, vigoroso de corpo e alma.

Com o tempo, suas práticas foram sendo desvirtuadas, entrando em declínio com o profissionalismo desportivo, a insubordinação pregada pelos sofistas, o ateísmo, a anarquia social, a decadência da Grécia, a dominação romana e, principalmente, o progresso crescente do Cristianismo.

Instalações e Material

No período heróico da civilização grega, todos os exercícios eram feitos ao ar livre, em locais sem nenhuma preparação. Mais tarde, através dos tempos, foram surgindo, em toda parte, instalações adequadas aos treinamentos e competições, naturalmente simples no início e construídas mais tarde com arte e propriedade. Ei-las:

Ginásio: Estabelecimento público destinado ao treinamento atlético, constituído de salas cobertas e locais ao ar livre.

Palestra: Normalmente instituição particular com dimensões limitadas, ou parte do ginásio, servindo para a prática dos exercícios em geral, particularmente para lutas.

Estádio: Local para as práticas e pugnas desportivas, principalmente corridas, salto em distância, arremessos do disco e do dardo, luta, pentatlo, pugilato e pancrácio.

Hipódromo: Local com disposição idêntica ao estádio, reservado às provas eqüestres e às corridas de carro.

Teatro: Lugar para a representação de tragédias, comédias, danças e, eventualmente, certas competições desportivas.

Os ginásios e as palestras constituíam os edifícios mais importantes de qualquer comunidade grega. As cidades desprovidas de ginásio, mesmo nas colônias, eram consideradas bárbaras.

Os estádios eram numerosos na Grécia, servindo no início apenas para a corrida de velocidade denominada "estádio", que correspondia a um percurso em linha reta de 192,27m. Por extensão, hoje em dia, os locais de treinamento e de competição são assim chamados, embora tenham mudado o formato alongado para o de anfiteatro, criação arquitetural dos romanos.

Os hipódromos surgiram bem cedo na Grécia, pois as corridas de carro constituíam uma atividade desportiva bastante antiga, lendária mesmo.

Os teatros eram construídos para representações artísticas, mas serviam muitas vezes para disputas e demonstrações desportivas.

A natação era exercitada principalmente nos rios, em locais apropriados, onde se construíam comumente os ginásios.

Utilizavam os gregos, em seu preparo físico, muitos materiais, devido à variedade de exercícios e à prática de treinamento total.

O bosque sagrado de Olímpia — o Altis — era consagrado a Zeus Olímpico. Nele estava o Templo Sagrado, construído por Fídias e considerado uma das maravilhas do mundo. Ele dominava as demais construções do recinto. O Templo de Zeus, consagrado à divindade suprema e à glória dos heróis, testemunhava a grandeza dos tempos.

Durante muito tempo, de Olímpia restaram ruínas veneráveis, terremotos e outras calamidades. Hoje, restaurada em parte, constitui festa para os olhos!...

VII
Civilizações e Exercícios Físicos na Grécia Imortal

Corredores de meio-fundo. (Museu de Wurzburg)

EVOLUÇÃO HISTÓRICA — Na Grécia desenvolveu-se a maior civilização que, até o seu tempo, o mundo conheceu. Quando ela se firmou, haviam desaparecido culturas como a babilônica, egípcia, hitita e cretense. Começou cerca de 30 séculos a.C., em Creta e nas ilhas do mar Egeu. De sua fase histórica, cheia de lances e fantásticas aventuras, tem-se conhecimento através da *Ilíada* e da *Odisséia*, famosos poemas de Homero.

Os pelasgos, ramo de raça ariana, de costumes grosseiros e possivelmente procedentes da Ásia, formavam a população primitiva do território. Pelo século XIV a.C. houve a penetração dos helenos ou gregos, povo de raça branca e semibárbaro, sendo os aqueus os primeiros invasores, seguidos depois pelos eólios. Dois séculos após, chegaram os dórios e os jônios, que constituíram os troncos mais importantes, radicando-se os primeiros em Esparta, cidade interior situada em uma região montanhosa, e os últimos em Atenas, cidade marítima e de situação privilegiada.

Os costumes dos jônios e dórios eram bem diversos; enquanto aqueles revelavam grande inclinação pelo saber, os dórios amavam as atividades bélicas. Seus descendentes, atenienses e espartanos, foram sempre tenazes adversários. Os últimos tinham a pele branca, enquanto os primeiros apresentavam uma tez amorenada pelo forte sol de Atenas.

Além de Esparta e Atenas, outras cidades se organizaram, fechadas em áreas reduzidas. Lutas constantes e rivalidades marcavam suas vidas. Uniam-se muitas vezes, embora parcialmente, para a defesa contra o inimigo comum. Havia o povo grego, porém, não existia uma nação integrada.

No começo do século V a.C., a Grécia sustentou uma guerra difícil, que se prolongou durante 50 anos contra a potência crescente do Império Persa. A epopéia das Termópilas, com o sacrifício dos espartanos, constituiu-se em símbolo de imolação pela pátria, mas não chegou, apesar de tudo, a criar uma consciência nacional. Surgiu uma época de grandeza, mas duras lutas internas se seguiram, passando a hegemonia de Atenas, sucessivamente, para Esparta e Tebas.

As contínuas guerras enfraqueceram os Estados gregos. Disso se aproveitou Felipe, da Macedônia, para estender seu domínio sobre a totalidade do território. Sob o comando de Alexandre, após grandes vitórias militares, foi estabelecido vasto império, do Adriático ao Indus, operando-se assim grande transformação no mundo grego. Morto o conquistador, tudo se desfez; formaram-se os Estados helênicos.

O espírito helênico, que teve em Atenas sua maior expressão, foi implantado no Oriente pelos Estados em que se dividiu o império de Alexandre, proporcionando o desenvolvimento de nova civilização chamada helenística, resultante da fusão da cultura grega com a dos povos orientais. Ganhando foros de cidadania, tal cultura "expandiu-se por todo o mundo daquele tempo, tanto que as pessoas mais instruídas eram sempre helenas, viessem donde viessem". A língua e os desportos gregos constituíam um requisito de cultura. Mais tarde, sobretudo após a conquista romana, a Grécia entrou em franca decadência. Roma assumiu a liderança do mundo.

Importância da Civilização Grega

A História grega é cheia de movimento, beleza e ensinamentos: um hino de louvor à bravura, à inteligência e à sabedoria de seus habitantes. Através de suas páginas, compreendemos a importância de sua civilização e o papel por ela desempenhado na formação cultural do mundo, particularmente na constituição da mentalidade dos povos ocidentais.

Karl Diem ressaltou, com bastante propriedade, que os fundamentos da nossa civilização procedem dos filósofos gregos: "Escrevemos com letras gregas, falamos com palavras gregas, pensamos com conceitos gregos, construímos segundo modelos gregos e vemos as coisas com olhos gregos." Até inúmeros provérbios, espalhados por todos os recantos da terra, constituem herança do espírito dos antigos filósofos.

Temos de reconhecer que, ainda hoje, tudo de grandioso na civilização ocidental tem suas raízes na Velha Grécia. A revelação da Grécia beneficia sempre o espírito. Ela tem dado ao mundo, disse alguém, a substância e a beleza de suas melhores coisas. Nela, disse Palmela, notável escritor português, "o homem tornou-se um herói, o gênio um semideus, a liberdade um prodígio, o pensamento uma maravilha, o amor uma divindade, a beleza uma imortalidade."

O exercício físico não foge à regra. Quando dele tratamos, estamos no campo da cultura grega. O humanismo derivado da "paidéia" vem a ser uma criação do espírito grego, ao qual está incluída a educação pelo exercício.

Na Grécia, o espírito e o corpo eram tratados, diz Mário Gonçalves Viana, eminente pensador português, "em pleno equilíbrio e harmonia, dentro da mais perfeita compreensão do ser humano. O adestramento do corpo constituía um meio para formação do espírito e da moral."

Exercício Físico e Religião

O mito dominava toda a cultura helênica. A religião grega, cheia de originalidade e diferente do grosseiro culto da maioria dos povos antigos, contava centenas de deuses sob forma humana. Eles habitavam o alto do Olimpo, onde Zeus, pleno de majestade, ditava regras à sua corte divina.

Eram imaginados gozando uma eterna juventude, alegres e praticantes, como os mortais, do exercício corporal. Competiam entre si e deliciavam-se no trato dos seus cavalos. Isso fazia com que cada grego procurasse ser um atleta, portanto, um herói, um semideus, dedicando-se às atividades físicas, procurando seu desenvolvimento corporal a par do seu aperfeiçoamento intelectual e moral.

A história da Velha Grécia é verdadeiramente empolgante: um hino de louvor à inteligência e à cultura de seus habitantes. O milagre grego é uma exclamação exata e justa.

Havia a crença de que os reis e altas personagens das diferentes cidades descendiam dos deuses, e na mitologia grega, exuberantemente rica, encontram-se numerosas descrições de lutas entre divindades e atletas, em que estes, comumente, levavam a melhor.

Herácles (Hércules), por exemplo, foi extraordinário atleta. Seus doze trabalhos são dignos de relevo. Também Apolo, figura divina, foi, por suas façanhas lendárias, um atleta extraordinário, principalmente por ter vencido a serpente Piton, monstro terrível, sendo tal vitória cantada por Byron, o grande vate inglês, em seu *Child Harold:*

Senhor da infalível flecha
Deus da vida, da poesia e da luz,
Sol, em forma humana, com sua
Fronte toda radiante, pelo seu triunfo na peleja.
A flecha já foi disparada; a ponta brilha
Com a vingança de um imortal; em seu olhar
E semblante, belo desprezo; o poder
E majestade à sua volta brilham em cheio;
Revelando em um relance a divindade.

Para os gregos, os exercícios constituíam, do ponto de vista místico, expressão do instinto de imortalidade.

Arte Desportiva Grega

Pensadores e artistas estiveram em Olímpia e outros lugares dos Grandes Jogos, onde colheram elementos e inspiração para fundamentar seus trabalhos.

A inclinação artística dos gregos passou à posteridade, dando magníficas páginas de literatura e poesia. Numerosas obras, de remotos tempos, causam-nos profunda admiração.

Ésquilo, amado e compreendido pelos atenienses, falando sobre os Jogos, comove o povo no sopé da Acrópole. Sófocles, ao lado da grandiosidade de sua obra, em páginas cheias de dramaticidade e de espírito agonístico, descreve-nos uma acidentada corrida de carros.

Nas artes plásticas, porém, está o máximo de criatividade. Eles atestam, através da produção de grandes artistas, um mundo de expressão e beleza.

O Exercício Físico na Vida Grega

O exercício físico estava integrado na cultura grega. Desde os tempos heróicos até a época da decadência, constituiu-se em prática de interesse, acompanhando o grego durante toda a sua vida. Era praticado pelos indivíduos de todas as idades e sexos, da infância à velhice, produzindo mulheres esbeltas e homens vigorosos, possuidores de força, resistência e agilidade. Aristófanes, escritor de mérito, assim descreve o grego: "Espáduas largas, coxas grossas, peito aberto e porte harmonioso, sem predominância do abdômen, capaz de romper o equilíbrio do corpo e prejudicar o desenvolvimento do espírito." Foram os gregos considerados o protótipo da beleza humana.

Não se pode conceber a vida helênica sem o exercício e o gosto pela vida ao ar livre. O ideal agonístico da existência integrava-se na alma grega. Sócrates, por meio da ginástica rítmica, manteve sua forma até a velhice. Numerosos outros filósofos e escritores entregavam-se à prática do exercício, inclusive muitos foram vitoriosos nos Grandes Jogos.

Em particular, a prática do exercício constituía objeto de preocupação da mulher. Sem o seu interesse e ação estimuladora sobre os filhos não teria sido possível à Grécia atingir o elevado desenvolvimento desportivo a que chegou. Não existem muitos documentos históricos reveladores dessa verdade, mas a escultura, como já foi expresso, através de admiráveis espécimes, mostra-nos magníficos atletas, embora tenha havido duas tendências na maneira de encarar a educação física dos jovens: os jônios dando-lhe um caráter mais ginástico; os dórios, mais agonístico.

A Educação Física em Atenas

Em Atenas, democrática em sua forma social, a cultura atingiu o máximo. Individualmente o homem era separado da massa, ao contrário do que se passava em Esparta. Píndaro, em expressivos versos, cantou o seu valor:

*Ó tu, brilhante, coroada de violetas, celebrada em canções
Baluarte da Grécia, Atenas famosa, cidade divina!* ...

Na educação do indivíduo, da infância à idade adulta, tinha a formação corporal lugar de destaque.

Até aos seis anos, a criança dedicava-se aos brinquedos infantis, sendo a esferística (brinquedo jogado com bola) o predileto. Até os treze anos, os exercícios continuavam fáceis e recreativos. Em seguida, aconselhava Aristóteles aos rapazes, a execução de exercícios leves, capazes de dar ao corpo graça, beleza, vigor e coragem. Aos dezoito anos, como coroamento, havia a passagem pela efebia, escola de virilidade, onde, através de uma preparação física bem orientada, o jovem adquiria energia, equilíbrio, vigor, harmonia de formas e espírito guerreiro. Nas guerras persas, as façanhas dos atenienses são equivalentes às dos espartanos.

Ao contrário de Esparta, a educação da mulher era essencialmente doméstica. Praticava os exercícios rítmicos, sob a forma de danças, como demonstram os maravilhosos relevos e as figuras coreográficas decorativas dos vasos.

Celestino Marques Pereira, em seu monumental *Tratado de Educação Física*, afirma, com propriedade, que "os atenienses tornaram antigos de mais de vinte séculos certos conceitos pedagógicos e didáticos, que hoje se preconizam na educação física das novas gerações. Em determinados aspectos didáticos, estamos ainda longe de ter alcançado o alto nível das realizações gregas."

A Educação Física em Esparta

Em Esparta, a formação do soldado estava em primeiro plano e o bem coletivo tinha lugar de destaque. Não havia respeito pela personalidade humana, pelas coisas materiais e pelos dons espirituais.

As crianças que nasciam defeituosas eram sacrificadas. Os meninos até a idade dos sete anos eram criados na família, sendo, em seguida, entregues ao Estado, que mantinha sobre eles autoridade total, passando a ter regime comum, alimentação sóbria e prática de exercícios violentos, para se adaptarem aos rigores da natureza e da vida militar.

Aos doze anos era o adolescente colocado sob um regime mais violento, dormindo sobre palha e executando exercícios militares como a

APOLO

Considerado o mais grego de todos os deuses da Velha Grécia. Em sua honra, em Delfos, realizavam-se os Jogos Píticos. Cheio de atributos, era, ao mesmo tempo, deus da música, da poesia, da agricultura, da luz e da criança. Inúmeros tipos de Apolos (Hélios ou Febo, na mitologia grega), inclusive alguns primitivos com características de arte egípcia, foram encontrados em várias regiões da terra de Péricles. O da fotografia, demonstrando serenidade, dignidade e perfeição, foi achado nas escavações de Olímpia e pertencia, como figura central, ao frontão lateral do templo do Zeus Olímpico, onde intervém, no caso, como protetor dos lapitas. Data do ano 465 a.C., aproximadamente. É de mármore e está no Museu de Olímpia, fazendo parte de um conjunto expressivo, embora muito fragmentado.

HERMES EM REPOUSO

Cópia de uma obra de Lísipo (segunda metade do século IV a.C.). O deus mensageiro repousa sentado sobre uma rocha, porém pronto para se mover, rápido e veloz, para cumprir ordens de Zeus, senhor dos deuses. Demonstra muita desportividade. Tem figurado em várias exposições realizadas durante os Jogos Olímpicos. Bronze do Museu Nacional de Nápoles.

equitação, a funda, o arco e flecha, a fim de que se desenvolvessem nele, no mais alto grau, as qualidades guerreiras. Além disso, a título de treinamento, era obrigado a roubar para comer; se fosse descoberto era punido violentamente com objetivo de controlar sua resistência moral em relação ao sofrimento físico. Durante as festas de iniciação, os espartanos se flagelavam diante da estátua de Ártemis, devendo resistir com um sorriso nos lábios.

As mulheres tomavam parte em todos os exercícios e trabalhos, não sendo levadas em consideração as diferenças entre os sexos. Praticavam todas as atividades masculinas, inclusive a luta e o pugilato. Era uma educação que, segundo Plutarco, visava "eliminar das jovens toda finura e delicadeza, fazendo-as criaturas vigorosas, um tanto masculinizadas, sem complicações sentimentais."

Como para os homens, desde Licurgo, os exercícios procuravam dar à mulher grande fortaleza física. Eram adestradas desde cedo na realização de todos os afazeres domésticos.

Repetindo Filostrato, afirma Diem que "as mulheres, no lar, transportavam água ou moíam o grão, precisamente por terem se exercitado, na prática de tais tarefas, desde a infância."

Pelo visto, a educação física em Esparta, em todos os seus aspectos, caracterizava-se pelo seu caráter polidesportivo e seu utilitarismo guerreiro.

Pessoal Docente e Administrativo

Para a exercitação do povo, havia necessidade da construção de instalações desportivas e escolha do pessoal encarregado da execução dos trabalhos. Uns tinham atribuições específicas no quadro administrativo e educacional, outros exerciam funções específicas como agentes de ensino: ginasiarcas, ginastas, pedótribas, xistarcas, agonistarcas, pedagogos, sofrenistas, oplomacos, massagistas, músicos, vigilantes etc. Existia um escalão completo de responsabilidades. Tais funções foram variando com o tempo, persistindo umas e desaparecendo outras.

São insuficientes as informações sobre o ginasiarca. Em geral cabiam-lhe as funções máximas, sendo uma espécie de reitor de toda a educação física e quase sempre também da educação moral e intelectual.

Comumente exercia a função sacerdotal. Ficavam assim às suas ordens não somente a juventude, como toda atividade relacionada com o trabalho físico. Algumas vezes o ginasiarca era a autoridade suprema das atividades físicas de uma comunidade; outras vezes, o administrador de um ginásio. Tais funções, de início, eram exercidas por antigos atletas, que contavam com suas experiências práticas, às quais, pouco a pouco, se juntaram conhecimentos científicos e filosóficos.

O ginasta, personalidade logo abaixo do ginasiarca, era o médico desportivo. Tendo conhecimento de Higiene e Medicina, cuidava da saúde e orientava a educação corporal do praticante. Através das informações, sua função constantemente se confunde com a do pedótriba, do mesmo modo que o ginásio e a palestra parecem, muitas vezes, corresponder à mesma instalação. Da sua ação preventiva surgiu, criada pelo médico Erasístrato, no século III a.C., a expressão Higiene, que ficou, naturalmente, como parte da ginástica.

O auxiliar do ginasta era o pedótriba, que seguia os preceitos do ginasta e ministrava os exercícios. Equivalia, dentro das circunstâncias atuais, a um professor de formação profissional ou a um treinador especializado. Com o correr do tempo, a função do pedótriba foi mudando de nome e encargo, generalizando-se a tendência para a especialização: xistarca (treinador de corridas), agonistarca (treinador de lutas) etc. Usava roupa vermelha com fios de ouro e sapatos brancos. Sua insígnia era uma vara geralmente em forqueta.

O massagista, além de executar a massagem, encarregava-se do cuidado do atleta, inclusive do controle da alimentação.

O pedagogo conduzia as crianças à escola.

Os antigos gregos, no seu mundo de fantasias, gostavam de considerar Hérácles como o primeiro treinador da História. Afirmavam, no dizer de Apolodoro, que "ele havia aprendido de Anfitrião a arte da corrida de carros; de Eurias, a habilidade de atirar com o arco; de Autólico, o modo de lutar; e de Castor, a prática de esgrima."

O primeiro treinador, em condições de preparar os atletas para os Jogos de maneira regular, deve ter aparecido ao mesmo tempo que a palestra, portanto, antes do século VI a.C., pois já no tempo de Sólon (639-559 a.C.) ela existia, tanto que foram por esse grande legislador promulgadas leis sobre seu funcionamento.

Na efebia, estabelecimento de preparo militar, existiam ainda os sofrenistas (ensinavam moral) e os oplomacos (treinavam as atividades guerreiras).

Instalações Desportivas

Nos primórdios da civilização grega, todos os exercícios eram feitos ao ar livre, em locais sem nenhuma preparação especial, mas geralmente planos, revestidos de vegetação, sombreados e próximos de água. A beleza da natureza constituía sempre uma constante na adequação da escolha. Aristófanes, em expressões poéticas, descreve-nos um desses locais, "a sombra pacífica das oliveiras, na margem cheia de juncos do Kelphisses, com o aroma das madressilvas, o sussurro dos álamos e o suave murmúrio dos plátanos e olmos."

Mais tarde, através do tempo, foram surgindo, em toda parte, instalações apropriadas aos treinamentos e competições, naturalmente simples no início e construídas mais adiante com arte e propriedade, sem jamais atingirem o luxo dos romanos. O ginásio, a palestra, o estádio, o hipódromo e o teatro constituíam os principais locais de prática.

Todas as instalações dispunham de acomodações para o público, fato que demonstra o interesse que as atividades desportivas despertavam. Além disso, as mais antigas relacionavam-se com as musas e a religião. Possuíam seus próprios altares ou ficavam nas proximidades de famosos santuários e teatros.

Sobre instalações desportivas, muito se referindo às construções gregas, uma obra foi escrita por Vitrúvio, arquiteto militar de César e Augusto. Antes dele, Platão também se interessou pelo assunto, legando-nos uma espécie de planificação municipal, prevendo a construção de ginásios, em Atenas, "em três lugares do centro da cidade, além de três outras instalações fora do seu recinto, para hipódromo e campos de exercitação da juventude."

A. *Ginásio*

O ginásio era propriedade do Estado e aparelhado com pistas de corrida, locais para saltos, arremessos e luta, acomodações para os espectadores, recintos para massagens, unção, banhos e discussões filosóficas. Normalmente situava-se nas proximidades de rios, bosques, colinas etc. Fontes, estátuas, vestiários e outras dependências completavam o conjunto, tendo em vista dar-lhe conforto e beleza. Em alguns, como o de Pérgamo, havia separações por idade.

Os ginásios abriam-se em determinadas horas. Ademais, como estabelecimento público serviam também à educação intelectual de todos os cidadãos.

Os principais ginásios gregos eram os de Atenas, Olímpia, Epidauro, Delfos, Pérgamo, Messênia, Delos e Éfeso. Na primeira cidade existiam três: a Academia, o Liceu e o Quinosargo, todos convenientemente localizados dentro de bosques de oliveiras consagrados às divindades.

B. *Palestra*

A palestra normalmente era uma instituição privada com dimensões limitadas, de forma quadrada ou retangular, servindo para a prática dos exercícios em geral, em particular para a luta, o pugilato e o pancrácio. Algumas dispunham de pistas cobertas (xistos) e recintos adequados para os jogos de bola.

Hermes e Hércules eram os deuses mais glorificados na palestra. Com o correr do tempo, ela teve seu uso desvirtuado pela competição entre seus proprietários, cada uma introduzindo-lhe inovações, até transformá-la em local de encontros e passeios. Mais tarde foi absorvida pelo ginásio, nele se integrando. Algumas transformaram-se em termas, sobretudo após a dominação romana.

C. *Estádio*

Havia, em toda a Grécia, esplêndidos estádios.

O estádio panatenaico de Atenas merece comentário especial. Teve sua construção iniciada por Péricles e foi ampliado por Herodes, estendendo-se bastante no sentido do comprimento e pouco no da largura. Após sua reconstrução, foram realizados nele, em 1896, os Jogos Olímpicos dos tempos contemporâneos.

D. *Hipódromo*

O hipódromo tinha disposição idêntica ao estádio. Suas linhas eram simples, ao contrário do congênere romano, construído com grande luxo arquitetônico. Eles surgiram bem cedo na Grécia, pois as corridas de carro e outras provas eqüestres constituíam atividades desportivas bastante antigas, vindas dos tempos heróicos.

E. *Teatro*

O teatro era construído para representações artísticas — tragédias, comédias, danças etc. — mas serviam comumente para disputas e demonstrações desportivas.

F. *Material para treinamento*

Utilizavam os gregos, em suas práticas, muitos materiais: halteres para o salto em distância, discos, dardos, cestas para o boxe, sacos de bates (cheios de areia, farelo ou semente) suspensos no teto ou árvores e com pesos e volumes variáveis, cordas de trepar, fardos para o transporte, pedras para levantar, bolas de medicine rústicas, aros de madeira, bolas de vários tamanhos (cheias de penas, lãs ou pêlo), traves de madeira etc. Embora pouco numerosos, esses materiais podem ser vistos, em originais ou reproduções, nos principais museus dos Estados Unidos e da Europa.

As Atividades Físicas em Pormenores

Os diferentes exercícios, praticados conforme conceitos variáveis, a atitude dos executantes e os meios postos em ação tomaram denominações gerais, aqui aportuguesadas: gímnicos, orquésticos, esferísticos, drômicos, cubísticos, agonísticos etc.

Os exercícios gímnicos (e não ginásticos, para não confundir com os atuais da nossa época), compreendiam as práticas feitas em estado de nudez, geralmente de caráter desportivo, a fim de dar ao indivíduo saúde, harmonia de formas, força, resistência e beleza. Em verdade, os gregos não conheciam a ginástica dos nossos dias. Os exercícios, construídos ou naturais, por eles realizados, pertenciam à "arte do ginasta" (médico desportivo), cabendo melhor denominá-los, conforme conceito da época, de "ginásio" ou "ginásia", em correspondência com o nome do lugar onde eram praticados.

Os exercícios livres e ritmados, executados em caráter formativo e sem espírito de competição, entre eles a dança, constituíam os chamados orquésticos. Esta modalidade concorreu para dar à Grécia a escultura, de plástica impecável, que avaramente é guardada nos museus da Europa.

Os exercícios e provas atléticas competitivas, sobretudo sob a forma de desportos de combate, recebiam o nome de agonísticos.

Cubísticos eram os exercícios de acrobacia geral, e drômicos as práticas de corridas sob as mais variadas formas.

Os exercícios eram classificados em lentos ou rápidos, duros ou soltos, de tensão ou de relaxamento, violentos ou de descanso, pesados ou ligeiros, demonstrando assim que deveria existir uma "ginástica sistemática".

Nos desportos não havia propriamente uma divisão entre eles, como fazem atualmente — ligeiros (atletismo) e pesados (desportos de força), — mas uma síntese de ambas as formas, praticadas de maneira equilibrada. Embora os exercícios fossem realizados sob múltiplos aspectos entre as diferentes populações gregas, os mais empregados diziam respeito à preparação dos atletas para os Grandes Jogos.

Além das informações dadas, em diferentes partes deste trabalho, cabe-nos agora pormenorizar o assunto, estudando as diversas formas de atividade. Ei-las:

1. Os Exercícios Instintivos

Vivendo em um país privilegiado pela natureza, era natural que os gregos amassem a vida ao ar livre, por conseguinte, praticassem toda sorte de exercícios naturais: a marcha, o trepar, o salto, o levantar e transportar, o correr, o arremesso etc. A luta pela existência e a alegria de viver impunham tal modo de vida.

As crianças, por meio de uma série enorme de jogos, desenvolviam-se e divertiam-se. Esses jogos, mais ou menos idênticos em todas as civilizações antigas, muito se pareciam com os que modernamente conhecemos: de pegar, de esconder, corrida de sacos, cavalinho-de-pau, malabarismos, diabolô, patinação no gelo, utilização de pernas de pau etc.

A "ginásia", tanto masculina como feminina, confundia-se com a prática higiênica, quase sempre com finalidades definidas. Platão refere-se, em suas obras, a uma ginástica para facilitar o parto, indica exercícios para auxiliar o crescimento, descreve práticas para tratamento da epilepsia e dá-nos muitas outras receitas. Para ele a ginástica, e não ginásia, constituía, como anteriormente foi explicado, a "ciência dos efeitos de todos os exercícios". A alimentação era considerada parte importante da ginástica. Todas as atividades corporais, inclusive as competitivas dos Jogos e o trabalho utilitário, pertenciam ao quadro da "ginásia".

A dança constituía parte fundamental da educação. Realizada de várias formas, era empregada a partir dos cinco anos até o limiar da velhice. Praticada com regularidade e de maneira enérgica, era considerada "ginásia".

Geralmente os cantos e as danças visavam exaltar Apolo, o mais querido dos deuses gregos.

Certames coreográficos, com valiosos prêmios, realizavam-se em toda a Grécia. No Museu de Atenas, há belíssima jarra com a inscrição: "A bailarina mais elegante."

Luciano de Samosata, admirável escritor satírico, tornou-se, na sua época, o maior propagandista da dança, deixando-nos o importante *Diálogo Sobre a Arte da Dança*, em que afirma que se Sócrates a tivesse conhecido com o desenvolvimento por ele acompanhado não teria dúvida em colocá-la como base da educação da juventude. Informa-nos também que os próprios espartanos, cuja educação era de dureza extraordinária, concediam à dança importância prioritária na formação dos varões, atribuindo-lhe elevado desenvolvimento da força, sobretudo como meio de preparação para a luta e o pugilato.

Os gregos acompanhavam a dança com cantos, tanto dos intérpretes como da assistência que a presenciava, sobretudo desta última.

As antigas danças individuais, de duplas, grupos e grandes conjuntos são ainda executadas na Grécia. Com exceção do "ballet", afirma Diem, os gregos conheciam todas as modalidades de danças atuais e muitas outras em desuso.

As mais comuns eram rituais fúnebres, guerreiros, folclóricos, expressionistas ou pantomimas de motivos da natureza, com ritos de fecundidade. Mas, de modo geral, a prática sistemática consistia em uma série de exercitações para a correção da atitude e do movimento.

A dança expressionista englobava, na feliz análise de Diem, "a escala de todos os sentimentos humanos, a ânsia e a dor, o sofrimento e a alegria, a glorificação e a burla, a deificação e o ludíbrio, o mais sublime sentimento e a mais vulgar obscenidade."

A mais célebre dança guerreira, praticada em Esparta, denominava-se dos "casacões vermelhos", cujo ritmo se apresentava rápido e acompanhado de uma canção. O dançarino vestia-se com comprido casaco vermelho, cinturão de bronze, espada no lado esquerdo do corpo, escudo e pequena lança nas mãos e a cabeça coberta com elmo com penacho ou rabo de cavalo.

2. Os Desportos Individuais

Praticados pelos gregos, consideraremos nesta categoria o atletismo (corridas variadas, salto em distância, arremessos em geral e pentatlo), o levantamento do peso e os desportos aquáticos (natação, saltos e remo).

a. *Corridas*

A corrida constituía o mais natural, antigo e popular desporto praticado na Grécia. Sua figuração nas decorações, nas narrações e poemas mostra, sem dúvida, seu favoritismo. O "estádio" correspondia à corrida de velocidade (192,27m); o "diaulo" ou "duplo estádio", a algo parecido com uma corrida de velocidade prolongada, comportando uma ida e volta na pista do estádio; a "hípica", apresentando analogia com uma das provas de corrida de cavalos, tinha uma extensão de 740m; o dólico, corrida de resistência, representava um esforço, em torno do estádio (local das provas), de 12 ou 24 "estádios".

A técnica dos corredores era quase igual à dos nossos dias, dependendo naturalmente da distância da prova. Numerosos vasos, através de suas decorações, testemunham nossa afirmação. Dominavam precisão e método na organização desportiva, existindo, geralmente, no terreno dos grandes estádios, locais aparelhados para as saídas e chegadas, constituídos por linhas de pedras brancas cravadas no nível do solo. Sobre as pedras, nas saídas, havia ranhuras, possivelmente para o apoio dos pés. Dava-se a partida, retirando-se bruscamente um cordão ou barra colocado na frente dos corredores, a fim de evitar adiantamentos irregulares (saídas falsas).

Antes da corrida, os competidores praticavam uma ginástica preparatória, a título de aquecimento, para beneficiar os músculos e flexionar as articulações, tal como se faz atualmente.

Os gregos não se limitavam a correr nos estádios. Com os treinamentos adquiridos, numerosos feitos foram praticados.

Chegam até nossos dias, ainda que envolvidas em lendas, as façanhas desportivas de muitos corredores. Ages, vencedor do dólico de Olímpia, alcançou, no mesmo dia da sua vitória, Argos, sua pátria, para anunciar seu triunfo, percorrendo uma distância de 100 km. Fidípedes fez o percurso Esparta-Atenas em dois dias (230 km). O exército espartano — dois mil homens armados até os dentes — chegou a Atenas em três dias. Euquidas percorreu a distância Platea-Delfos e regressou no mesmo dia, para levar o fogo do santuário, fazendo 180 km.

Quanto à corrida de velocidade, há um indício revelador, que nos conta Luciano de Samosata, por intermédio de um atleta:

"Tão pronto foi dado o sinal, saí vencedor, atravessando a arena, sem que os espectadores tenham tido tempo de me ver."

Uma modalidade de corrida de largo emprego e agrado, feita através de revezamento, era a "corrida da flama", empregada sobretudo nas festividades religiosas. Em Atenas, mesmo fora das Panatenéias, em noites de lua, realizavam-se corridas dessa natureza.

Havia também a "hoplitodromia", comumente chamada "Corrida

Armada", na qual o corredor, carregado com seu equipamento militar, corria mais ou menos um "diaulo". No início, o atleta usava uma joelheira de metal, capacete e escudo, mas, a partir de certa época, levava apenas as duas últimas peças. O percurso era feito dentro da arena, e a prova objetivava, além da preparação militar, a exaltação do valor guerreiro do grego.

b. *Salto em distância*

O gosto pelo salto é natural e sua prática não poderia faltar entre os gregos. Mas, por incrível que pareça, a única prova empregada nas competições era o salto em distância, assim mesmo como parte do pentatlo.

A partir da XIII Olimpíada, o salto em distância foi praticado com halteres, de pedra ou chumbo, de várias formas e de um a três quilos. Julgavam que seu emprego aumentava a extensão do salto. Numerosas decorações em vasos evidenciam seu uso, e nos museus italianos encontramos tais peças nas coleções.

c. *Arremessos*

Dois eram os arremessos praticados: dardo e disco. Sem fazer parte das grandes competições e usado nos treinamentos, foi constatado o uso de arremesso do peso (pedras).

Em tempos remotos, foram usados dardos de guerra; mais tarde, após um acidente, foi ele substituído pelo de madeira, com ponta de metal. Tinham de 2,40m a 3,00m de comprimento e peso variável. Uma tira de couro, adaptada ao centro de gravidade do aparelho, facilitava a impulsão, por conseguinte, a obtenção de bons resultados. Os arremessos parados, em distância e precisão, constituíam as práticas mais usuais.

O arremesso do disco é também exercício muitíssimo antigo. Começou, ainda nos tempos heróicos, com o lançamento de um pequeno escudo militar, seguido mais tarde pelo próprio disco, primeiro aparelho desportivo aparecido e inventado pelos gregos. Nas competições, o arremesso era feito de uma plataforma inclinada, sendo sua técnica idêntica à dos nossos dias. Normalmente, era feito sem impulso e com meia-volta. O peso do aparelho variava de 2 a 2,5 quilos com um diâmetro de 20cm aproximadamente, conforme testemunham modelos existentes nos Museus Britânico e de Munique. Havia duas espécies de arremessos: em distância e altura. Quanto à distância, parece que os gregos, que se interessavam muito por esse exercício, chegaram a superar 30m.

d. *Pentatlo*

Grande contribuição grega no campo desportivo foi, sem dúvida, o pentatlo, conjunto equilibrado e harmônico, capaz de bem qualificar o atleta de categoria. Filostrato nos conta algo acerca de sua origem

Lançador de dardo

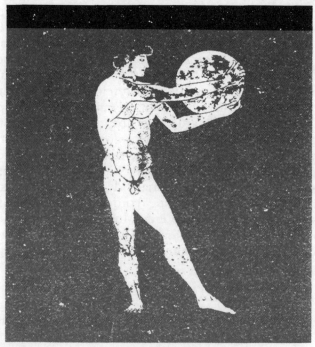
Lançador de disco

lendária, atribuindo sua criação a Jason, quando da conquista do velocino de ouro. Aristóteles tinha por ele grande admiração.

Gozava a prova de pentatlo de grande prestígio e constituía o principal treinamento do desporto grego, exigindo para sua execução força e agilidade. Praticavam-no somente os adultos, por causa do seu caráter fatigante. Compreendia cinco provas: corrida de velocidade (um estádio), salto em distância, arremesso de disco, arremesso do dardo e luta. Em certas épocas a luta foi substituída pelo pancrácio ou pelo pugilato.

Todas as provas se realizavam no mesmo dia, mas não sabemos, de maneira positiva, sobre a ordem das competições e o critério seguido nas seleções. É possível que o procedimento variasse através do tempo e do lugar das pugnas.

O vencedor não tinha que ser, necessariamente, o vencedor das cinco competições; sua vitória era decidida na luta, se nas demais provas tivesse o atleta conseguido os pontos qualificantes. Ao campeão, conforme o número de primeiros lugares parciais, davam-se títulos honoríficos: "quíntuplo vencedor", "quádruplo vencedor" etc.

e. *Levantamento do peso*

O levantamento do peso foi muito praticado. Há no Museu Olímpico enorme pedra, de 123,5 kg, que afirmam ter sido levantada por Bibon, com uma das mãos, acima da cabeça.

f. *Natação e saltos aquáticos*

Os gregos, cuja pátria estava rodeada de mares, consideravam a natação como elemento indispensável na educação. Quem não sabia nadar e escrever era considerado inculto.

Os estilos atuais de natação faziam parte do treinamento, ainda que se acredite que preferiam o "crawl". Também praticavam o salto, o mergulho e exercícios similares.

Os desportos aquáticos, principalmente em Atenas, tinham lugar de relevo. Diante do templo de Posseidão, no Cabo Surion, realizavam-se extraordinárias competições dentro d'água.

g. *Remo*

Tratando-se de povo de navegantes, era natural que o remo tivesse certo desenvolvimento, conquanto não constituísse o centro de atividades físicas. Virgílio, poeta romano, exalta, na sua *Eneida*, a emoção popular nas regatas do Pireo. Nas Panatenéias, de maneira entusiástica, grandes regatas tinham lugar no Cabo Surion. Em uma baía da Ilha de Salamina, comemorando a destruição da esquadra persa por Temístocles, entre as tribos atenienses disputavam-se provas de remo. Comumente as regatas estavam ligadas a fatos históricos. A escultura grega da antigüidade revela-nos cenas da prática do remo.

3. Jogos de Bola

Os gregos conheciam, desde os tempos heróicos, jogos simples de bola. Homero descreve-nos uma prática semelhante ao handebol. Sófocles, o grande trágico, em sua peça *As Lavadeiras*, no papel de Nausica, dizem as crônicas, demonstrou habilidade no jogo de bola. Abundam as decorações de atletas, jogando uma espécie de golfe. Outras gravuras mostram-nos algo parecido com o hóquei, havendo mesmo uma estátua de Isócrates, orador notável, na prática desse jogo, muito valorizado pela sua grande movimentação e correção da postura. No entanto, não há nenhum jogo semelhante ao futebol.

O termo "volante", empregado para designar o jogador, que realiza as partidas correndo ou montado, indica-nos dinamismo, característica principal de qualquer jogo de equipe. Nos muros do Pireo ainda hoje se pode ver um relevo com os jogadores em atitude de movimentos, enquanto um deles lança a pelota com grande estilo. Acreditamos terem surgido na Grécia, de forma bem rudimentar, os primeiros jogos coletivos.

Nadador saltando n'água. Estátua do final do século VI a.C. pertencente ao acervo do Museu de Munique.

Afirmando o emprego da bola no quadro dos exercícios, muitos outros exemplos poderemos dar: um tratado foi escrito por Galeno; o filósofo estóico Epitecto refere-se a um jogo semelhante ao "rugby"; nos treinamentos desportivos empregavam-se arremessos de bola, havendo inclusive fintas entre os praticantes. Mais ainda: inscrições encontradas em Esparta, referentes ao II século a.C., revelam-nos a existência de torneios entre os diferentes distritos da comunidade. No Museu de Ber-

Saltador em ação. Vêem-se, à direita, um atleta exercitando-se com halteres e, à esquerda, o pedótribo orientando o treinamento. Decoração de um vaso ático do V século a.C. aproximadamente, e pertencente ao Museu de Boston.

Lutadores de pancrácio em ação

Jogador de pelota. Ano 460 a.C. (Museu de Berlim).

lim está exposta a estátua de bronze de um jogador de bola, cópia da obra de arte do ano 460 a.C.

4. *Desportos de Combate*

A luta, o pugilato (boxe) e o pancrácio (luta livre) constituem os desportos de combate favoritos. A esgrima e outras formas de combate de caráter militar eram também praticadas.

a. *Luta*

O grego sempre amou a luta. A mais comum era a luta vertical, vencendo aquele que derrubasse seu competidor. Havia também a denominada horizontal, sendo vitorioso o que colocasse as espáduas do adversário no solo, por determinado tempo. A agilidade sobrepunha-se à força bruta e a peleja realizava-se em chão de areia.

Filostrato, no seu interessante trabalho sobre a ginástica, apresenta-nos uma classificação dos lutadores, de acordo com a constituição de cada um. Essa classificação tem certa analogia com a feita atualmente para os boxeadores. O lutador excessivamente pesado chamava-se atleta-leão; o mais leve, atleta-urso, atleta-águia e atleta-cervo.

b. *Pugilato*

A luta com os punhos, muito violenta, denominava-se pugilato, sendo os atletas armados de "cestos" presos da mão até o alto do antebraço. Tais equipamentos produziam efeitos traumáticos, pois, sob o invólucro comum do couro, sobrepunham tiras de couro seco e endurecido, reforçadas com cravos de ferro ou pedaços de chumbo. Essa maneira de lutar constituía a única forma de trabalho físico sangrento que a Grécia possuía. Após a conquista romana, quando as instituições de prática desportiva se transformaram em escolas de profissionais e a decadência dominava em toda a Grécia, cresceu o interesse pelo pugilato brutal e vergonhoso.

Havia também combates, nos quais os pugilistas, em lugar de "cestos", se cobriam apenas com largas tiras de pele de touro, um couro fino e suave. Às vezes, trançavam-nas em torno das mãos e dos antebraços.

Na técnica pugilística dos antigos gregos, através das maravilhosas decorações de vasos, observa-se que muitos golpes tidos como modernos vêm dos tempos de antanho, tendo, por conseguinte, mais de vinte séculos de existência. Assim, o "um-dois" (duplo direito-esquerdo) não foi invenção do "boxeur" francês Georges Carpentier, como acreditam e propagam seus patrícios.

Os sacos de areia suspensos nas árvores ou nos tetos das palestras, constantemente vistos nas gravuras de murais da época, tinham largo emprego no treinamento dos pugilistas.

c. *Pancrácio*

A luta combinada com o pugilato, praticada sem os "cestos", constituía o pancrácio. Nele valia tudo, sendo permitida toda sorte de golpes. A rapidez prodigiosa e os golpes de surpresa, que caracterizavam a luta grega, desapareceram no pancrácio, para dar lugar a golpes pesados e brutos.

Era o mais duro de todos os desportos e teve enorme prestígio. Os lutadores gozavam de enorme estima. Muitos gregos de elevada posição social, dentre eles Felipe da Macedônia, tomaram parte nas pugnas de pancrácio. Agias de Delfos, cuja estátua foi encontrada em Olímpia, foi um grande pancracista.

d. *Lutas de caráter militar*

A juventude, principalmente a espartana, praticava numerosas lutas de caráter militar: esgrima de bastões, combate com armas, combate com escudos, arremesso da funda e outros materiais, tiro com arco a pé e a cavalo. O combate entre Ajax e Diomedes, revelado na *Ilíada*, afirma a existência dessa luta.

5. Desportos Hípicos

Atenas desempenhou importante papel nos desportos hípicos, embora sua prática fosse bastante antiga e generalizada em toda a Grécia. Depois dela, Tarento constituía outro centro importante.

A escola de equitação, a corrida de cavalo, a corrida de carro e os jogos eqüestres constituíam as quatro principais modalidades da prática do desporto hípico.

a. *Escola de equitação*

Na escola de equitação realizavam-se provas de doma, exercícios de volteio e de figuras ornamentais, arremesso do dardo do cavalo, tiro com arco, salto de obstáculos, combates simulados e o célebre torneio "tróia", adotado mais tarde em Roma.

b. *Corrida de cavalos*

O cavalo sempre encheu a vida grega. Os museus da Grécia e de outros países europeus estão cheios de cabeças de cavalos e de cenas de corridas.

As distâncias das corridas variavam. O cavaleiro montava geralmente nu e sem sela, sendo as provas programadas em função de sua idade e da montada. Havia uma prova em que o cavaleiro, depois de certo tempo, devia apear e alcançar a meta a pé, levando o animal pelo bridão.

A arte eqüestre grega é bastante rica. No Museu Britânico, oriundo do Partenão de Atenas, há admiráveis baixos-relevos. Nos museus do Vaticano, sob a denominação de "Um Cavaleiro Grego", há um belo fragmento de mármore do V século a.C. Em Istambul, no sarcófago de Alexandre, aparece o motivo eqüestre.

Ortega y Gasset, notável pensador espanhol, apreciando esculturas de salto eqüestre grego, admirou-se com a síntese de sua movimentação e assim se expressou: "A imagem mais perfeita de impulso vital."

c. *Corrida de Carros*

O carro era uma caixa baixa sobre duas rodas, muito leve e frágil, puxado por dois cavalos (biga), três cavalos (triga) ou quatro cavalos (quadriga). Mais tarde o número de animais foi aumentado.

Havia carros de corrida, de guerra e de luxo. Variando sobretudo com o tempo, apresentavam formatos diversos.

A corrida de carro era de bastante agrado dos gregos, embora não tenha adquirido o esplendor da de Roma. Ela constituía uma prova de aristocracia, tendo sido uma das causas do aparecimento do atleta profissional, cuja atuação beneficiava o proprietário do carro, a quem cabiam os louros da vitória. Em Olímpia foram até encontradas estátuas de mulheres vencedoras.

Para as quadrigas existia uma variante de corrida. Um homem acompanhava o "auriga" (cocheiro) e, na última volta, devia saltar ao solo para atingir a meta a pé ou voltar a subir no carro em marcha.

O programa das corridas variava. Havia competição para éguas, mulas, cavalos de corrida, cavalos militares, cavalos amestrados etc.

Os baixos-relevos, as decorações em vasos e as moedas mostram a familiaridade da corrida de carros. Há também, entre outras, uma bela estátua de bronze, criada entre 478-472 a.C., representando o "auriga" vencedor nos Jogos Píticos, conduzindo, possivelmente entre aplausos, sua quadriga ao passo. É certamente uma das mais famosas obras de escultura de todos os tempos. Ademais, chegaram até nós moedas e medalhas com gravuras de corrida de carros, sendo muito expressivas umas tantas da Sicília, onde se estabeleceram várias colônias gregas.

Treinamento desportivo

Os atletas não ficavam fechados em suas especialidades. Utilizavam muitos exercícios para sua preparação geral: corridas, saltos, marchas, exercícios de trepar, levantamentos de peso, lutas, jogos de bola, exercícios com o medicinebol, danças "skiamaquia" etc. As práticas escolhidas concordavam, em princípio, com o gênero do desporto a que se entregavam.

Chegam até nós, através de descrições de antigos escritores, alguns pormenores sobre a execução de uns tantos exercícios. Assim, várias formas de corridas integravam o programa; os atletas, como hoje se faz com a corda, saltavam através de aros; as aplicações de trepar eram feitas em árvores, cordas ou traves de madeira; empregavam-se pequenas bolas, e o medicinebol servia para o adestramento dos pugilistas e lutadores; executava-se uma espécie de luta vertical sem quedas etc. A fim de completar seus treinamentos, os atletas executavam trabalhos penosos; cavavam, lavravam a terra, remavam, ceifavam, transportavam cargas e faziam muitas outras tarefas agrícolas.

Os gregos não somente conheciam a arte do treinamento, como também os métodos de repouso e de volta à calma. Sabiam inspirar e expirar de maneira adequada, caminhavam lentamente para recuperar a calma, conheciam os benefícios do relaxamento e, conforme o caso, empregavam a manobra mais apropriada de massagem.

O regime alimentar constituía fator fundamental do treinamento, e os antigos treinadores seguiam diversos métodos dietéticos, de acordo com a modalidade escolhida pelo atleta. A partir de certa época, a carne de vitela ou cabra passou a integrar a dieta, sendo posto por terra o costume de estabelecer rações, na base de queijo fresco e figos.

O treinamento, visando à preparação cuidadosa do organismo do atleta para a obtenção da vitória durava toda a jornada, obedecendo a um sistema de preparação desportiva denominada de "tetras", constituído por pequenos períodos de tempo, que se sucediam de quatro em quatro dias.

Cleanthis Poleologos, grande líder da Educação Física grega na atualidade, assim nos descreve as "tetras", sistema aplicado em todos os desportos: "Tratava-se de um ciclo de treinamento que nunca se interrompia. O treinamento do primeiro dia era leve, porém se fazia pesado no segundo dia. Durante o terceiro dia o atleta repousava, ou fazia exercícios de pouca intensidade e, no quarto dia, o trabalho tornava-se suave. O ciclo continuamente se repetia e muitos foram os que se opuseram a este método."

Embora exigindo muito do atleta, a aplicação das "tetras" era possível porque o cidadão livre da Velha Grécia, apoiado no trabalho escravo, não tinha obrigação de trabalhar para assegurar sua subsistência, o que lhe permitia entregar-se inteiramente à prática dos desportos de sua predileção. Mas duro era o treinamento, como disputadíssima a competição, fatos que podemos ressaltar através de uma observação de Dion Crisóstomo: "Vejam como sofrem os atletas quando treinam, vejam seus esforços para vencer, mesmo que morram disputando o prêmio."

Pelo visto, há certa analogia entre o treinamento da Antigüidade Grega e dos Tempos Modernos, exigindo ambos treinamento total e dedicação integral do praticante.

Ginástica higiênica e outras práticas

a. Ginástica higiênica ou curativa

Inventada por Heródico, no século V a.C., e mais tarde aperfeiçoada por Galeno, a ginástica higiênica constituía prática usual. O primeiro experimentou, no seu próprio corpo, um sistema de medicina naturalista. Ele costumava prescrever para seus pacientes, contra a febre, a luta, as corridas e os banhos quentes.

Os médicos e os profissionais de atividades físicas, ambos com igual preparação cultural, cuidavam da exercitação dos indivíduos sadios e doentes. Platão estabeleceu práticas para as mulheres grávidas e recomendava, sem descurar da parte mental, exercícios para as crianças, adolescentes e jovens. Para a asma, por exemplo, ministravam-se exercícios respiratórios, devendo entre eles ser contida a respiração. Contra as hemorróidas usava-se a luta; para um tórax pouco desenvolvido, fortes exercícios de braço e tronco etc.

O atleta mantinha estreita ligação com seu treinador, cuja orientação seguia à risca. Por outro lado, este depositava inteira confiança em seu aluno, convicto do resultado de sua preparação. Como exemplo, mostramos a seguir o trecho da carta de um deles à mãe de um atleta: "Se souberes que teu filho morreu, podes acreditar; porém, nunca o farás, se te disserem que ele foi derrotado."

Filóstrato conta que um treinador, em Olímpia, matou seu atleta por falta de tenacidade para conseguir a vitória.

Muitos campeões olímpicos foram, antes de suas vitórias, tratados de suas inferioridades físicas.

b. *Alimentação desportiva*

Em particular, Hipócrates e Galeno deram grande importância à questão de alimentação, sobretudo ligada à prática do exercício físico. Dizia o último, repetindo frase do segundo: "Os exercícios físicos devem anteceder à alimentação."

No treinamento dos atletas, nos primeiros tempos, a alimentação era muito simples, porém, mais tarde, foi-se tornando mais abundante e refinada. Era no começo vegetariana: figos secos, pastas de farinha de trigo, queijo fresco e pirão de cevada, semelhante à polenta dos romanos. A carne foi introduzida no V século a.C.

A polêmica sobre se a alimentação devia ser rica em carne, vegetariana ou mista já existia na Antigüidade.

c. *Massagem e unção*

A massagem, cujo emprego vinha dos tempos heróicos, apoiava-se em experiência de vários séculos, sendo conhecido maior número de sistemas do que atualmente. Galeno diferenciava dezoito métodos distintos, havendo manobras totais e parciais, estimulantes e calmantes, fortes e suaves. Bastante útil, muito empregada em determinada época, era a multimassagem "rápida e de muitas mãos", atuando sobre todo o corpo do paciente.

Normalmente a massagem mesclava-se com o exercício. Ela devia adaptar-se à constituição física do atleta, a fim de influir intensamente no seu organismo.

O azeite constituía o principal produto utilizado para facilitar o trabalho do massagista. Comumente a ele juntavam areia ou terra, tendo em vista conseguir certos efeitos fisiológicos.

Toda classe de pós e óleos eram usados para ungir os atletas. Para facilitar as "pegadas", sobretudo no pancrácio e na luta, juntavam areia ao corpo. Ainda hoje, no Oriente, com o mesmo objetivo, pratica-se a luta em terreno de areia.

d. *Asseio corporal*

O exercício terminava sempre com o banho, considerado elemento regenerador físico por excelência.

Antes do banho, para retirar o óleo e a areia da pele, usavam os atletas um instrumento, curvo e estriado, em forma de foice — o "strigile", raspadeira, muitas vezes trabalhado artisticamente. Alguns deles são comumente encontrados nos grandes museus mundiais.

Normalmente, cada palestra dispunha de grande recipiente redondo, onde os atletas faziam seu asseio corporal. Usavam, nesse local e em outros, os banhos frios, mornos, quentes, com água doce ou salgada e o de vapor.

e. *Banho de sol*

O banho de sol fazia parte do hábito dos gregos, sobretudo dos atenienses, que apreciavam a pele bronzeada, característica que os diferenciava, a seu ver, dos espartanos e dos povos por eles chamados de bárbaros, geralmente muito brancos.

Filóstrato, citado por Diem, expressa a opinião generalizada entre os helenos sobre a importância da insolação: "Com vento do norte e calma no sul, os raios são limpos e agradáveis: com vento do sul e céu coberto, muito mais esgotam que aquecem."

Outras Atividades Físicas

Outras atividades físicas eram de agrado dos gregos: a "skiamaquia", espécie de hóquei, o arco e flecha, a caçada e os jogos taurinos.

A "skiamaquia" era exercício muito interessante, equivalente à moderna "sombra pugilística", que mantinha o atleta em contínua ação, golpeando rapidamente em todas as direções, sem ter um adversário.

Os jogos taurinos, oriundos de Creta, tiveram em certa época grande prestígio, inclusive entre o elemento feminino.

Os Jogos Gregos — Para conhecimento do assunto, ver o capítulo sobre "Os Jogos Gregos", desenvolvido mais adiante.

Causas da Decadência da Educação Física

O esplendor da Educação Física, a partir do século VI a.C. e durante o período áureo da civilização grega, constituía grande realidade. Com o tempo suas práticas foram sendo desvirtuadas, entrando em declínio com a queda do espírito helênico, a dominação romana, e, sobretudo, os progressos do Cristianismo. Os Jogos Gregos desprestigiaram-se, os ginásios transformaram-se em escolas de atletas profissionais, os exercícios gímnicos foram abandonados.

O profissionalismo passou a dominar, trazendo em seu bojo uma escória humana, e a juventude nobre, orgulho de outrora, degenerou-se pela inação, enchendo-se de vícios e zombando das práticas desportivas dos velhos tempos. Diz Aristófanes que "ninguém mais exercitava o corpo".

Os atletas especializaram-se, cada vez mais, competindo por dinheiro e cercados por vultosas apostas. Além do mais, as honras desmedidas dadas a eles, a paixão da multidão e outros males, foram quebrando, pouco a pouco, a moralidade das competições e aumentando a vaidade, a ambição e o suborno de atletas e juízes. Dominava o profissionalismo desenfreado, deturpando o idealismo puro dos primeiros tempos.

O instinto sanguinário da multidão grega reclamava, influenciada pelas práticas decadentes de Roma, e de maneira incessante, a realização de lutas, pugilatos e pancrácios, que, ao lado das corridas de carro, se haviam tornado, nos últimos tempos, a sensação máxima para a plebe.

A especialização excessiva acarretava, como consequência, uma hipertrofia muscular, em detrimento do equilíbrio do organismo. O herói olímpico não era mais, como disse alguém, o tipo equilibrado e perfeito do atleta, que nos legaram as esculturas de Praxíteles, Policleto, Miron, Lísipo e muitos outros. Em seu lugar, surgiu o tipo pesado e descomunal do "Pugilista em Repouso", de Apolônio. A Educação Física havia deixado de ser, como antes, parte dominante da Educação.

A juventude grega, bem diferente daquela que enfrentou os persas, diante do espetáculo brutal e corrupto foi perdendo sua energia.

Além disso, os sofistas vertiam o veneno da mentira, da crítica e da insubordinação.

Desencadeou-se, então, no decorrer do tempo, enorme campanha contra tal estado de coisas. Muitos líderes do pensamento grego, sobretudo literatos, médicos e filósofos, fizeram sentir os seus protestos. Hipócrates clamava que o atleta supertreinado, desprezando a saúde, era uma figura absurda, antinatural. Galeno ironizava o acúmulo constante de montes de carne e de sangue, enquanto o espírito chafurdava na lama e, criticando o exagero de treinamento, dizia que a plenitude física por ele conseguida não constituía senão um estado precário e facilmente modificável. Tucídides, Plutarco, Eurípedes, Dion, Crisóstomo e muitos outros também criticavam com veemência certos costumes desportivos.

Com o tempo, os costumes modificavam-se. Na massa, muitos jovens reivindicavam outras vitórias que as desportivas, clamando que a "sabedoria é mais importante que a adoração de homens e cavalos".

Em 146 a.C. os Jogos já estavam decadentes. Os romanos atraíam todos os povos de seu vasto Império para suas próprias competições Porém Augusto, mudando de política, procurava proteger os festejos gregos, ensaiando dar-lhes novo esplendor. A "Pax Romana" ensejou-lhes, por curto tempo, um período de grandeza. Porém, havia chegado o final dos tempos.

Finalmente, no tempo do imperador romano Teodósio, o Grande, com a supressão dos Jogos Gregos, em 394 d.C., um ano depois da CCXCIII Olimpíada, foi posta a pá de cal na extraordinária prática dos exercícios físicos da Grécia Imortal, muito influindo para isto os progressos do Cristianismo. A exaltação do corpo e a nudez não se coadunavam com o espírito da religião de Cristo. Ademais, a celebração em honra de Zeus e outros deuses pagãos marcava uma supervivência do paganismo, por conseguinte, oportunidade para a realização de velhas práticas. Os estádios e ginásios, que caracterizavam o esplendor grego, em pouco tempo transformaram-se em veneráveis ruínas, ficando apenas para o mundo os ensinamentos do valor do exercício físico como agente da Educação. Com a renovação de Coubertin, os Jogos Olímpicos continuam, no entanto, a conscientizar o mundo com sua Ideologia Sagrada, apesar dos desvios que vêm sofrendo, produzidos pelos mais variados fatos.

VIII
Os Jogos Gregos

UM VENCEDOR

Jovem atleta com cinta de vencedor. Obra do final do século V a.C., pertencente ao Museu de Munique.

Festas populares e religiosas eram as cerimônias pan-helênicas, nas quais tomavam parte quase todas as cidades gregas. Não é de estranhar a importância de tais manifestações desportivas, pois o povo da Velha Grécia se caracterizava por seu elevado espírito "agonal". Ésquilo exigia que todo grego fosse um competidor.

No começo as competições ficaram adstritas à Grécia continental, mas pouco depois se estenderam às colônias, que, muitas vezes, conquistaram os louros da vitória. Mais tarde, já na fase de decadência e do domínio romano, outros povos foram admitidos. Até Nero, o sanguinário imperador romano, sob os aplausos de numerosa claque, atribuiu a si mesmo prêmios, na competição artística e na corrida de carros, por ocasião da CCXI Olimpíada, transferida por ele de 65 para 67 d.C.

Todos os jogos se adaptavam à medida do tempo olímpico. No primeiro ano da Olimpíada realizavam-se as pugnas em Olímpia. Em maio do segundo, os atletas dirigiam-se ao Istmo; em julho, competiam na Neméia, disputas que se repetiam, na mesma época, de dois em dois anos. O mês de agosto estava reservado aos Jogos Píticos.

Luciano de Samosata, exaltando os Jogos Olímpicos, os de maior significação, mostra-nos sua importância no culto do amor à Pátria. Um dia glorioso para Olímpia, por conseguinte, foi quando, na LXXVI Olimpíada, Temístocles, vencedor em Salamina, foi aclamado entusiasticamente.

Um atleta vencedor era quase um deus. Milon de Crotona, consagrado em todos os Grandes Jogos Gregos, constituiu-se em ídolo popular. Suas façanhas, misturadas com as dos deuses, passavam de geração em geração, assim como as de muitos outros atletas. A fantasia grega, diz Cagigal, "crescia alimentada de sucessos lúdicos".

Jogos Fúnebres e Homero

Os jogos fúnebres, vindos de épocas remotíssimas, efetuavam-se na idade homérica durante as exéquias de personagens notáveis. Algumas cidades realizavam também, como Atenas, tais certames para honrar seus guerreiros caídos em combate.

No canto XIII da *Ilíada*, primeiro poema desportivo da História, Homero descreve, com grandiosas imagens e palavras arrebatadoras, o que foram os jogos mandados celebrar por Aquiles em honra de Pátroclo, seu fraternal amigo, morto por Heitor diante dos muros de Tróia. Aquiles — o homem de ação — e Ulisses — o de reflexão, imaginação e poder inventivo — aparecem, no decorrer do poema, como figuras desportivas de primeiro plano.

Com Homero também surgiu a primeira floração do espírito grego que, no dizer de Ulrich Popplow, "tanto passa a se distinguir e tanto futuro anunciava". As virtudes mais louvadas eram de caráter militar, bravura, patriotismo, astúcia e ódio ao inimigo.

Antes dos Jogos, dirigiu-se Aquiles a seus comandados, pronunciando as seguintes palavras: "Marmidoes! Companheiros fiéis e amados! Não desatrelemos ainda os cavalos; antes de deixar os carros, acerquemo-nos do corpo de Pátroclo e o honremos com nossas lágrimas, pois tal é a honra que devemos render aos mortos. Logo, quando tenhamos saciado o triste pranto, desencilharemos os cavalos e aqui mesmo celebraremos o festival fúnebre." Desde os tempos heróicos, a vida agonal dominava todos os aspectos da vida grega.

Os Jogos constavam de sete (7) provas:

1.a Corrida de carros, vencida por Diomedes;
2.a Pugilato, vencida por Epeu;
3.a Luta, vencida por Ulisses;
4.a Combate armado, empatado entre Ajax, Telamênio e Diomedes;
5.a Arremesso da bola de ferro, vencido por Polípedes;
6.a Tiro com arco, vencido por Miríones;
7.a Arremesso de lança, vencido por Agamenon.

Assim pensava Homero: "Não há glória maior para um homem do que mostrar a ligeireza de seus pés e a força dos seus braços..."

Outros jogos fúnebres foram descritos por Homero, revelando assim um velho costume grego, que se conservou através dos séculos. Isso tanto é verdade que, mais tarde, vamos encontrar Píndaro relatando, em versos admiráveis, as exéquias fúnebres de Tleopolino, o fundador de Rodes. As vítimas das batalhas de Maratona (490 a.C.), Salamina (480 a.C.), Platéia e Leutra (471 a.C.), rezam as crônicas, tiveram também, em sua honra, competições glorificadoras.

Homero, por sua ação de divulgação de feitos desportivos, pode ser considerado o "primeiro cronista desportivo do mundo." Ninguém melhor do que ele expressou o modo de ser do grego, consubstanciado no seu espírito competitivo: "Distinguiu-se sempre e sobressaiu-se entre os demais." Por sua ação educadora, foi cognominado, por Platão, o "educador da Grécia". Personalidade lendária, cantou as aventuras e as atividades físicas do povo grego, numa fase inicial de sua evolução. Deve ter vivido, segundo estudos recentes, no século VII a.C.

JOGOS OLÍMPICOS

Celebrados em Olímpia, na Élida, eram os mais importantes e foram disputados 293 vezes, durante quase doze séculos (776 a.C — 393 d.C.), para elevar a Zeus, rei dos deuses, o fervor de toda a Grécia.

Não há segurança absoluta quanto à sua celebração ininterrupta. Reunião de alto valor ecumênico, como já foi expresso, eles serviam, no dizer de Augusto Magne, insigne historiador brasileiro, "para congraçar os gregos das diferentes cidades, as mais das vezes separadas, ainda mal, por discórdias cruentas." Os Jogos constituíam, segundo Pausânias, "reuniões de valor, não de dinheiro", e no dizer de Henri Pouvert, da Academia Francesa, "centro de fusão de todas as manifestações religiosas, sociais, militares, artísticas e políticas do mundo grego."

Não é fácil determinar o ano exato do começo dos Jogos, concorrendo, entre outros fatos, a confusão entre o real e o mitológico. Já na Antigüidade era asseverado serem eles muito antigos. Homero, embora de modo vago, a eles também se refere. O assunto é controverso, atribuindo-se a Héracles a honra de sua criação, porém a realização regular das disputas parece fixar-se em 776 a.C., quando Coerebus da Élida ganhou a prova da corrida a pé.

Na confusão cronológica do mundo antigo, as Olimpíadas converteram-se em era comum para toda a Grécia, constituindo-se em marcas do tempo. Os Jogos determinavam seu início, sendo atribuído, comumente, o nome do corredor da corrida de estádio para designá-las.

Provavelmente a época escolhida para a contagem das Olimpíadas, por indicação do oráculo de Delfos, refere-se ao começo de um ciclo da natureza. Ademais, aceita-se seu relacionamento, segundo o critério histórico, com um tratado firmado entre o rei Ifitos de Élida e Licurgo de Esparta, de um lado, com Cleóstenes, rei de Pisa.

Os Jogos eram anunciados por arautos, que percorriam o país alertando o povo sobre sua próxima abertura. Daí por diante toda a Grécia entrava em vibração, e para Olímpia convergiam os pensamentos e energias. O Altis, recinto sagrado, era ornamentado; na margem do rio Alfeu faziam-se grandes acampamentos. E, na época marcada, no verão e em tempo de plenilúnio, alternativamente em agosto e setembro, estabelecia-se completa confraternização, expressa pela "Trégua Sagrada" entre os Estados em guerra, a princípio no Peloponeso e posteriormente em

O DISCÓBOLO DE NAUKIDES

Este discóbolo, bem proporcionado e senhor de si, representa a atitude de um atleta que se prepara para fazer o arremesso. É de autoria de um descendente de Policleto. Desta estátua, do século V a.C., há uma cópia no Museu da Escola de Belas Artes da Universidade Federal do Rio de Janeiro. A fotografia é da obra pertencente à coleção do Museu do Vaticano.

toda a Grécia, com sanções aos infratores, indo de fortes multas até a exclusão das competições. Todo o território grego, para os deslocamentos de ida e volta, ficava aberto ao trânsito. Os exércitos suspendiam suas hostilidades, quaisquer que fossem suas vantajosas posições.

Dos Jogos participavam não somente os atletas de escol, como a fina flor da cultura literária e artística da época. Representações teatrais constavam também do programa.

Dentro de uma regulamentação precisa, os Jogos eram dirigidos pelos "helanoices", magistrados de olhar certeiro, de conceito ilibado e de grande envergadura moral, cujas atribuições principais consistiam no treinamento dos atletas, na organização das provas, no julgamento dos vencedores, no policiamento e administração de Olímpia durante o período das competições. Eles inspiravam completa confiança quanto à imparcialidade.

Constituía grande honra poder participar dos Jogos. Competia aos "helanoices" verificar se o atleta, ao se inscrever, satisfazia, entre outras, as seguintes condições: ser homem livre e de origem grega, ser filho legítimo, estar de posse de todos os direitos civis, não ser culpado de irreverência com a religião, de crime de morte, de falta com o Estado, inclusive impostos, multas e não-cumprimento do serviço militar em época de guerra. Ademais, ficava excluído todo aquele que houvesse perturbado a paz olímpica e deixado de pagar as sanções olímpicas, a ele atribuídas. Tudo isso devia ser confirmado em juramento diante da estátua de Zeus. Com o tempo, o cumprimento de muitas das prescrições citadas foi sendo relaxado ou modificado, mormente quando a Grécia, em completa decadência, foi dominada pelo poderoso Império Romano.

Quanto às inscrições, nada sabemos se eram feitas por seleção, como atualmente, ou por iniciativa dos atletas. Segundo Pausânias, a qualificação desportiva dependia dos resultados dos treinamentos preparatórios, em Elis, durante um mês no mínimo, embora a concentração para receber os atletas fosse aberta dez meses antes dos Jogos. Tal concentração, situada a cerca de 57 km de Olímpia, dispunha de boas instalações com alojamentos, banhos e locais para as práticas desportivas.

Havia duas categorias de competidores: até 18 anos (juvenis) e mais de 18 anos (adultos). Em certa época surgiram provas de 18-20 anos. Nos demais jogos pan-helênicos existiam três categorias.

Os árbitros também eram submetidos a uma preparação técnica, levando vida em comum com os atletas. Aprendiam a conhecer os competidores e estes os seus futuros juízes.

Próximo das competições os atletas eram transportados para Olímpia, onde se alojavam, sendo despedidos com as seguintes palavras: "Para Olímpia! Ide ao estádio e mostrai-vos como homens capazes."

Os bárbaros e escravos podiam assistir às competições. Às mulheres casadas estava interditada a presença, e não às solteiras, como nos assevera Diem, o melhor investigador do assunto, embora não se saiba o porquê da proibição. As infrações castigavam-se com a morte. Havia exceção apenas para uma sacerdotisa casada.

PUGILISTA EM REPOUSO

Cópia de bronze atribuída a Apolônio, o Nestore, que viveu no século I a.C. De Romolo Passamonti, comentarista italiano, são as seguintes observações: "O atleta, sentado em perfeita posição de descanso muscular, gira seu rosto tumeficado e sangrando, sem dúvida, em virtude dos golpes recebidos do público assistente, durante um dos intervalos do cruento combate realizado. Seu nariz quebrado, o frontal fraturado e saliente como uma viseira, a boca aberta demonstrando respiração difícil, as orelhas inchadas e diláceradas estão espatifadas e sangram ainda. Seus punhos e antebraços estão protegidos por formidáveis "cestos" ou luvas de boxe da Antigüidade, que constituíam uma arma verdadeira". É o protótipo do atleta da decadência grega. Esta estátua pertence à rica coleção do Museu Nacional Romano.

Ânfora distribuída como troféu, com uma cena inicial de luta sob as vistas de um árbitro. (Museu de Munique).

No começo os atletas usavam um pequeno calção. A partir da XV Olimpíada (720 a.C.), porém, passaram a competir inteiramente nus.

Após a vitória, o vencedor apresentava-se ao árbitro, que colocava na sua cabeça um fio de lã púrpura e lhe entregava, costume introduzido na época de Alexandre Magno, uma palma que significava a eterna juventude.

A honra da vitória constituía fato notável. O vencedor, considerado como o preferido dos deuses, recebia solenemente, como prêmio, uma coroa de ramo de oliveira silvestre "halistephanos" (das belas coroas), que Héracles trouxera do país dos "Hiperbóreos" e plantara no sagrado Altis, no dizer da lenda. Através dos tempos, variando com a época, algumas recompensas foram outorgadas: estátua no Altis, honras políticas, isenção de impostos, pensões vitalícias, ocupações de lugares especiais nas reuniões públicas, colocação do nome dos vencedores encimando os registros públicos e até dinheiro no tempo do Império. Grandes poetas compunham cantos em sua honra. Outros prêmios honoríficos, às vezes, eram concedidos: jarros de prata, maças e bandeiras de bronze, escudos, elmos, lanças, bolas de ferro, ânforas de cerâmica, machados e até uma escrava formosa.

Além dos prêmios desportivos, outros, para galardoar o talento artístico, eram dados ao melhor texto dramático, ao melhor discurso sobre tema livre, à oração fúnebre mais comovedora, ao epigrama agudo etc. Relativamente às artes plásticas, organizavam-se competições com temas fixos ou livres. Certa vez a disputa recaiu sobre a mais bela estátua de amazona. Outros concursos, em alguns Jogos, foram imaginados: o maior corredor, o soldado mais valente, o que demonstrou maior zelo na realização de tarefa administrativa etc.

A notícia da vitória chegava rapidamente à pátria por meio de pombos mensageiros. O vencedor era recebido, na sua terra, de maneira apoteótica.

Olímpia

Filostrato, cronista grego e autor de um tratado de ginástica, descrevendo a paisagem de uma pintura referente ao III século a.C., assim se expressou: "É um lugar da Arcádia, o mais formoso de lá e a grande alegria de Zeus: nós o chamamos Olímpia!" No sopé do monte Cronião estava a cidade, situada na planície formada pelo rio Alfeu, de águas profundas, e seu afluente o Caldeus, de torrente impetuosa. Com apoio em inúmeros escritores dos velhos tempos, podemos completar o quadro: região encantadora, de fácil acesso, protegida das inclemências do tempo e das excursões de forasteiros mal-intencionados.

Alguns viajantes e literatos da Antiguidade, tais como Estrabão, Pausânias e Píndaro, são unânimes em descrever e tecer loas a Olímpia. Todas as manifestações do espírito grego nela encontravam eco, fossem artísticas, científicas ou políticas. Na CXIV Olimpíada, Alexandre Magno mandou proclamar a anistia dos exilados, sábia medida com que contava assegurar a simpatia dos helenos e a paz do mundo de sua época.

O conjunto de Olímpia tinha, como parte principal, um bosque sagrado — o Altis —, consagrado a Zeus. Em torno dele e no seu interior, pouco a pouco, foram sendo erigidos monumentos e edifícios próprios para hospedagem, culto e festas, ficando todas as instalações dispostas em forma pitoresca e unidas por caminhos, onde passavam as procissões por ocasião dos Jogos. Em certa época o recinto foi cercado por muros, sendo que fora dele apareceram diversas instalações, na maioria de caráter desportivo. Todas as construções assinaladas, surgidas através dos séculos, sofreram, com o tempo, modificações na sua estrutura ou finalidade.

O templo de Zeus em estilo-dórico, construído pelo arquiteto Libão e considerado a sétima maravilha do mundo antigo, atraía numerosa multidão para vê-lo e nele orar. Ao avistá-lo de longe, diz Cagigal, deviam os helenos sentir algo semelhante aos muçulmanos ao se acercarem da Caaba ou aos hindus ao divisarem um santuário junto ao Ganges. Na sua sala principal estava a estátua do "Pai dos Deuses", obra de ouro e marfim de Fídias. Media 13m de altura, sentado, de modo que romperia o teto se tomasse a posição de pé. Grande era seu poder de persuasão. Quem a visse, afirma Dion Crisóstomo, esqueceria todas as infelicidades da vida. Epíteto, grande pensador, opinava que devia considerar-se desgraçado todo aquele que não o conhecesse.

De grande beleza eram as esculturas das duas fachadas laterais do templo. A oriental relacionava-se com os preparativos para a disputa entre Pélopes e o rei Oenomanos; a ocidental prendia-se à velha lenda sobre a luta entre lapitas e centauros. Os últimos, meio-homens e meio-cavalos, após as bodas do príncipe dos lapitas, tentaram, embriagados, forçar a noiva, as mulheres e os meninos que distribuíam vinho. Porém, com a ajuda divina de Apolo, foram os monstros dominados. Fragmentos das duas fachadas podem ser vistos no Museu de Atenas.

No interior do templo, dos dois lados, seis em cada um, encontram-se relevos dos doze trabalhos de Hércules.

Além do templo de Zeus, estava o Altis repleto de outros templos menores, como o Felipeão, com as estátuas de Felipe da Macedônia e seu filho Alexandre Magno; o templo de Hera, o mais antigo de todos, onde funcionou uma espécie de museu e se adorava a deusa das mulheres, sendo nele guardados os discos para as competições e a mesa que servia para a colocação das coroas de oliveira destinadas aos vencedores; os pequenos templos dos "tesouros", pertencentes às Cidades-Estados, destinados a guardar os objetos sagrados e ex-votos, que eram apresentados nas procissões. O recinto, como já foi expresso, compreendia muitas outras instalações: hospedarias, túmulos, estátuas, colunas comemorativas, pequenos monumentos em forma de santuários, altares, a praça de reunião (ágora) etc.

Próximo dos "tesouros" ficava o estádio, com capacidade para 44 mil espectadores, 193 metros de largura e carecendo de assentos. Os espectadores sentavam-se no chão.

De tudo que existiu, em Olímpia, nada mais resta do que ruínas veneráveis, causadas pelo tempo, guerras, saques, violentos terremotos e outras calamidades. Após a proibição dos Jogos, numerosos povos, sobretudo albaneses, apropriaram-se dos mármores e bronzes, dando um emprego bem diferente do da época das competições. Hoje, apenas as oliveiras, como outrora, erguem-se nos prados da região, mostrando que a natureza, cheia de encantos, pouco difere daquela dos gloriosos dias da Antigüidade.

As ruínas de Olímpia começaram a ser exploradas em 1824 e foram escavadas sistematicamente de 1875 a 1881. Mais tarde, por diversas vezes, os trabalhos foram retomados. Os achados encontram-se, no original ou em cópias, em alguns museus da Alemanha, Grã-Bretanha e Grécia, particularmente nos museus de Atenas e da própria Olímpia.

O Desenrolar dos Jogos

Simples no início, foram as provas e os programas aumentados com o tempo. Na I Olimpíada, por exemplo, realizou-se somente uma prova — a corrida de velocidade, denominada estádio. Constavam do programa, no tempo de Píndaro, as seguintes provas: corrida de estádio, de duplo-estádio, pentatlo, luta, pugilato, corrida armada, corrida de cavalos e corrida de carros, que era a mais emocionante e marcava o ponto culminante e social da reunião.

Das vinte e três provas empregadas na Antigüidade, pelo menos uma vez, as mais constantes foram o pentatlo, a luta, o pugilato, o pancrácio e a corrida de carros.

A título de curiosidade, fornecemos, em seguida, o quadro da instituição das diferentes competições:

Jogos Olímpicos	Anos (a.C.)	Provas
I	776	Estádio.
XIV	724	Duplo-estádio.
XV	720	Corrida de fundo.
XVIII	708	Luta. Pentatlo.
XXIII	700	Pugilato.
XXV	692	Corrida de quadrigas.
XXXIII	648	Pancrácio. Concursos hípicos.
XXXVIII	632	Corrida e luta juvenis.
LXI	616	Pugilato juvenil.
LXV	520	Corrida armada.
LXX e LXXI	500	Corrida de carros (puxados por troncos de mulas e éguas).
LXXXIV	400	Concursos artísticos.

Na alvorada dos Jogos a festa durava dois dias, constando apenas de oferendas, corrida de estádio, entrega de prêmios e banquete. Mas, com o correr do tempo, a reunião tornou-se progressivamente maior e aumentados foram os dias do seu desenrolar. O programa, cheio de servidões, ocupava todas as jornadas, desde o amanhecer até a noite, muitas vezes nela avançados.

A partir da LXXVII Olimpíada (472 a.C.), fase de esplendor das competições, foi adotado um programa de seis dias, que perdurou durante muitos séculos. Considera-se o período de 130 anos, aproximadamente, que vai de 468-337 a.C., como a idade de ouro dos Jogos. Os gregos, cheios de orgulho, tomaram, mais do que nunca, consciência de sua grandeza.

No primeiro dia, os atletas apresentavam-se para as inscrições e, juntamente com seus treinadores e parentes, juravam as regras olímpicas.

No segundo dia, com os atletas no estádio, eram abertos os Jogos, após a proclamação solene do arauto: "Domina agora o "agon", soberano das magníficas competições, e "Kairos" (deus do momento propício) convida-vos a não demorar mais. Zeus cuidará da chegada e da vitória!" Em seguida, tinham início as competições juvenis: corrida de velocidade, luta e pugilato. O pancrácio foi introduzido na CXLV Olimpíada.

No terceiro dia disputavam-se: pela manhã, as provas hípicas e, à tarde, o pentatlo. Havia corrida de cavalos e potros, e de éguas também em certa época. Em uma competição adicional, os cavaleiros deviam saltar das respectivas montadas, na última volta, e correr ao lado do animal até à chegada. Completavam o programa corridas de bigas e quadrigas. O concorrente (auriga), empunhando as rédeas e na posição de pé, efetuava oito a dez vezes o percurso do hipódromo.

O quarto dia, precisamente o de plenilúnio, destinava-se aos deuses. Nos altares colocavam-se feixes de álamo branco para o fogo sagrado. Depois de uma oferenda funerária em honra de Pélopes, seguiam-se os cultos e sacrifícios nos diversos altares e uma grande procissão, algo semelhante ao atual desfile dos atletas nos Jogos Olímpicos. Durante todo o dia pronunciavam-se discursos e realizavam-se discussões, cantos e pregões. Era o dia mais solene para toda a Grécia, no dizer de Diem.

O quinto dia era de competições para adultos: pela manhã, corridas de estádio, dólico e diaulo; pela tarde, luta, pugilato, pancrácio e corrida armada.

O sexto dia destinava-se ao encerramento. Começava com uma reunião diante da parte oriental do templo de Zeus. Os vencedores entravam no templo, onde recebiam a coroa cortada, naquela manhã, por uma jovem de nobre descendência. Em seguida, atletas e hóspedes rendiam graças a Zeus. No Pritaneu, durante a noite, reunidos juízes e vencedores, tinha lugar o grande banquete da vitória com a carne dos animais sacrificados, tal como nos descreve Diem, rematando a cena com os versos de Píndaro:

"Quando ao anoitecer a formosa Selene
  Envia sua bela luz,
    Durante o alegre banquete, todo o bosque
  Ressoa com as notas do canto vitorioso."

É possível que, no decorrer do tempo, variassem as cerimônias da vitória. Na manhã seguinte começava a partida.

JOGOS PÍTICOS

Criados em 528 a.C. e realizados em Delfos, de quatro em quatro anos, em honra de Apolo, eram os mais antigos, importantes e populares. Sob o ponto de vista religioso, é interessante ressaltar o papel dos sacerdotes de Delfos sobre toda a vida grega, sobretudo na caracterização do sentimento de responsabilidade coletiva.

Nos Jogos Píticos, além das competições desportivas, quase idênticas às de Olímpia, mas abertas para adultos e adolescentes em provas distintas, disputavam-se, com muito entusiasmo, prêmios de poesia, de canto e de música. Nunca faltava a composição de um hino a Apolo. A parte artística do programa, nos primeiros tempos a única prevista, mais do que nos demais Jogos, sempre foi muito cuidada, tornando a festividade uma verdadeira síntese de arte e desporto.

Como em Olímpia, o lugar das comemorações simbolizava a antiga fé, cuja expansão estendeu-se, pouco a pouco, até as mais longínquas colônias gregas. Ao Apolo de Delfos, entre outras, estavam dedicadas as festas de Megara, Sikyon, Teas, Mileto e Pérgamo. Na novela *Etiópica* de Heliodoro, transcrita na revista espanhola "Citius, Altius, Fortius", encontra-se sugestiva descrição, cheia de lances empolgantes, da parte desportiva do certame.

O prêmio que, a princípio, era uma certa quantia em dinheiro, passou a ser um ramo de cedro e, posteriormente, uma coroa de louros.

Em trabalho de alto mérito, referindo-se de maneira entusiástica aos Jogos Píticos, Cagigal assim se expressa: "Disputa gímnica e hípica, competição musical, certame dramático e, abrangendo tudo, o culto, a oração, o canto fúnebre, a ode triunfal. O homem refletia no certame délfico, como em um espelho de águas claras, seu classicismo."

JOGOS ÍSTMICOS

Disputados em Corinto, duas vezes por ano, baseados em um culto local de tempos imemoriais. As provas eram as mesmas constantes do programa olímpico, com competições atléticas e hípicas, variando apenas em pequenos pormenores. No pentatlo, por exemplo, a cada prova especializada cabia um prêmio. Havia também competições artísticas e intervenções de poetas e historiadores, apontando-se Sócrates e Ésquilo entre os seus freqüentadores. O vencedor recebia uma coroa de aipo silvestre, substituído mais tarde pelo pinheiro.

Em certas épocas, aplicou-se aos Jogos Ístmicos, como aos de Olímpia, a "Trégua Sagrada". Os gregos muito se interessavam por tais competições: Corinto constituída centro de atração, por sua situação intermediária entre o Oriente e o Ocidente. Foram imitados em Ankara, Nicea (Bitnia) e Siracusa.

JOGOS NEMEUS

Realizados em Philius, na Neméia, de dois em dois anos, em honra do Zeus de Kleonae. Em certa época foram disputados na Argolida. No começo tiveram significação fúnebre, pois tinham sido instituídos em honra do filho de Licurgo, morto por uma serpente. Na fase do seu desenvolvimento máximo, os atletas competiam, classificados pela idade, em três categorias, nas corridas de estádio e "hípica" (cerca de 800m), na luta, no pugilato, no pancrácio e no pentatlo. Concursos artísticos completavam a programação. O vencedor recebia uma coroa de mirto.

Muitas cidades gregas executavam suas festas no estilo dos Jogos Nemeus.

Um pormenor interessante: os Jogos de Philius foram os últimos a desaparecer do cenário desportivo da Velha Grécia, sobrevivendo ainda por muito tempo após a destruição de Olímpia. Depois da dominação romana caíram em desprestígio, tendo-se firmado de novo, em certa época, pelo apoio que lhes foi dado por Adriano, imperador romano, amigo das artes e da paz.

OUTROS JOGOS

Quase todos os santuários gregos, de quando em quando, promoviam festas desportivas, para as quais convocavam a juventude. As reuniões de Olímpia, Delfos, Corinto e Philius serviram de modelos. Porém, pelo brilho de suas realizações, merecem destaque especial as Panatenéias e as Heréias.

As Panatenéias

Eram grandes festas populares, em cujo programa, além de brilhante procissão, constavam inúmeras manifestações artísticas e desportivas, figurando sempre demonstrações literárias e musicais, cantos e recitações dos poemas de Homero, concursos de danças, regatas, provas eqüestres e as célebres corridas da chama. A cultura grega e o prazer do "agon" nelas se mostravam sempre pelo lado mais favorável.

A declamação dos poemas de Homero constituía ponto alto das festividades. Alguns versos, traduzidos em prosa e expressando confiança do povo em seu deus, assim proclamavam:

"Eu canto primeiramente a Palas Atena, a deusa sublime
Glauco: são os seus olhos e grande a sua inteligência, inflexível a sua vontade,
Casta é a donzela, forte e enérgica para proteger o seu povo."

Foram as Panatenéias instituídas por Teseu, em honra de Palas

Atena, deusa protetora da cidade de Atenas, quando a Ática alcançou sua unidade política. Teve em Pisístrato e em Péricles, que lhe dotou de magníficos prêmios, dois de seus maiores reformadores. Ainda hoje, nos muros do Partenão, na velha capital grega, encontra-se uma faixa esculpida, simbolizando a romaria ao templo da deusa, cerimônia que marcava o início da comemoração.

É interessante assinalar que, já naquela época, por ocasião da procissão, as gerações manifestavam sua eterna discordância. Citando Emile Genest, autor de *Cantos e Lendas Mitológicas,* conta-nos Mário Gonçalves Viana: "Em Atenas, no cortejo ou procissão das festas panatenéicas, além de hinos religiosos, entoavam-se cantos cívicos, em coros alternados, nos quais participavam indivíduos de diversas idades.

Os velhos cantavam:

"Fomos em tempos passados
Novos, fortes, arrojados."

Os indivíduos na maturidade respondiam:

Somo-lo nós, inda agora
Em todo lugar e hora.

E, finalmente, os efebos clamavam, estentóricos, com entusiasmo e vibração:

E nós um dia o seremos
E a todos vós ultrapassaremos."

Havia a pequena e a grande Panatenéia. A primeira efetuava-se anualmente e tinha caráter restrito, constando do programa uma dança de armas, sendo os participantes agrupados em três categorias de idade e regidos por música de flauta. A segunda celebrava-se de quatro em quatro anos, no terceiro ano de cada Olimpíada. Durava mais de uma semana; ao seu término era executado um banquete (hecatombe), festa que se notabilizou na História da Grécia.

As disputas panatenéicas realizaram-se, primeiro, na própria Acrópolis (século VI a.C.) e mais tarde no local do estádio construído por Licurgo, revestido posteriormente de mármore pentálico por Herodes Ático. Nele, em 1896, efetuaram-se os Primeiros Jogos Olímpicos Contemporâneos.

Valiosos eram os prêmios outorgados aos corredores. Certa vez, nada menos de 1.200 ânforas para azeite, decoradas pelos melhores artistas da época, foram distribuídas entre os vencedores. Nelas havia uma imagem de Atnéia com a inscrição: "Dos jogos atenienses".

Pitorescas narrativas de autoria de grandes pensadores gregos fazem referência às corridas da flama. Ela constituía programa obrigatório em qualquer tipo de Panatenéia ou comemoração. Platão, em um dos seus livros e pela boca de Sócrates, nos descreve como este se transportou ao Pireo, para assistir à festa em honra da deusa Ártemis: "Quando se preparava para regressar a Atenas, uns amigos pediram-lhe, com insistência, para que ficasse, a fim de passar a noite com eles. Para vencer a relutância, que Sócrates de início parecia opor, ocorreu a Adamantos dizer: "Acaso não sabeis que, ao anoitecer, haverá uma corrida da chama em honra à deusa?" "A cavalo parece-me uma novidade" — replicou Sócrates. "Será que os cavaleiros conduzirão tochas e as passarão uns aos outros, no decorrer da prova, ou então como será isso?" "Será assim mesmo", confirmou Polemarco".

A corrida da flama, descrita acima, foi provavelmente uma corrida de revezamento disputada entre duas equipes, competição comuníssima na Velha Grécia. Se o testemunho do grande filósofo requer outra prova para confirmá-lo, aí estão para demonstrá-lo os diversos relevos de mármore conservados até os nossos dias. Um deles, da coleção do Museu Britânico de Londres, representa corredores, com tochas, diante da deusa Ártemis. Outro relevo de caráter análogo, embora de figuração menos rica, encontra-se no Palácio Colona, em Roma.

As Heréias

Constituíam-se de festas religiosas segundo o ritual olímpico, e destinavam-se somente às mulheres, sendo inclusive por elas dirigidas. Realizadas em Olímpia para cultuar a deusa Hera, um pouco antes ou depois dos Jogos, comportavam o sacrifício, danças corais e uma corrida de cerca de 160m para três grupos estabelecidos pela idade. A vencedora, como prêmio, recebia a coroa de oliveira, uma parte da vaca sacrificada e o direito de consagrar seu retrato a Hera. No templo da deusa, ainda hoje, podem ver-se os entalhes onde era colocado quadro de barro com o retrato das vitoriosas. Diz Pausânias, na sua extraordinária obra sobre a Grécia, que as atletas corriam com os cabelos soltos e vestidas com uma túnica curta, ficando seu seio direito descoberto. Em outros lugares realizavam-se também Heréias.

Outras Festividades

Além das festas sacrodesportivas estudadas, muitas outras tinham lugar na terra de Péricles, desde os mais remotos tempos. Às Herácleas, por exemplo, para cultuar Héracles, precederam os Jogos de Olímpia, caindo em desuso no tempo da guerra de Tróia. Segundo Pausânias, Eudimeão também realizou seus jogos, citados também como os primeiros olímpicos. Muitos outros, referidos no decorrer de nossa exposição, motivavam os gregos na prática desportiva: os Plateos, os Troianos, os Adrásticos, os Aristas, os Dóricos, os Eleutérios (jogos de liberação), os

Ataleos, os Cerâmicos, os Didimeos etc. Quase todos, consagrados a Zeus, tinham programas e regulamentos segundo o modelo olímpico. Felipe e Alexandre, na organização dos seus certames macedônicos, também assim agiam. E, em toda parte do mundo grego o mesmo fato se passava. Mais tarde, quando os gregos perderam sua liberdade, incontáveis foram os jogos dedicados aos imperadores romanos, que, muitas vezes, a eles protegeram e incentivaram. Três deles — Tibério, Germânico e Nero —, na corrida de carros, chegaram a ser coroados em Olímpia.

Alguns Grandes Atletas

Os gregos, em suas competições, sem preocupação de aferição dos resultados, interessavam-se somente pela vitória. Há indicações vagas sobre o assunto, mas tudo leva a crer que as marcas, sobretudo no atletismo, eram maravilhosas. Numerosos foram os grandes atletas, tanto no estádio como no ginásio, cujas proezas atravessaram os séculos. Muitos, após vencerem em provas de pistas, correram distâncias enormes até às suas respectivas cidades, mostrando assim extraordinária resistência. Outros triunfaram em um só dia no pugilato, na luta e no pancrácio, isto é, em três disputas difíceis e violentas. Uns tantos, percorrendo toda a Grécia, disputando aqui e ali, conseguiram conservar seu vigor durante largo tempo, vencendo durante mais de vinte anos.

Não abundam as fontes reveladoras dos nomes e feitos de atletas excepcionais. Nas obras de Píndaro, Luciano de Samosata e Pausânias, encontramos certos informes, mas nada melhor que as listas elaboradas por Hípias, contemporâneo de Sócrates, e pelo genial Aristóteles. Ambas foram organizadas, não para fazer a História do Desporto, mas para dispor de um ponto de partida para contar as Olimpíadas.

Deixando de lado os feitos e a parte lendária, que se possam atribuir a alguns atletas, diremos o nome de alguns deles: Milo de Crotona, Nicandro de Elis, Astilo de Crotona, Politis de Céramo, Ergatoles de Cnossos, Mosco de Colofon, Leônidas de Rodes, Filinos de Cós, Ladas, Arraquio de Figalia e Agésias de Siracusa, Argeus de Argos, Lygdamis de Siracusa, Glauco de Caristo, Clitemaco de Tebas, Teogenes de Tebas, Hierão de Siracusa, Terão de Agrigente, Psaumis de Kamarina, Diágoras de Rodes, Xenofonte de Corinto, Asópico de Orcomenos. Antes deles, de tempos heróicos: Pelau, Teseu e mesmo Hércules.

Milo, de Crotona, lutador invencível e um dos maiores atletas da Grécia Antiga, alcançou várias vitórias em todos os Grandes Jogos. Possuidor de força descomunal, transportou sua própria estátua para colocá-la no recinto sagrado de Olímpia. Há duas belas esculturas deste extraordinário atleta no Museu da Escola de Belas Artes da Universidade Federal do Rio de Janeiro, cópias de arte francesa do XVII século de nossa era e pertencentes ao Museu do Louvre;

Nicandro, de Elis, seis vezes vencedor do "diaulo" nos Jogos Nemeus; Xenofonte, de Corinto, vencedor do Estádio e do pentatlo na LXXIX Olimpíada (446 a.C.), feito que ninguém conseguiu antes dele. Foi exaltado por Píndaro, na sua XXII Olímpica, que dele disse: "O que jamais conseguiu mortal algum";

Politis, de Céremo, e Hermógenes, de Xanto, vencedores do Estádio, do diaulo e do dólico nas CCXII e CCXV Olimpíadas, respectivamente;

Astilo, de Crotona, grande corredor, ganhou o Estádio e o Duplo-Estádio nas LXXIII e LXXIV Olimpíadas; na LXXV ganhou as três corridas do programa e na LXXVI a corrida armada;

Ergatoles, de Cnossos (Creta), extraordinário corredor, triunfou em todos os Grandes Jogos. Píndaro dedicou-lhe a XII Olímpica;

Diágoras, de Rodes, vencedor duas vezes em Olímpia e Neméia, quatro vezes no Istmo, duas vezes em Rodes e oito em outras cidades;

Mosco, de Colofon, foi o único menino vencedor em todos os Grandes Jogos;

Clitemaco, de Tebas, triunfou no pancrácio de Olímpia e foi três vezes vencedor nos Jogos Píticos, assim como nos Istmicos (luta, pugilato e pancrácio);

Filinos, de Cós, venceu em 24 ocasiões os quatro principais jogos gregos;

Ladas, grande corredor espartano, sucumbiu depois de sua grande vitória na corrida de fundo da CXXXV Olimpíada (440 a.C.). Seu monumento em Olímpia era obra de Miron;

Arraquio, de Figalia, pancracista, faleceu por estrangulamento na LIV Olimpíada, após sua terceira vitória em três Olimpíadas sucessivas;

Teogenes, de Tebas, venceu nas provas de luta, pancrácio e pugilato na LXXVIII Olimpíada e triunfou também no pugilato da LXXV Olímpiada, no pancrácio da LXXVI Olimpíada e na luta da LXXVII Olimpíada. Foi coroado várias vezes nos Jogos Istmicos, Píticos e Nemeus;

Quíones, de Esparta, vencedor do Estádio e do diaulo, nas XXIX, XXX e XXXI Olimpíadas (660, 664 e 650 a.C.);

Leônidas, de Rodes, grande atleta com doze vitórias. Do ano 164 a.C. em diante foi considerado o maior corredor da Antigüidade, ganhando em quatro Olimpíadas as corridas do estádio, duplo estádio e armada;

Agésias, de Siracusa, vencedor com carros de mulas e cantado por Píndaro na VI Olímpica.

Píndaro, o Cantor dos Jogos Gregos

W. Jaenger, na sua *Paidéia*, refere-se ao poeta imortal em termos precisos e de maneira sugestiva: "Píndaro é a revelação de uma grandeza e uma beleza distantes, porém dignas de veneração e de honra. Ele representa, juntamente com Homero e Hesíodo, o que de mais expressivo, antes da época áurea de Péricles, nos legou a civilização grega".

Considerado o mais notável poeta lírico da Velha Grécia, nasceu em 521 a.C., em Tebas, "a cidade do diadema de ouro", sendo oriundo de família dórica. Faleceu aos 80 anos, em 441 a.C., "vencido pelo sono", quando se encontrava sentado no teatro de Argos.

Desde a idade dos treze anos foi apaixonado da música e da poesia. Corina, a excelsa poetisa grega, passava por ter dado a Píndaro lições de poesia lírica. Suas obras, reunidas em dezessete volumes, compreendiam hinos, peãs, ditirambos, partenéias, hiporquemas, encômios, trenos, elegias, epinícios etc. Além de alguns fragmentos, deles só ficaram para a posteridade os "epinícios" ou odes triunfais, consagrados à exaltação dos Jogos, que conheceu no seu apogeu, sendo seu maior cantor. Na sua inspiração, profundamente religiosa e moral, pregou o alto ideal de justiça, de virtude, de energia e de harmonia.

Através de suas admiráveis — Olímpicas, Píticas, Neméias e Istmicas — canta geralmente os pormenores da vitória, rememora a origem dos Jogos, agradece aos deuses protetores do vencedor e da cidade da competição; elogia o atleta triunfante, citando seus feitos anteriores, seus antepassados e sua pátria, conferindo-lhe, assim, a imortalidade.

Píndaro viveu muito tempo na Sicília, junto de Hierão de Siracusa; visitou Alexandre Magno, na Macedônia.

Valem por muitas palavras os versos de Píndaro, descrevendo os dias olímpicos, cheios de grandeza e esplendor:

"Ó mãe da peleja, coroada de ouro.
Olímpia, empório da verdade ...".

Glorificando Hierão de Siracusa, por sua esplêndida vitória em uma competição hípica, mostra-nos Píndaro o valor de sua lira:

"A água é a primeira maravilha,
E o ouro, como fogo que arde,
Brilha altivo na noite
Mais que algum bem,
Porém, se aspiras a cantar,
Ó minha alma, os combates,
Olha só essa estrela reluzente
Que no espaço sereno em pleno dia
Dá mais calor que o sol.
Nunca cantaremos uma competição de Olímpia mais excelsa.

Longe chega o brilho da fama,
Que se ganha nos Jogos Olímpicos
Sobre as pistas de Pélopes, donde luta

A agilidade dos pés
E a máxima tensão da força.
Quem ali vence, tem para toda a sua vida serenidade.

Doce como mel,
Até donde pode se ganhar como prêmio na lida,
Pois uma felicidade cada dia renovada
É o mais alto bem para todo ser humano".

Dizem também do valor de sua inspiração as estrofes dedicadas a Xenofonte de Corinto, vencedor do estádio e do pentatlo. Uns poucos versos, transcritos em prosa, positivam a afirmação:

"Suas glórias olímpicas
Já eleitas estão; as vindouras
Também ressaltarão meu claro acento,
Em fim está a esperança; o fim ditoso
em Zeus poderoso"

Venceu nas competições de poesia dos Jogos. Dos seus contemporâneos recebeu as melhores honrarias, que a Grécia jamais havia concedido. Era amado e exaltado. Tebas, sua cidade natal, erigiu-lhe uma estátua, onde ele foi representado empunhando uma lira e tendo sobre a fronte um diadema de louros. Conta-se que Alexandre Magno, quando ordenou que Tebas fosse arrasada, determinou que sua casa, em homenagem a sua memória, não fosse destruída, permanecesse de pé entre as ruínas da cidade.

Escrevia em dórico, língua preferida na poesia lírica, e para cada poema, fato extraordinário, compunha uma melodia e inventava uma forma rítmica, cheia de riqueza métrica.

Entre nós, Inezil Penna Marinho, em sua *Interpretação Histórica da XIV Olímpica de Píndaro*, cheio de entusiasmo pela Grécia e numa enumeração feliz, exalta com fervor "a sabedoria de um Sócrates, o espírito de um Platão, a inteligência de um Aristóteles, a imaginação de um Eurípedes, a arte de um Fídias... e a poesia de um Píndaro!" E, referindo-se a Asópico de Orcômenos, o menino vencedor na corrida de estádio, dá-nos a tradução da ode do grande poeta, cujos últimos versos, em prosa, assim se expressam: "Em meus versos, à moda lídia, a glória de Asópico venho cantar, a Asópico a quem a raça dos Mínios deve o triunfo de Olímpia. E tu Eco, desce às profundezas onde habita Proserpina e leva ao pai desse menino a tão gloriosa notícia. Quando vires Cleodamo, diz-lhe que, perto do famoso vale de Pisa, a coroa de louros, conquistada em nobres jogos, cingiu a fronte de seu jovem filho."

IX
Os Exercícios Físicos em Roma

Moças jogando bola, usando traje idêntico ao atual biquíni. Mosaico do século III d.C. de uma vila imperial na Sicília. Museu Nacional de Roma.

EVOLUÇÃO HISTÓRICA — Em tempos remotos, povos indo-europeus fixaram-se na península itálica. No decorrer do tempo, através de migrações e guerras, etruscos, gregos e gauleses com eles se miscigenaram.

Roma, ponto vital da civilização italiana, se desenvolveu numa terra onde já havia duas civilizações magníficas: a dos etruscos, ao norte, e a dos gregos, ao sul, cheia de colônias florescentes. Sua história, repleta de lances admiráveis, abrange o tempo decorrido entre sua fundação e a queda do Império Romano do Ocidente, por conseguinte, entre 753 a.C. e 476 d.C., embora sua influência tenha atingido até fins do século VII d.C.

Sendo uma civilização superior à dos germanos, mesmo depois de conquistada, impregnou os vencedores com sua cultura, inclusive impondo sua língua e costumes. Mais tarde, Carlos Magno ajudou, diante do retrocesso, a resguardar e florescer os restos da cultura romana.

Da Grécia herdou Roma sua cultura, mas sua civilização se caracterizou pelo seu espírito prático, utilitário e organizador. Diem, com bastante felicidade, recorda-nos uma frase do filósofo alemão Hegel (1814-1896), segundo a qual Roma rompeu o coração do mundo ao conquistar a Grécia, porém completada por Ernst Curtius (1770-1831): "E Roma guardou esse coração para o mundo".

A origem dos romanos, bastante incerta, encontra-se mergulhada na lenda e não em informações fundamentadas e concretas. Julgavam-se descendentes de Enéas, príncipe troiano, que teria viajado ao Lácio, onde se casara com a filha do rei. A cidade de Roma teria sido fundada, no século VIII a.C., pelos irmãos Remo e Rômulo, abandonados num berço no rio Tibre, que os levou, na sua corrente, à base do monte Palatino, onde foram amamentados por uma loba e, mais tarde, recolhidos e criados por um pastor. Uma vez fundada a cidade, Rômulo foi seu primeiro rei, iniciador da dinastia dos Tarquínios, ao qual se seguiram outros seis que a governaram, de maneira absoluta, até que se tornou república. A vida romana, durante os tempos primitivos, dividia-se entre os afazeres agrícolas e a guerra. Toda sua organização repousava na religião. Seus costumes eram simples e severos, mas, desde cedo, demonstraram os romanos ação de natureza político-social e disposição para qualquer sacrifício, aliada a um desejo de realizações de propósitos concretos, sempre voltadas para a conquista do mundo. Tomaram aos seus adversários o que lhes parecia útil.

A sociedade romana compreendia as classes dos patrícios e dos plebeus, existindo também numerosos escravos. Injustamente tratados, os plebeus revoltaram-se contra a classe dominante e, após uma luta de cerca de dois séculos, conseguiram a igualdade dos direitos. No decorrer de todo esse tempo, de maneira tenaz, Roma enfrentou galhardamente os povos vizinhos e começou sua arrancada de conquista, conseguindo, embora lentamente, dominar quase toda a península itálica, graças à organização, disciplina e ânimo de sua gente. Em todos os aspectos da cultura, pelo contacto com as colônias florescentes do sul da Itália, começou Roma a ser influenciada pela Grécia.

Senhora da Itália, empreendeu Roma sua expansão externa, começando por Cartago, sua poderosa rival, que acabou sendo esmagada, apesar do gênio militar de Aníbal (247-183 a.C.), um dos grandes capitães da Antigüidade. Transformou-se na maior potência da época. O Mediterrâneo passou a ser seu "mare nostrum". Sua civilização servia de modelo para os povos nela integrados, ofuscados pelo seu progresso.

A nova ordem de coisas, conseqüente das conquistas, produziu sérias alterações na vida romana, surgindo lutas sangrentas entre a plebe e a nobreza. Generais ambiciosos disputaram o poder. Júlio César (100-44 a.C.), depois de brilhante campanha na Gália, atravessa o Rubicon, retorna a Roma e torna-se poderoso, tendo sido assassinado por lhe suspeitarem intuitos monárquicos. Otávio funda o Império e recebe, após algum tempo, o título de Augusto.

Na época de Augusto, comparável à de Péricles na Grécia, viveram grandes expoentes da literatura, entre outros, os poetas Virgílio, Horácio e Ovídio e o historiador Tito Lívio. A escultura e a arquitetura tiveram extraordinário desenvolvimento. Raiou também nova era para a humanidade: o nascimento de Jesus Cristo, dando novo sentido à civilização romana e constituindo-se em uma mensagem fraternal e de piedade.

Sob a administração firme e brilhante de Augusto, Roma mais se estendeu pelo mundo — do Reno e do Danúbio aos areais da África, e do Atlântico ao Eufrates —, dando, em toda parte de seus domínios, lições de direito, de ordem, de organização, de civismo, de patriotismo, de desportividade, de higiene, de realismo, de bom senso e de paz. Nosso mundo conturbado, diz Humberto Grande, "conquistaria a tranqüilidade e o equilíbrio se soubesse reviver a "Pax Romana", cantada em versos admiráveis por Virgílio, na sua *Eneida*:

Mas tu, ó romano, tens de governar os povos
Tua arte é ensinar os caminhos da paz,
Poupar aos humildes e derrubar os orgulhosos."

Roma não conheceu antes e nem voltou a desfrutar depois a "Pax Romana". Os doze Césares nem sempre foram grandes governantes. Alguns deles foram amorais e cometeram atrocidades. Mas, apesar de tudo, o Império prosperou e continuou na sua expansão. No século II atuaram os melhores imperadores, os Antoninos, com os quais o progresso romano chegou ao máximo. Depois deles vem um período de insegurança. A guarda pretoriana e a soldadesca das legiões faziam e desfaziam imperadores. Surge o declínio e com ele a divisão do Império, a queda da moral e a invasão dos germanos, para os quais se transferiu o poderio militar.

Desde os últimos Césares, os romanos foram perdendo as suas características guerreiras, adotando o luxo oriental e os prazeres do circo, onde imperavam o espetáculo sangrento e a morte. Grandes banquetes, transformados em orgias, eram acompanhados de danças sensuais. As legiões perdem a disciplina e já não sabem suportar o sofrimento. O povo vê desaparecer sua força vital e seu poder criador. O Cristianismo lança desconfiança sobre as antigas instituições. Finalmente, numerosas tribos germânicas, pertencentes a povos denominados bárbaros pelos romanos, arrasam o antigo e poderoso Império, destruindo sua força e seu orgulho. O ano 476 d.C., como já foi expresso, marca a queda do Império Romano.

Estudo dos Exercícios

Para facilidade do estudo dos exercícios físicos entre os romanos, acompanhando de perto a clássica divisão da História de Roma, dividimos a apresentação do assunto, em forma de esquema, em três períodos: 1º — da fundação da cidade (573 a.C.) até o ano 510 a.C., tempo da monarquia; 2º — de 516 a.C. até o ano 30 a.C., tempo dos cônsules e do início das grandes conquistas; 3º — da implantação do Império até a invasão dos germanos, marcando o fim do domínio de Roma.

No primeiro período, o exercício físico, de influência etrusca, visava somente à preparação militar. De começo, era o soldado empregado na defesa de Roma; mais tarde, na conquista interna.

Em verdade, porém, pouco se sabe deste período, sendo escassa a documentação deixada pelos contemporâneos. Somente na época imperial apareceram alguns intelectuais, cujos escritos, cheios de profundos pensamentos e lendas, explicam fatos e revelam algo sobre as atividades fí-

Maquete do Circo Máximo de Roma, a maior instalação desportiva da Antiguidade. Este trabalho figurou na Exposição dos Jogos Olímpicos de Roma (1960).

sicas. Cumpre citar alguns deles: Galeno, Marcial, Propércio, Cícero, Ovídio, Horácio, Plínio "o jovem", Virgílio, Sêneca, Dionísio de Halicarnaso, Varro, Suetônio e Palpinius Statius. Os dois últimos foram além em seus trabalhos rotineiros, escrevendo, o primeiro, uma obra sobre o jogo de pelota e o segundo um apanhado geral, mesclado de mitologia grega e referente a vários desportos.

Virgílio encanta-nos com sua poesia desportiva. Papinius Statius, protegido de Domiciano (81-96 d.C.), destacou-se como cronista. Excelente narrador e poeta maravilhoso, em forma lírica e exaltação brutal, descreve-nos a ferocidade da luta, os pormenores da preparação física e as sensações do atleta diante da vitória e da derrota.

Da leitura dos autores citados, pode-se estabelecer uma lista dos exercícios praticados: marchas, corridas, saltos, transporte de fardos, arremesso de dardo com caráter militar, arremesso do disco, esgrima, lutas, pugilismo, exercícios eqüestres e natação (no rio Tibre). O remo só surgiu mais tarde, possivelmente no decorrer das guerras púnicas.

A marcha e a corrida foram praticadas no Lácio, desde a mais remota antigüidade, servindo de base para o adestramento guerreiro.

A luta e o pugilismo, oriundos dos etruscos, deixaram fortes traços nas atividades físicas dos romanos.

O uso desportivo do cavalo e do carro era também de agrado da população.

No segundo período, mais se acentuou a predominância militar dos exercícios físicos, mas da Grécia vinham alguns ensinamentos de muitas práticas higiênicas e desportivas. O salto em distância com uso de halteres, por exemplo, passou a fazer parte dos treinamentos. No entanto, para estabelecer um paralelo entre a educação física grega e romana, é preciso glorificar a primeira, pois na Península Itálica, mesmo nos seus melhores tempos, jamais a população conseguiu elevar-se até o idealismo ático, caracterizado pela Beleza e pelo Bem. Os romanos conheceram o exercício grego bastante tarde, quando ele se achava em franco declínio, passando a encará-lo, salvo por uns poucos homens públicos, por um prisma completamente diferente. Sempre, sempre a formação do guerreiro em primeiro plano.

Até Cícero, na sua sabedoria e impregnado de cultura grega, assim se expressava: "É preciso resguardar os jovens das paixões, adestrá-los na paciência e nos exercícios do espírito e do corpo, para que um dia possam preencher, com zelo e distinção, os encargos civis e militares".

O Campo de Marte, situado fora de Roma, numa grande planície junto ao Tibre, por trás do Capitólio e do Ouirinal, deve ter surgido nesse período. Nele, os jovens adestravam-se diariamente nos exercícios militares, à semelhança dos espartanos. Cumpriam um programa ditado pelas necessidades bélicas.

Os soldados romanos endureciam-se por meio de longas marchas

153

portando cargas pesadas e seguindo metódicos treinamentos de corrida. Habituavam-se à fadiga e a suportar sede e fome. Júlio César, excelente ginete e um dos maiores generais de todos os tempos, marchava à frente de suas tropas, invariavelmente a pé, de cabeça descoberta, apesar do sol e da chuva, expondo-se nas campanhas a toda a sorte de penalidades, frio e calor. Além disso, interessado no máximo rendimento guerreiro, procurou difundir, sob forma desportiva, o hipismo, as acrobacias tessálicas sobre o touro e a natação. Como bom nadador, após um desastre marítimo na Campanha do Egito, salvou-se graças a seu preparo físico, nadando larga distância até alcançar Alexandria. O valor da natação era muito apreciado.

Como não podia deixar de acontecer, o arremesso de dardo com caráter militar, saltos, transporte de fardos e a esgrima com lança e espada, constituíam práticas indispensáveis no adestramento dos jovens, futuros combatentes. Surgiram o cavalo-de-pau, tão utilizado hoje em dia, e o "poste" para o assalto, útil na aprendizagem inicial do emprego das armas brancas. Ambos são criação romana.

Pelo visto, o exercício não procurava formar, como na Grécia, o indivíduo com harmonia de formas e proporções, que inspirou os artistas gregos e romanos, mas o homem forte e maciço, isto é, o "homo quadratus".

No terceiro período, sem solução de continuidade, foram mantidas as práticas anteriores até certa época, para passar, pouco a pouco, a absoluto abandono, salvo quanto aos espetáculos deturpadores do exercício útil e salutar. Cada vez mais, os exercícios romanos degeneraram em espetáculos circenses cruéis e sangüinários, com seus combates de gladiadores, naumáquias (simulacro de batalha naval) e venações. Havia também as célebres corridas de carros e exercícios de saltos sobre o touro.

Dentre as numerosas atividades, com mais ou menos intensidade em certas épocas, praticavam-se os seguintes desportos de valor utilitário e benefícios salutares: corrida de cavalo (em pêlo), a esferomaquia, o atletismo, a luta, o pugilato e o pancrácio, sendo que os dois últimos um tanto adulterados nos seus propósitos. Os mosaicos das termas de Caracala mostram-nos os rostos brutais de profissionais do pugilismo. Apesar da citação de um ou outro autor, o pentatlo, por eles chamado "quinquertium", não constituiu prova rotineira de interesse competitivo.

O desporto grego, apesar das resistências encontradas, agradou sobremaneira os romanos a partir do ano 186 d.C. Deu-se algo semelhante ao aparecimento do desporto inglês na Europa, no século passado, onde muitos espíritos contra ele batalharam.

Muitos imperadores foram desportistas ativos. Mas Roma, diga-se mais uma vez, influenciada pelo profissionalismo grego e outros fatos, nunca conseguiu apreender o verdadeiro espírito da cultura helênica.

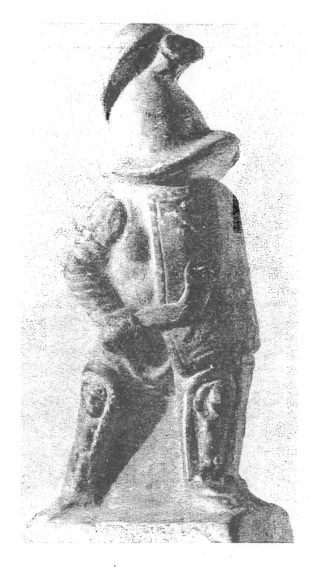

GLADIADOR. Terracota romana encontrada em Córdoba e pertencente ao acervo do Museu Arqueológico Nacional. Madri.

A esferomaquia era a mesma esferística grega (jogo de bola). Ela apresentava cinco modalidades: *pila, follis, trigon, pagânica* e *harpastum* (de origem grega e semelhante ao "rugby"). Grande impulso foi dado a todos os jogos de bola a partir de 186 d.C., mas nada sabemos, com certeza, se empregavam equipes e se jogavam com os pés, semelhante ao futuro futebol.

O pugilato alcançou enorme popularidade, difundiu-se muito, tornando-se os encontros cada vez mais duros. Os "cestos", luvas de couro com incrustações de ferro e chumbo, constituíram-se em verdadeira arma assassina.

Ao lado do desporto, a música e a dança tinham seus adeptos, embora a última fosse considerada divertimento de baixa classe. A ginástica, ao contrário, foi muito combatida porque o povo achava imoral e repulsiva a nudez dos ginastas e atletas.

A música acompanhava normalmente os festivais desportivos, através de flautistas, tocadores de cítara e lira e outras categorias de artistas.

A hidroterapia, a massagem e as fricções de óleo constituíam constantes na vida romana. Não se desprezava o viver ao ar livre. Uma série de mosaicos do século III d.C. revela-nos dez moças praticando atletismo, exercitando-se com halteres e jogando bola. O traje, então usado, idêntico ao biquíni de hoje, evidencia certa prática feminina e o conhecimento que tinham dos benefícios do sol e da vida natural. Embora a maioria recebesse educação doméstica, algumas vezes aprendiam música, dança, poesia e cantos.

Jogos Romanos

A origem dos jogos romanos, com base na religião, é remotíssima. Havia jogos fúnebres, solenes, honorários e votivos, todos sem especial interesse para a educação física.

De comemoração ritual ou triunfal dos tempos muito antigos, eram as Lupercálias, as Consuálias, as Robigálias e os Jogos Apolinários, Megalésios, Cereales e Florais. Eles perduraram por muitos séculos.

Com o tempo, as antigas competições romanas foram perdendo seus significados e as características próprias do meio. Cada imperador procurava não somente aperfeiçoar as existentes como criar novas disputas, para granjear simpatia popular. Os romanos, de modo geral, inspirados nos Jogos Gregos, procuraram melhorar seus Jogos, mas sem o êxito dos helênicos, devido à mentalidade e à concepção do povo, orientado, não é demais ressaltar, para os adestramentos militares. Por isso, entre as atividades físicas, o que mais entusiasmo provocava era, sem dúvida, o combate brutal dos gladiadores, cheio de sensacionalismo, excitação e baixas paixões.

Dentre numerosos Jogos, quase todos de caráter internacional, cumpre citar: os Seculares (cada cem anos), os Decenais (cada dez anos), os Qüinqüenais (cada cinco anos). Além de tais reuniões desportivas, cronologicamente estabelecidas, muitas outras foram criadas, presas a motivos históricos: os Jogos Capitolinos (cada cinco anos, para comemorar a libertação de Capitólio das devastações dos gauleses), os Jogos Augustais ou Augustálios (cada ano, em memória do imperador Augusto), os Jogos Acciacos (cada quatro anos, para comemorar a vitória que Augusto infligiu a Marco Antônio e Cleópatra), As Festas de Domiciano (reunião quadrienal criada por Nero), as Nerônias (instituídas por Nero, ao voltar da Grécia e nos moldes dos Jogos Olímpicos), os Torneios de Nicópolis (cada cinco anos), os Jogos de Caracala e os Jogos de Puteoli.

Por ocasião dos certames desportivos, tinham lugar também concursos artísticos de poesias grega e latina e de oratória.

O Imperador Adriano, freqüentador diário da palestra e admirador do desporto grego, instituiu uns jogos periódicos em honra de Apoxiômenos Antinous, espécime raro de harmonia e força física, eternizado no mármore pelo gênio incomparável de Lisipo. Outros imperadores foram animadores ou praticantes de competições desportivas.

Nem todos os Jogos eram realizados em Roma, mas também em muitos pontos do Império, algumas vezes em vários lugares ao mesmo tempo. Roma buscava, em todos os seus domínios, por meio deles, pacificação e integração social.

Os atletas amadores gozavam de certo respeito, sendo distinguidos dos profissionais e dos gladiadores.

Durante o domínio romano no mundo, mesmo após a proibição, os imperadores, em busca de prestígio político, patrocinaram numerosos festivais desportivos, como evidenciam as inscrições encontradas em Benevento, no Epidauro dalmático, na Massília gálica e no Cartago africano.

Por seu caráter popular, digno de menção, constituindo normalmente competições entre duas partes da população de uma cidade fluvial, havia os chamados "Giuco del Ponte", realizados sob a forma de empurrões, para jogar os adversários dentro d'água, tendo em vista a conquista da ponte.

Instalações Desportivas

Nos grandes museus de arte da Itália são abundantes as obras de elevado valor cultural, mostrando que, apesar da inferioridade da educação física romana em relação à grega, os artistas romanos sempre estiveram motivados pelos assuntos desportivos, sobretudo no campo da escultura e da arquitetura. A maior parte das obras não passa da escola helênica em época romana, mas sente-se nelas o espírito romano. A arquitetura, apesar de certo avanço, foi influenciada pela riqueza e grandiosidade das obras orientais.

Roma conserva, até hoje, muitas recordações de suas admiráveis instalações desportivas da Antigüidade, construídas com luxo e perfeição técnica. As termas, c circo, o anfiteatro, o estádio, ao lado de certos estabelecimentos privados, constituíam os principais locais de prática dos exercícios corporais, embora normalmente abastardados nas finalidades de uma educação física racional. O povo romano, mentalizado pelo calor de suas conquistas, tinha o espírito endurecido e amava as demonstrações teatrais de força bruta e bestial.

a. *As Termas*

Figuram entre as mais grandiosas construções que o gênio romano espalhou por todo o império.

Eram locais apropriados para banhos, duchas, massagens e fricções. Mas não somente para isso; comumente, constituíam-se em centros de atividades físicas, e mesmo mais, pois serviam também para reuniões socioculturais e religiosas, abrangendo, no seu conjunto, vestiários, salas de aula, salões de conversação, biblioteca e santuários. Dispunham de todos os requisitos exigidos pelo homem daqueles tempos, que nelas, além da prática do exercício físico, buscava o descanso espiritual e o aprimoramento das suas qualidades intelectuais.

Roma, verdadeira capital do mundo ocidental, construiu muitas instalações nos seus diferentes centros populosos, de maneira bastante equitativa. Elas não se destinavam somente às classes privilegiadas, mas a todos os cidadãos, quaisquer que fossem suas condições sociais. Havia restrições, sem dúvida, mas sempre as termas e outros lugares de exercitações, cultura ou divertimento tinham, de modo geral, suas portas abertas para toda a população. É compreensível que, com o tempo, visando ao lucro monetário, numerosos estabelecimentos no gênero, sobretudo de caráter privado, fossem transformados em centro de divertimentos, nem sempre muito honestos.

As principais termas, erigidas durante o vasto período imperial, foram as de Agripa, Nero, Tito, Trajano, Constantino, Caracala e Diocleciano. Eram de grande amplitude, destacando-se, nos seus corpos centrais, as salas denominadas "Frigidarium", "Tepidarium" e "Caldarium", respectivamente para as abluções frias, tépidas ou quentes. Havia também grandes recipientes para os banhos quentes — as Piscinas — e o local para banhos frios — o "Baptisterium". Os muros eram recobertos com os mais belos mármores e o recinto interno embelezado com estátuas, tanques e repuxos.

O belo sexo se fazia representar nas piscinas.

A Terma de Diocleciano, cujos restos foram integrados no atual Museu das Termas, destacou-se, entre as suas congêneres, por ser a maior de todas. Além de possuir mais de 3.000 banheiras, dispunha de enorme campo desportivo, dos maiores de todos os tempos. Algo menor, a de Caracala, hoje conservada como atração turística, era a mais luxuosa, bem decorada com numerosas colunas, placas de mármore, mosaicos, estátuas, pinturas e outras obras de arte.

Durante o domínio romano, por todo seu vasto Império, foram construídas grandes termas, todas planejadas segundo as de Roma. Magníficas eram as de Ostia e Pompéia. Por toda parte, atrás das legiões chegavam também as obras populares de caráter desportivo, em particular seus estabelecimentos balneários. Os restos de tais construções ainda hoje podem ser vistos na França, no sul da Rússia, na Espanha, no norte da África, no interior da Ásia Menor, no Bósforo, no Vale do Danúbio, na Grécia, inclusive em Olímpia, onde no local da antiga piscina construíram-se novas termas, segundo o plano romano.

É interessante ressaltar a preocupação do Império Romano pela higiene e bem-estar intelectual, através de elevada previsão social.

b. *O Circo*

Os circos romanos apresentavam magnífica construção arquitetural, de forma retangular, com pavimentos, arcadas, escadarias interiores, colunas, pilastras, muralha exterior e fachada monumental. Constituíam pálida imitação dos hipódromos gregos, de linhas simples e sempre localizados próximos de bosques e rios. Neles se realizavam as provas hípicas (corridas de carro e o célebre torneio "tróia"). No período de decadência do Império Romano as lutas de gladiadores, entre si ou com as feras, constituíam também parte importante dos espetáculos.

Todos os imperadores romanos gastaram grandes somas na construção de circos e na realização de espetáculos circenses, que gozavam do entusiasmo popular, como hoje, em grande parte do mundo, as partidas de futebol.

Em Roma, os circos foram numerosos, podendo citar-se o Máximo, o de Flamínio, o de Salústio, o de Nero, o de Domiciano, o de Adriano, o Agonal e o de Majencio. Em Constantinopla, foi construído um de rara beleza, cheio de monumentos de arte grega.

As corridas de carros faziam as delícias dos espectadores. Os carros denominavam-se bigas, trigas ou quadrigas, conforme fossem puxados por dois, três ou quatro animais. O condutor que dirigia de pé, chamado "auriga", no decorrer da corrida, bastante perigosa, muitas vezes perdia a vida. Bastava o desvio brusco de um dos animais, ou mesmo uma leve batida da roda no carro do adversário, para que essas frágeis viaturas fossem projetadas e tombadas, sacrificando irremediavelmente o condutor. Prevendo que tal pudesse acontecer, diz Benorino, em trabalho histórico de sua autoria: "O auriga trazia sempre preso à cintura um canivete, recurso com o qual cortava as rédeas que lhe envolviam o quadril, se para tal houvesse tempo e presença de espírito. Escapando ao perigo de ser morto pela queda da própria viatura, restava-lhe ainda outro, o de ser massacrado pelos demais concorrentes." Os aurigas, pelo risco das provas, eram bem remunerados e gozavam de grande admiração ante a massa da população romana, ávida de sensação e prazer, tal como, hoje em dia, fazem os fãs dos corredores de automóvel. Havia torcedores e apostadores que, naturalmente, se juntavam em grupos, durante as disputas.

Não só profissionais, como pessoas de elevada posição social — senadores — guiavam carros. O Imperador Tibério guiava seu próprio e Nero, por fanfarronice e vaidade, chegou a correr nos Jogos Olímpicos (2219).

Nos museus da Itália há variadas peças — estátuas, relevos, terracotas, decorações de vasos e moedas — referentes às corridas de carro.

Nos espetáculos circenses também se realizava uma equitação artística com cavalos amestrados, sob a forma de torneios denominados "ludi romani" ou "troia", oriundos, sem dúvida, dos etruscos. Virgílio, na sua *Eneida,* com o nome de "troianum agnen", descreve tais competições, completadas com corridas a pé, pugilato, tiro com arco e remo. O jogo, cheio de evoluções, era análogo ao "djerid" dos turcos.

c. *O Anfiteatro*

O anfiteatro, esplêndida obra arquitetural romana, diferia do circo, já pela sua finalidade, já pela sua forma e disposição interna, mas a ele se nivelava no fausto, na majestade e na capacidade de público. Tinha por peça principal uma arena circular ou elíptica, circundada por maciça arquitetura, onde se desenrolavam os combates de gladiadores, de feras e os sacrifícios. Estes consistiam em lançar às feras os cristãos indefesos, que eram devorados ante os aplausos sádicos e frenéticos da multidão. Em certa época, foi aproveitado para as naumáquias.

O primeiro anfiteatro foi construído por Júlio César, mas o mais célebre, conservado mutilado até hoje, foi o dos Flávios, mais conhecido pelo nome de Coliseu, obra-prima da arquitetura romana. Ao lado dele, o Castrense (ou militar), o de Cápua e o de Verona tiveram também seus dias de fausto. Igualmente em Nimes, Arles, Pola, Poestum, Pompéia, Puteoli e Agrigente, magníficas instalações no gênero foram estabelecidas.

Os combates de gladiadores, guardadas as devidas proporções, eram presenciados delirantemente pelo público, como hoje, em grande parte do mundo, as partidas de futebol. Organizados com grande luxo, eram espetáculos de sensacionalismo, crueldade e baixas paixões, destinados a satisfazer o sadismo de uma civilização sedenta de sangue. No tempo de Trajano, lutaram entre si, em um só festival, realizado durante muitos dias, dez mil gladiadores, a metade dos quais encontrou a morte.

Os gladiadores, escolhidos entre os prisioneiros ou escravos dotados de elevado valor físico e ferocidade, exercitavam-se, o mais das vezes, numa escola própria – a "ludus gladiatoris" –, dirigida pelo lanista, mestre de luta. Os romanos não procuravam nos seus gladiadores, em absoluto, nenhuma das qualidades morais que os gregos exigiam dos seus atletas. Eles eram adestrados para se exterminar mutuamente.

Uma das maiores escolas de formação de gladiadores foi, sem dúvida, a de Cápua, donde se originou a rebelião dos escravos encabeçada por Espártaco.

Espártaco foi um gladiador de excepcionais qualidades morais e militares, de inteligência e força notáveis. Chefiou a revolta de um grupo de gladiadores, em torno do qual se reuniram milhares de escravos. Bateu cinco exércitos romanos, antes de ser vencido. Baseado na sua extraordinária façanha, dentro da doutrina marxista, como símbolo da luta pela liberdade, os países da área socialista deram seu nome aos seus festivais desportivos — Espartaquíadas —, periodicamente disputadas, expressando a beleza do movimento ligado à música, ao espírito criador, à alegria de viver e ao desejo de competir nos campos desportivos.

As lutas de gladiadores só foram suprimidas no século V d.C.

d. *O Estádio*

O estádio era destinado às competições e às lutas atléticas — corridas, saltos, arremessos de disco e dardo etc. Os Jogos Capitolinos, muito parecidos com os Olímpicos, tinham lugar nos estádios. Neles, muitas vezes, realizavam-se concursos de ginástica, exercícios eqüestres, canto, música, poesia e eloqüência.

No Campo de Marte sempre houve estádios aparelhados. O de Domiciano, nele assentado, estava situado no centro da cidade, na atual Piazza Navona.

e. *Instalações Particulares*

Além de numerosas instalações privadas, estabelecidas com finalidade comercial, numerosas propriedades de gente abastada dispunham, como hoje, de locais desportivos de recreação e treinamento, sobretudo palestras, campos de pelota e piscinas. Plínio, o Jovem, através de uma de suas obras, informa-nos sobre algumas instalações construídas no seu solar, ao pé dos Apeninos.

Causas da Decadência das Atividades Físicas

a. O Cristianismo, na sua reação contra os excessos do paganismo, pugnava pela renúncia de tudo que era material e relegou a segundo plano a integridade corporal, tornando-se, assim, funesto às atividades físicas. Além disso, no campo da evolução histórica, muito contribuiu para a decadência a influência destruidora dos gregos conquistados e o efeito maléfico do Oriente.

Filostrato, autor de um tratado de ginástica, escrito no século I d.C., mostra-nos que tal estado de coisas trouxe inevitavelmente sérios prejuízos e a deturpação da prática dos exercícios físicos.

b. Com o decorrer do tempo, os espetáculos bárbaros, a opulência, o luxo e as orgias foram, pouco a pouco, abastardando o povo; os romanos tornaram-se indolentes e deixaram de praticar os exercícios, preferindo os fáceis prazeres de Roma às duras lides dos campos de combate. No século II d.C., Juvenal, célebre poeta satírico, insurgindo-se contra os vícios que campeavam em Roma e ridicularizando os nobres e os hipócritas, expressou em verso seu desalento, criando o aforismo "Mens sana in corpore sano". Sem expressão na época, tal aforismo tornou-se preceito das atividades físicas na quadra de educação integral.

c. O profissionalismo, principalmente as práticas sangrentas e amorais, fez o desporto, cada vez mais, perder sua nobreza e suas essências mais puras. O ocaso moral envenenou os espetáculos. A plebe romana, embotada em sua sensibilidade, somente almejava "panem et circenses" (pão e circo).

d. Finalmente, os germanos, esmagando a civilização romana, acabaram liqüidando o pouco que ainda existia de atividades físicas, muito deturpadas em seus benefícios e finalidades. Apesar de tudo, deixou Roma para o mundo o Direito, o Cristianismo e outras grandes realizações adotadas largamente pela civilização contemporânea.

X
Idade Média e Precursores Renascentistas

A Idade Média foi a época das justas e torneios. Havia elevado espírito de lealdade e de generosidade nas pelejas. O profissionalismo desportivo era coisa desconhecida. Ricas armaduras constituíam uma nota de elegância nas lutas entre cavaleiros, como podemos ver nesta fotografia de excelente mostra na Exposição dos Desportos na História e na Arte, realizada por ocasião dos Jogos Olímpicos de Roma, em 1960.

Quando o Imperador Teodósio, o Grande, aboliu os Jogos Olímpicos, a civilização romana já estava ferida de morte.

Sob o comando de Genserico, hordas de bárbaros invadiram e saquearam Roma, desaparecendo o esplendor de um grande império e todas as manifestações de cultura.

A Idade Média caracteriza-se pela disputa entre três poderes para a direção do mundo europeu: a força dos bárbaros representada pelo *poder militar;* as organizações municipais e provinciais estabelecidas pelo Direito Romano, os costumes e a família traduziam o *poder civil;* a substituição do paganismo pelo Cristianismo e sua disseminação e estruturação alicerçavam o crescente *poder religioso.* O Cristianismo era o refúgio dos pobres e dos escravos, que nele encontravam igualdade e fraternidade; a isso, sobretudo, se deve sua rápida propagação.

O horror aos circos e aos jogos que neles se celebravam, para uma religião que pregava o descaso pelas coisas do corpo para a salvação da alma, o desprezo por tudo isto concorreu para que a Educação Física, já debilitante, se tornasse inexpressiva durante a Idade Média.

As Cruzadas que a Igreja posteriormente organizou, durante os séculos XI, XII, XIII, exigiram preparação militar, cuja base teriam de ser os exercícios corporais. E, assim, as justas e torneios se encarregavam do adestramento dos cavaleiros; a esgrima, o manejo do arco e flecha, as marchas e corridas a pé foram as práticas mais desenvolvidas.

O desenvolvimento do Cristianismo, como não poderia deixar de suceder, trouxe grande apatia pelos espetáculos públicos, foi a época das Grandes Cruzadas, das Guerras Santas e, por circunstâncias decorrentes dos próprios interesses dominantes, a Cavalaria substituiu as antigas festas populares.

A Cavalaria: Ideal Novo, Vida Nova

Surge então a Cavalaria, que não é uma instituição e sim o ideal mesmo da Idade Média.

O cavaleiro é sempre nobre, mas é mais que nobre: representa uma nobreza dentro da nobreza. A do cavaleiro não se herda, se adquire. Como? Com o próprio esforço, colocando-se ao serviço das causas justas, da defesa dos ideais da Igreja, ao serviço da pátria, ao apoio dos desvalidos e ao império da justiça. Tudo isso constituía o ideal da Cavalaria.

Quando se arma um cavaleiro, é dito: "Seja esforçado"; e ser esforçado significa ser digno de levar as armas e converter-se no braço armado da Justiça. Simultaneamente a sociedade se transforma.

Já não é só o espírito; também os costumes se modificam. Todavia, ainda não se havia inventado a imprensa, mas os manuscritos correm de mão em mão, e os "jograis" vão de castelo em castelo, cantando as proezas dos cavaleiros.

O cavaleiro participará das caçadas feudais e das justas e torneios. Ele domina duas espécies de equitação: as deslumbrantes cargas que se praticam nas guerras e a do adestramento que aprendeu com os árabes.

Os cavaleiros têm a palavra fácil, bonita e fluente, sem a qual é impossível abrir o caminho até o coração das damas. É preciso saber narrar e ter a resposta pronta e engenhosa. Não seria possível correr o mundo, sem levar impresso, em seu coração, o nome da dama a quem dedica todas as suas proezas.

Usos e Costumes da Época

Renascem, com a paz, as comodidades e o luxo, importados das cortes bizantinas e dos reinos mouro-andaluzos, junto com alguns instrumentos musicais, até então desconhecidos.

Os trajes dos cavaleiros e das damas alcançam riqueza e colorido jamais vistos no Ocidente. Do Oriente chegam também os perfumes, e os cavaleiros, quando voltam das Cruzadas, aumentam ainda mais seu luxo.

As casas se adornam com pinturas e se aprende a apreciar o valor dos tapetes, os cristais talhados, os móveis esculpidos e as pedras preciosas.

Os Jogos e os Desportos Medievais

Na Idade Média não existia nenhuma educação física escolar popular.

Na educação adquire maior predomínio a destreza na equitação e no manejo das armas. Nos pátios dos castelos e nos campos vizinhos, os jovens se adestram na esgrima da lança, da espada e no emprego da maça. Praticam corrida, saltos, escaladas, natação, jogos de luta e a doma de potros bravios. O futebol e o tênis, respectivamente, com os nomes de "calcio" e "jogo de raquete", têm suas origens na Idade Média.

Os meninos maiores e os jovens se divertem ao ar livre com uma enormidade de jogos, cerca de duzentos e vinte, segundo a recopilação de que deles fez um grande escritor do século XV. Aprendem também a dançar e a cantar. Nos dias chuvosos e de intenso inverno, jogam-se, junto ao fogo, o xadrez e a dama.

Mas os grandes desportos da Idade Média, com a caça de feras e a caça por meio do falcão, serão o torneio e a justa. Foram praticados intensamente na França, Alemanha, Inglaterra, Itália e Espanha, alternados com a cavalaria de tourear, dos entreveros e outros divertimentos fortes, durante vários séculos. Em todos eles, não só se porão à prova a força, a habilidade e a resistência, como a arte e a fidalguia. Estes desportos tendem a um só fim: "Enobrecer o homem e fazê-lo forte e apto."

Pelo visto, tal educação física "cavalheiresca" era privilégio da nobreza e de certa parte da burguesia. O povo divertia-se com atividades menos custosas, exercitando-se com a prática de exercícios naturais e alguns jogos tradicionais: arremessos, luta, caça, arco e flecha, equitação, pelota etc.

Os Torneios

a. Origens

O torneio é por excelência o desporto da Idade Média que se praticou com maior entusiasmo e o que atraiu maior número de espectadores. Suas origens são obscuras. Os alemães dizem tê-lo inventado; o mesmo afirmam os franceses.

Não se tem notícia de que houvesse torneios na Alemanha antes de princípios do século XII. Hoje se aceita a crença de que cada nação organizou seus torneios, talvez, sem copiá-los; mas, depois codificaram suas ações, de sorte que chegaram a ser poucas as variantes, segundo os países. Seu codificador foi o francês Geoffroy de Preuilly, cujas regras foram universalmente adotadas a partir do século XIII.

A esta festa que, apesar de todos os paliativos e lealdade, não deixava de ser sangrenta, em maior ou menor grau, assinalaram-se duas fases. Uma delas, a de maior duração, de brutalidade quase sem freio, e a outra mais moderada. Até chegar à segunda, houve muita mortandade.

b. Torneio primitivo

Era uma guerra em escala reduzida das guerras medievais de verdade. Havia no torneio dois grupos, mais ou menos numerosos, que se chocavam um contra o outro, de sol a sol, e ao terminar a luta havia mortos, feridos e prisioneiros; um grupo vitorioso e um outro vencido.

Não existia, porém, o propósito deliberado de matar ou de ferir e, depois da batalha, os contendores de ambos os grupos se reuniam em um banquete, ao qual se seguia um baile.

O campo de batalha, praticamente ilimitado, era escolhido com obstáculos, matagais e barrancos. Nele era assinalado um lugar de refúgio, no qual os combatentes não podiam ser atacados. Todas as armas eram válidas — a lança, a espada, a maça — e todas as maneiras de combater se consideravam lícitas. Os lutadores levavam cota de malha, elmo ou capacete de ferro e escudo.

No dia e hora combinados, compareciam ao lugar da luta dois grupos de cavaleiros, cada um dos quais tinha seus chefes e bandeiras e levavam os correspondentes palafreneiros, para a custódia das armas e cavalgaduras de reserva. Havia também os marechais-de-campo, que davam o sinal de início e assinalavam o fim da luta.

O primeiro choque era terrível, pois os dois bandos, ao sinal de início do torneio, se precipitavam um contra o outro, arremetendo-se com toda força, dando as terríveis e emocionantes cargas. Procuravam os ginetes derrubar de suas cavalgaduras o maior número possível de adversários. Em continuação, prosseguia a luta com a espada ou a maça. Os derrubados, que não conseguiam montar, continuavam a luta a pé.

Ao pôr-do-sol, o marechal-de-campo, árbitro do entrevero, dava por finda a batalha e se fazia o balanço dos mortos e feridos.

O capitão da equipe vencedora recebia, das mãos da dama do castelo próximo, o broche ou jóia que simbolizava a vitória e para cuja entrega solene se efetuava uma festa mundana, como já foi exposto. Tais foram os torneios da primeira época.

c. *Torneio moderno*

O torneio na segunda época (após o século XIV aproximadamente) continuou ainda a produzir vítimas, mas parecendo-se mais a um jogo.

Já se luta com armas sem ponta e sem gume. Assinala-se uma série de golpes proibidos, e o cavaleiro que cai ao solo e levanta a viseira do elmo não pode ser atacado. Dá-se maior proteção aos disputantes, substituindo-se a "cota de malha" pela armadura. Do campo livre dos torneios primitivos se trasladavam aos pátios ou praças de armas dos castelos senhoriais, donde se realizava a liça, com tribunas para os numerosos assistentes. A liça se compunha de um cercado, mais comprido que largo, cujos limites eram marcados por duas barreiras paralelas, separadas entre si por uma distância de quatro passos; elas serviam para que no seu interior se refugiasse gente a pé, que em caso de necessidade socorreria os combatentes desmontados.

No limiar do Renascimento apareceu o "Carrossel", que consistia em combates simulados de cavaleiros que, em grupos e de lança em punho, arremetiam contra manequins de madeira colocados, à guisa de alvo, na arena, onde se realizava o jogo.

As Justas

A justa era disputada entre dois cavaleiros, convenientemente revestidos de pesadas armaduras e protegidos por escudos especiais. Eles empunhavam pesadíssimas lanças de ferro.

Nos primeiros tempos, os cavaleiros, na justa, ao se precipitarem um contra o outro, com todo vigor de suas montadas, o que procuravam era desmontar o adversário, alcançando-o de cheio com a lança; não raro, a arremetida era tão violenta que a lança transpassava a cabeça ou o peito dos justadores.

A lança era pesada e tinha ferro em seu extremo ofensivo. Posteriormente, já não se tratava de derrubar o adversário e sim quebrar a lança sobre sua armadura ou escudo. Ganhava, pois, aquele cuja lança voava feita em pedaços, o que indicava melhor pontaria.

Cada parelha de justadores tinha direito a "correr três lanças", e, para saber qual deles havia ganho, bastava contar o número de lanças que cada um havia partido.

As modificações sucessivas, de aperfeiçoamento, se referem ao elmo, à lança, à armadura e à disposição da liça. Para evitar que os cavalos se chocassem, é introduzida, mais tarde, a *barreira* na liça.

Exaltação ao Espírito Desportivo

Apesar do pouco interesse pela Educação Física clássica, é justo ressaltar o espírito desportivo do cavaleiro medieval.

Foi na Idade Média, diz Mário Gonçalves Viana, que parecem ter surgido, com características bem definidas, os desportos de equipe, e é nela que urge encontrar o paradigma, o modelo para o desportista contemporâneo. "É no ideal cavalheiresco", escreve Bernardo Gillet, "que devemos precisar as raízes mais profundas do espírito desportivo. Com efeito, os atletas gregos desejavam alcançar apenas "honor" (glória, estima pública); os cavaleiros cristãos praticavam, na sua atuação, a verdade, a justiça e a lealdade. Na verdade, segundo Pierre de Coubertin, a Idade Média conheceu um espírito desportivo de intensidade e brilho provavelmente superiores àquilo que conheceu a própria Antigüidade grega." Havia elevado espírito de lealdade nas pelejas. O profissionalismo desportivo era coisa desconhecida.

A Renascença e Seus Precursores

A Idade Média, embora repleta de ascetismo, não foi um período de completa ignorância, uma noite de trevas na cultura do antigo mundo europeu. Diga-se a bem da verdade que, até certo ponto, existe muito exagero sobre isso. De fato, os povos, acorrentados ao regime feudal, sofreram o impacto do Cristianismo, porém, nos mosteiros e universidades, frades e estudantes, ávidos de saber, continuaram enriquecendo o patrimônio dos conhecimentos humanos. A cultura não desapareceu, tanto que, nessa época, floresceu a arte gótica e viveram personalidades geniais, como Pedro Abelardo, São Tomás de Aquino, Rogério Bacon, Alberto Magno e Dante Alighieri. O Renascimento recebeu da Idade Média numerosas contribuições. Sem as fontes materiais e espirituais que ela criou, ele teria sido muito diferente. Na realidade, podemos considerá-lo como uma ponte, vacilante talvez, mas que permitiu, com segurança, a passagem entre a Antigüidade e a Idade Moderna.

Relativamente ao Renascimento, citado por Langlade em sua *Teoria General de la Gimnasia*, Burns, historiador norte-americano, assim se expressou: "Pouco depois de 1300 começaram a decair todas as instituições e idéias características da Idade Feudal. A cavalaria, o feudalismo, o Sacro Império Romano, a soberania universal do Papado, o sistema cooperativo do comércio e da indústria, debilitando-se de modo paulatino, deviam desaparecer, fatalmente, todos juntos. Também findava a grande era das catedrais góticas, começava a depreciar-se e ridicularizar-se a filosofia escolástica e iam-se socavando lenta, porém inexoravelmente, as interpretações ético-religiosas da vida. Pouco a pouco surgiam, em sua substituição, modos de pensamento, que imprimirão aos séculos seguintes o selo de uma civilização distinta."

Com o Renascimento, nos fins da Idade Média e começo dos Tempos Modernos, ao lado de Miguel Ângelo, Leonardo da Vinci, Rafael, Shakespeare, Cervantes e Camões, surgem grandes precursores no campo educacional e estabelecidas foram as bases da nova Educação Física. No campo prático, na primeira metade do século XVIII e nos que o antecederam, pouco foi feito, mas os intelectuais, sobretudo alguns professores objetivos, através de seus trabalhos, já apontavam um desenvolvimento promissor.

O "David", de Miguel Ângelo, é de tal perfeição que os músculos parecem mover-se debaixo da pele. Os desenhos de Leonardo da Vinci sobre as proporções do corpo humano constituem obra admirável.

O centro cultural que, durante muitos séculos, esteve na Grécia, renasce inicialmente na Itália, projetando ensinamentos para todo o mundo ocidental. Naturalmente para isso cooperaram as qualidades naturais do italiano, seu eterno espírito latino e sua religiosidade, influenciados, sem dúvida, pelos restos de uma brilhante civilização, mostrando os antigos tempos de esplendor.

As corridas por ocasião da celebração da Páscoa e os "ludi carnavelari", já impregnados da mentalidade peninsular, não eram outra coisa que a continuação das competições pedestres dos ritos pagãos de outrora. As festas da fecundidade e da chegada da primavera também tinham suas raízes no passado mais remoto. A Igreja, com um sentido objetivo, incorporou tais manifestações populares ao seu culto.

No século XVI, a Itália era a academia de esgrima e equitação do mundo.

Pouco a pouco, os exercícios, praticados de maneira espontânea pelo povo, foram retomando, como na Velha Grécia, por indicação de uns tantos educadores, seu lugar no quadro da educação integral. Na Itália, três figuras destacaram-se entre as demais: Vittorino da Feltre, Maffeo Veggio e Gerolamo Mercuriale.

Além dos italianos, entre muitos educadores, são dignos de menção: os franceses Rabelais, Montaigne, Fénelon, Boisregard e Rousseau; os ingleses Locke, Thomas Morus e Mulcaster; os alemães Hoffmann, Basedow, Saltzmann, Froebel e Herbart; o moraviano Comenius, o suíço Pestalozzi e o dinamarquês Nachtegall. Uns viveram em plena época renascentista, outros dominaram o âmbito, antes ou depois da explosão cultural.

Eis as características da personalidade de alguns deles:

Vittorino da Feltre (1378-1446), grande precursor, surge em fins do século XIV no campo educacional da Itália. Espírito clarividente, foi professor de filosofia e retórica. Inspirando-se na cultura greco-romana, Vittorio Rambaldoni, denominado Vittorino da Feltre, pela sua diminuta estatura e local de nascimento, dedicou-se inteiramente à educação, dirigindo sua escola, denominada "La Giocosa de Mantova" (Casa Alegre), devido às cores vivas e alegres dos seus painéis decorativos, que representavam crianças brincando e jogando.

Um de seus discípulos, traçando a biografia do mestre, contou que o Papa Eugênio IV, vendo Vittorino prostrado a seus pés, informou-se de seu nome, pois só o conhecia pela reputação e exclamou: "Que grande alma em tão pequenino corpo. Se eu não fosse pontífice, levantar-me-ia diante de tão grande homem."

Fazia praticar pelos seus alunos a ginástica, os jogos, a esgrima, a natação, a equitação, a corrida, a luta, o arco e flecha, a bola, as longas marchas, os exercícios de resistência ao frio e ao calor. Aconselhava e permitia o alarido e a alegria. Não poupava esforços para ver seus alunos sempre reunidos, e condenava a solidão, que chamava de grande inspiradora de maus hábitos. Embora tendo escrito pouco, foi um homem de ação, consagrado inteiramente à sua obra escolar, procurando realizar, na prática, o ideal grego de educação integral, expresso pela perfeita harmonia entre o corpo e o espírito.

Maffeo Veggio (1407-1458), professor entusiasta, grande conhecedor da Ginástica e da Fisiologia, e considerado o maior pedagogo de sua época. Em 1491, ainda quando a imprensa dava seus primeiros passos, publicou, em Milão, a obra *Educação da Criança,* na qual, entre outras coisas, pregava que antes dos cinco anos não se devia exercitar a criança por ser ainda muito nova, sendo, por conseguinte, bastante frágil seu organismo. Esta afirmação, apesar do valor do grande pedagogo, está completamente superada, sendo, hoje em dia, aconselhada até uma ginástica especial para lactantes. Condenava a ginástica violenta, aconselhando a prática de exercícios dosados, a fim de desenvolver a agilidade e a atividade. Indicava os jogos como excelente meio de exercitação, contanto que não fossem demasiadamente brandos, nem muito fatigantes, e dignos de prática pelo homem livre.

François Rabelais (1494-1553). Filósofo, médico e grande escritor francês, era um amigo da natureza. Rebelou-se contra o ensino escolástico de sua época e defendeu, de maneira constante e tenaz, o direito do homem de viver ao ar livre e de desenvolver ao máximo suas faculdades físicas e espirituais. Pregou a necessidade de a vida ser acompanhada de alegria e parece ter sido o primeiro a observar, dentro de uma nova concepção, o realismo da existência. Ridicularizou as imposturas e hipocrisias de sua época. Comentou os trabalhos de Hipócrates e Galeno. Foi autor da célebre obra *Gargântua e Pantagruel,* que encerra admiráveis conceitos e, sob linguagem serena e irônica, profundo amor à humanidade, à Justiça e à Ciência, ressaltando, ao mesmo tempo, a importância da higiene e a necessidade do exercício físico. O regime de trabalho realizado por Gargântua, verdadeira escola de atividade e sabedoria, é intenso e cheio de atração: trepava em árvores e cordas, saltava de todas as maneiras, exercitava-se com halteres, corria, lançava o dardo e outros objetos, atirava com o arco e o arcabuz, lutava, nadava, mergulhava, dirigia embarcações, remava, montava a cavalo, manejava as armas e o machado, brincava com a barra, jogava a bola e fazia numerosos outros exercícios.

Extraído de um dos capítulos da obra de Rabelais, o trecho que mostramos a seguir, cheio de beleza e movimento, revela-nos como Gargântua, antes educado pelo formalismo escolástico, foi habituado por Ponocrates, mestre de ampla visão e idéias modernas, na prática das atividades físicas: "Mudando, então, de roupa, Gargântua montava num cavalo de corrida, num rocim, num ginete, num bárbaro, num ligeiro, fazendo-o disparar cem vezes, dar voltas no ar, transpor os valados, pular as cercas, fazer rapidamente uma volta à direita ou à esquerda. Quebrava, então, não a lança (porque o maior absurdo do mundo é dizer: "Quebrei dez lanças num torneio ou numa batalha", coisa que ficaria bem para um carpinteiro, e glória mais louvável seria quebrar com lança a cabeça de dez inimigos), mas, com sua lança, bem acerada, vigorosa e rija, arrebentava uma porta, amassava uma armadura, derrubava uma árvore, atravessava uma argola, arrancava uma sela de armas, uma cota de malhas, uma manopla. Fazia tudo isso armado dos pés à cabeça.

Em fanfarronadas e estrepolias, em cima do cavalo, ninguém foi melhor do que Gargântua. O acróbata de Ferrara não passava de um macaco em comparação com ele. Já tinha aprendido a saltar, sem tocar no chão, de um cavalo para outro. Sabia montar de qualquer lado, com a lança em punho, sem estribeiras nem freio, e assim guiar a montaria à sua vontade, pois tais coisas fazem parte da disciplina militar.

Um dia, manejou o machado tão bem, fazendo-o subir e descer tão vigorosamente, cortando madeira com tanta facilidade, que foi consagrado, em todos os exercícios, como cavaleiro armado de campanha.

Por fim, sacudia o chuço, sacava da espada com as duas mãos, do chanfalho, da espada espanhola, da adaga e do punhal, pouco lhe importando estar com ou sem armadura, escudo, capa, rodela.

Perseguia o veado, a corça, o urso, o gamo, o javali, a lebre, a perdiz, o faisão, a betarda. Jogava para o alto uma enorme bola e fazia-a saltar, indiferentemente, com o pé ou com a mão.

Lutava, corria, saltava, não dando um salto de três em três passos com um pé só e à moda alemã, porque, dizia Ginasta[1], tais saltos são inúteis e nenhum proveito trazem na guerra, mas de um pulo atravessava um fosso, voava por cima de uma cerca, subia seis passos acima de uma muralha e precipitava-se por uma janela da altura de uma lança.

Mergulhava na água e nadava de frente, de costas, de lado com todo o corpo, só com os pés; com uma das mãos no ar segurando um livro, atravessava, sem molhá-lo, todo o rio Sena, puxando o manto com os dentes, como fazia Júlio César; ainda só com uma das mãos, entrava violentamente num barco e se atirava de novo na água com a cabeça para baixo; e sondava a profundeza, metia-se pelos rochedos, afundava nos abismos e nas grutas. Depois, voltava ao barco e governava-o; conduzia-o apressadamente, devagar, à flor d'água, contra a corrente; e o fazia em plena eclusa, guiava-o só com uma das mãos, esgrimia com a outra um grande remo, esticava a vela, subia pelas cordas até o mastro, corria sobre as vergas, ajustava a bússola, punha as amuras contra o vento, forrava o leme.

Ao sair da água, subia a montanha, todo empertigado, e descia-a resolutamente; trepava nas árvores como um gato, pulava de uma para outra como um esquilo; abatia galhos enormes como um novo Milo[2]; com dois afiados punhais e dois temperados chuços, subia ao alto de uma casa como um rato e se atirava de cima com tal disposição de membros que não sofria, na queda, o menor ferimento. Lançava o dardo, a barra, a pedra, a flecha, o chuço, a alabarda, e retesava o arco, ligava às costas bestas[3] enormes, apontava o arcabuz e atirava ao alvo, de baixo para cima, de cima para baixo, para a frente, para os lados e para trás, como os partos[4].

---

1. Jovem fidalgo que ensina a Gargântua a arte da Cavalaria.
2. Milo de Crotona, atleta grego, de força excepcional.
3. Armas antigas que atiravam setas.
4. Partos, povo da Ásia Menor; eram ótimos cavaleiros e exímios atiradores de flechas.

Ligava a uma torre muito alta uma corda com a ponta no chão, subia com as duas mãos e depois descia, com tanta decisão e segurança, como ninguém poderia fazê-lo melhor num lugar plano. Apoiadas em duas árvores as extremidades de uma grossa vara, suspendia-se com as duas mãos e se movia de um lado para outro, sem tocar em nada com os pés e de maneira tão rápida que nem se pode conceber.

Para exercitar o tórax e os pulmões, gritava como todos os diabos. Uma vez eu o ouvi chamar por Eudemão da porta de São Vitor para Montmartre. O próprio Estentor não teria voz tão alta na batalha de Tróia.

Para fortificar-lhe os nervos foram feitas duas enormes barras de chumbo, cada uma pesando 8.700 quintais, às quais dava o nome de halteres. Pegava-as no chão, uma em cada mão, e as levantava no ar, acima da cabeça, segurando-as, sem mexer, durante três quartos de hora e às vezes mais, o que denotava uma força extraordinária.

Brincava de barra com os mais fortes e, quando chegava o momento, sustentava-se nos pés com tanta força que se deixava segurar pelos mais ousados, para que tentassem tirá-lo do lugar, como outrora fazia Milo, e, também como este, tinha na mão uma romã, para dá-la a quem pudesse afastá-lo."

A obra *Gargântua e Pantagruel* teve, não na sua época, mas alguns anos depois de sua publicação, larga repercussão, atraindo a atenção do povo sobre as práticas naturais no quadro educacional, em particular no fortalecimento do corpo e no arejamento do espírito. Para uma educação integral, o homem se realiza com a ajuda da natureza.

Jean Jacques Rousseau (1712-1778), nascido em Genebra, publicou várias obras, dentre as quais, pelo seu conteúdo pedagógico, ressalta o romance *Emílio ou da Educação* (1762). Nele preconiza o autor, entre outras coisas, a prática dos exercícios físicos, a necessidade do esforço, a vida ao ar livre, o aleitamento materno, a alimentação pura e sadia, o uso de roupas adequadas às condições climáticas e o arejamento da habitação, como elementos essenciais à saúde e ao desenvolvimento do organismo. Pregando a volta à natureza, enamorado que era da vida grega, ele estabelece para Emílio um programa educacional, assentado em quatro princípios básicos:

1º — O menino deve ser educado pela e para a liberdade.
2º — A infância na criança deve ser amadurecida.
3º — A educação do sentimento deve preceder à educação da inteligência.
4º — O saber importa menos que o exercício de juízo.

Possivelmente impregnado do espírito de Rousseau, nos primeiros anos do século XX, com muita propriedade, versificava nosso Coelho Neto:

"Quem vê uma criança,
Contempla o futuro... e,
Tal seja a criança, assim
Será o homem, ou o porvir
Conforme for tratada a
Sementeira, assim verá
A seu tempo a messe."

Até Goethe, conservador por excelência, reconheceu o caráter revolucionário e as conseqüências sociais do novo modo de vida imaginado por Rousseau, cujos pensamentos, em forma de "slogans", chegam até os nossos dias. Suas são as palavras: "Quem quiser ser forte espiritualmente deve cultivar as suas forças físicas." Dele também é a afirmação: "Quanto mais fraco é o corpo, mais ele domina, quanto mais forte, mais obediente será ao espírito; um bom servidor deve ser robusto." E, batendo sempre na mesma tecla da integração do corpo ao espírito, assim se expressou: "Cultivai a inteligência de seu filho, mas, antes de tudo, cultivai o seu físico, porque é ele que orienta o desenvolvimento mental; é necessário primeiro tornar seu filho são e forte, para poder vê-lo, mais tarde, inteligente e sábio." Para ele, "educar é a arte de formar homens".

No campo das atividades físicas, para formar homens, recomenda Rousseau as corridas de obstáculos, os saltos em distância e altura, a natação, o levantamento de pesos, o trepar em árvores, o arremesso de pedras e os exercícios de equilíbrio. Quanto aos exercícios sensoriais, preconiza os exercícios de avaliação de distâncias, os jogos de bola para exercitar a vista e a invenção de jogos por parte dos alunos.

Objetivando a maternidade, aconselhava Rousseau a realização de exercícios apropriados. Dele são as palavras: "Quando as mulheres adquirem força, aumenta a dos homens."

Pedagogos, literatos e filósofos foram influenciados por Rousseau. Pestalozzi foi um deles. Goethe pautava sua vida pelos ensinamentos do mestre. As orientações educacionais que surgiram, no fim do século XVIII e no decorrer do século seguinte, trouxeram no seu todo, quase sem exceção, algo das suas normas pedagógicas.

Pelo visto, a orientação de Rousseau firmava-se na necessidade de incentivar na criança qualidades de ação, conseguidas através de trabalho forte e de sofrimento. Referindo-se ao seu "Emílio", disse: "Se eu pudesse ensinar-lhe a voar faria dele uma águia." Olhando o homem de amanhã, aconselhava submeter as crianças às corridas e às competições, de maneira a despertar, por meio delas, "a orgulhosa experiência dos Jogos Olímpicos".

No seu "Emílio", J.J. Rousseau preconizava:

— a prática dos exercícios físicos;

- a necessidade do esforço;
- a vida ao ar livre;
- o aleitamento materno;
- a alimentação pura e sadia;
- o uso de roupas adequadas às condições climáticas;
- o arejamento da habitação.

Seu lema é a dureza na educação, fundamentado na ação acertada e decidida, de maneira a fomentar nos praticantes "a orgulhosa experiência dos Jogos Olímpicos".

Pensamentos de Rousseau:

"Quem quiser ser forte espiritualmente deve cultivar as suas forças físicas";

"Quanto mais fraco é o corpo, mais ele domina; quanto mais forte, mais obediente será ao espírito";

"Cultivai a inteligência de seu filho, mas, antes de tudo, cultivai o seu físico, porque é ele que orienta o desenvolvimento mental; é necessário primeiro tornar seu filho são e forte, para poder vê-lo, mais tarde, inteligente e sadio";

"Quando as mulheres adquirem força, aumenta a dos homens".

Referindo-se ao seu "Emílio", disse:

"Se eu pudesse ensinar-lhe a voar faria dele uma águia."

Gerolamo Mercuriale (1530-1606), professor, médico e humanista, apontado, na sua época, como "bom em ciência e sapiência". Fundador da moderna medicina desportiva, deixou numerosos escritos de ordem médica e prática. Para Ippolito Galante, tradutor atual de seus trabalhos, ele foi o mais ilustre representante da ciência médica de seu tempo. Na sua obra mestra *De Arte Ginástica*, escrita em latim e inspirada nas idéias de Galeno e de outros gregos antigos, apresenta, com grande erudição, preciosas informações sobre os exercícios físicos, através de uma concepção sistemática e racional respeitante à maneira de praticá-los, expondo teorias novas e criticando os trabalhos inerentes à ginástica, até então aparecidos. Suas apreciações são originais; suas gravuras, bastante elucidativas; seus comentários, profundos e precisos. Cita mais de 120 autores gregos, romanos e árabes como fontes habituais e faz referência a códigos manuscritos ainda inéditos em seu tempo. Ademais, fornece-nos valorosa descrição de ginásios, palestras e termas greco-romanas. Dividida em seis livros, trata a obra na sua primeira parte (Livro I-III) dos exercícios ginásticos de maneira geral, independente do estado de higidez do executante; na segunda (Livro IV-VI) cuida da ginástica, particular ou aplicada, relacionada com o grau de saúde do praticante. Diz Boigey, médico francês e autor de admirável manual científico especializado, que a obra de Mercuriale "é repleta de notas exatas sobre os exercícios físicos, seus efeitos, vantagens e inconvenientes quando mal dosados". Nela defende, talvez pela primeira vez, a idéia da lição como melhor forma de exercitação, concebendo-a divisível em três partes: preparatória, fundamental e respiratória. Além disso, prega a necessidade de considerar a idade do indivíduo, a estação do ano e a hora do exercício para que deste seja retirado o máximo proveito. Porém, o maior mérito de seu trabalho foi, afirmam numerosos comentaristas, o de ter induzido muitos filósofos e renascentistas a estudarem os autores da Antigüidade Clássica, possibilitando assim, o reaparecimento da prática das atividades físicas sistemáticas, relegada, após o declínio da civilização greco-romana, a abandono quase completo pela massa das populações do mundo conhecido.

Francis Bacon (1561-1626), filósofo e estadista inglês, grande pelo saber, pela inteligência e pelo estudo. Pregou a necessidade da investigação científica, afirmando que a teoria sem a prática, e inversamente, são inúteis e perigosas. Estudou a manutenção orgânica e o desenvolvimento físico pelo lado filosófico, mostrando a necessidade da melhoria das condições físicas do homem. Dizia que se devia praticar os exercícios corporais de forma natural, classificando-os em sintéticos e analíticos. Tentou também classificá-los como médico-corretivos e preventivos. Defendeu o direito do homem à vida, à liberdade, à justiça, à paz e ao desenvolvimento completo de suas faculdades. Pregou a alegria de viver e o gosto do riso, afirmando que o riso é próprio do homem. Ademais, sempre sustentou que o exercício podia remediar quase todas as doenças.

John Locke (1632-1704), filósofo inglês de grande reputação. Inspirado em Montaigne, suas idéias influíram, mais tarde, nas doutrinas pedagógicas de Rousseau. Interessou-se pela educação da infância e da juventude. Fez excelentes apreciações acerca da saúde, da formação moral, das punições e recompensas, do prazer e da recreação, das vantagens do jogo, da música, da equitação e da esgrima.

François de Salignac de la Mothe-Fénelon (1651-1715), pertencente à nobreza francesa, arcebispo católico, publicou, em 1687, um tratado sobre a *Educação das Jovens*, livro encantador pela profundidade e delicadeza. Partidário do jogo na educação, por ele lutou ardorosamente, assim como pela prática da ginástica feminina. Aludindo à vida frívola e despreocupada da mulher da época, assim se expressou: "Nesta ociosidade, a jovem abandona-se à preguiça, que é uma languidez d'alma e motivo de aborrecimentos. Geralmente habitua-se a dormir mais do que o necessário, tornando-se mais delicada e exposta às comodidades do corpo. No entanto, um sono razoável, seguido do exercício regular, faz qualquer pessoa alegre, disposta e robusta, dando-lhe verdadeira perfeição corporal, sem levar em conta as vantagens resultantes para seu espírito." Considerava a prática do exercício como dever de cada indivíduo para com a pátria e, em nível superior, das nações para o "bem-estar da república universal", frase que o Conde Baillet Latour, sucessor de Coubertin no Comitê Olímpico Internacional, aplicou aos Jogos Olímpicos Contemporâneos.

Nicolau Andry de Boisregard, nascido na França, em 1658. Além de uma tese sobre o papel do exercício na melhoria da saúde, publicou um tratado de ortopedia da criança, considerado de grande valor. Escreveu uma história da evolução do atletismo, descrevendo minuciosamente o pentatlo, a luta, o pugilato, o pancrácio, as corridas a pé, a cavalo e de carros, traçando um paralelo entre as práticas gregas e romanas desses exercícios. Ocupa lugar de destaque na história da medicina desportiva.

F. Hoffman (1666-1742), nasceu na Saxônia, e foi apontado por alguns como o maior ginasiarca da época. Em 1708, publicou a obra *Do Movimento Artificial* e, mais tarde, *As Sete Regras da Saúde*.

As sete regras preconizadas por Hoffman, pela originalidade e verdades que encerram, merecem ser conhecidas:

1ª — Fugir a todos os excessos, pois eles são contrários à natureza.
2ª — Não abandonar bruscamente os hábitos, porque eles constituem uma segunda natureza.
3ª — Estar sempre de bom humor e tranqüilo, pois eles são a melhor salvaguarda da saúde e da longevidade.
4ª — Procurar o ar puro e temperado, visto ele ser o maior tonificante do organismo e do espírito.
5ª — Escolher cuidadosamente os alimentos mais convenientes ao organismo e de preferência os que são facilmente digeridos e eliminados.
6ª — Manter equilíbrio razoável entre a alimentação e a energia despendida no trabalho.
7ª — Fugir dos médicos e da Medicina se a saúde lhe é preciosa.

Consagrou toda a sua existência em prol do desenvolvimento físico dos seus compatriotas.

Johann Heinrich Pestalozzi (1746-1827), filósofo e educador suíço. Dedicou sua vida ao estudo dos problemas relacionados com o desenvolvimento das faculdades humanas. Para ele, "educar significa o desenvolvimento natural, progressivo e sistemático de todas as forças." Fiel continuador da obra de Rousseau, dentro do mesmo pensamento naturalista, asseverou que o "hábito do exercício físico não só desembaraça o corpo da criança, como lhe desenvolve as qualidades intelectuais e morais" e que "a única coisa que o educador tem que conseguir é desenvolver os germes que se encontram no educando." A educação, de fato, deve partir da criança para o ensino e não ao contrário, isto é, do conteúdo predeterminado do ensino para a criança.

Sua trajetória na vida foi um rastro luminoso de saber e de devotado amor à humanidade. Pugnou para que fosse dada aos pobres uma educação geral e reconheceu, já na sua época, os prejuízos que a industrialização representa para o corpo, procurando corrigi-los nos estabelecimentos que criou, onde pôs em prática suas admiráveis idéias. Seus discípulos, de ambos os sexos, se banhavam ao ar livre durante todo o ano, nadavam uma hora diária por ocasião do verão e, em todas as estações, realizavam ginástica cotidiana. Dizem que foi o primeiro educador a chamar a atenção para os dois elementos fundamentais na execução do exercício: a posição e a correção perfeita, sem as quais o praticante não alcança os objetivos visados, instituindo, assim, as possibilidades corretoras da ginástica. Criou uma "ginástica elementar", com base em um sistema de movimentos articulares, que não chegou a obter êxito.

São de sua autoria, entre outras, duas obras notáveis: *Leonardo e Gertrudes* e *Como Gertrudes Educa seus Filhos*. Nelas, verifica-se o interesse com que Gertrudes cuida dos seus filhos, imprimindo-lhes uma educação integral, cheia de vida e alegria, em tudo diferente dos métodos rotineiros da época, unilaterais e baseados no conceito de uma disciplina rígida, cheia de processos primitivos.

As iniciativas de Pestalozzi constituíram, talvez, a primeira tentativa de pedagogia experimental, estabelecendo a unidade e a harmonia do corpo, do espírito e da alma. Elas ressaltaram, ao mesmo tempo, que o espírito da educação deve ser o mesmo em todas as circunstâncias.

Franz Nachtegall (1717-1847), justamente considerado o apóstolo da ginástica na Dinamarca. Segundo alguns autores foi mestre de Ling e de Jahn, criadores de métodos de educação física. Introduziu a ginástica obrigatória no seu país, inclusive levou-a às colônias, fato que propiciou o gosto do povo dinamarquês pelas atividades físicas. Fundou um instituto particular de ginástica, em Copenhague, o primeiro no gênero na Europa. Influenciado por Guts-Muths, utilizou nos seus trabalhos, na busca de habilidade e equilíbrio, cordas verticais (lisas e com nós), varas, escadas fixas e oscilantes, mastros e outros aparelhos de marinha. Dava importância à natação. Publicou um *Tratado de Ginástica,* distribuído, por ordem real, em todas as escolas da Dinamarca. Em 1804, depois de inauditos esforços, fundou um instituto militar de ginástica, ao qual se juntou, mais tarde, idêntico estabelecimento civil. Essa instituição, com mais de século e meio de vida, é considerada como a mais antiga escola de formação de professores de educação física no mundo.

João Frederico Herbart (1776-1841), nascido na Alemanha, publicou muitos trabalhos sobre Pedagogia, Filosofia e Psicologia. Sob o ponto de vista pedagógico, pode ser considerado como o fundador da verdadeira pedagogia científica. Nela o "interesse" constitui o centro do sistema. Definiu a educação como a "arte de construir, de edificar e de dar forças necessárias". Salientou o mérito das atividades físicas praticadas racionalmente.

F. Froebel (1782-1852), natural da Alemanha e discípulo de Pestalozzi. Em um dos seus trabalhos, expressa que o "objetivo da educação é realizar a vida confiante, pura, inviolável e sagrada." Interessado pela educação física da criança, mostrou que o jogo, devidamente utilizado, é a forma ideal nesta idade, para estimular o desenvolvimento, recrear e instruir.

Miguel Eyquem de Montaigne (1553-1592), francês, publicou uma obra que interessa diretamente à Pedagogia, denominada *Ensaios*, da qual foram tiradas cinco edições em oito anos, fato raríssimo para a época.

Outros educadores não menos importantes, mesmo alguns que atuaram intensamente nos tempos modernos e contemporâneos, foram considerados no estudo das linhas doutrinárias da Educação Física, em virtude de suas afinidades com elas, como precursores ou figuras representativas no quadro educacional.

XI
Movimento Doutrinário Germânico de Educação Física

Karl Gaulhofer, o pai da ginástica escolar austríaca.

Desde a mais remota época, encontram-se revelações da prática dos exercícios físicos pelos povos germânicos. Nos versos do romano Tácito, nos poemas do *Nibelungenlied* e do *Edda*, há constantes citações de atividades corporais: corridas, saltos, arremessos, lutas, esgrima, arco e flecha, tiro com arbaleta, natação, canoagem, iatismo, jogos e rodas. Muitas competições, alicerçadas atavicamente ao passado, tinham culto religioso. Assim, os concursos de equitação e os torneios de espadas, realizados de maneira solene, relacionavam-se com os mitos e cultos praticados.

Quando os encargos sociais ditados pelo feudalismo, nos séculos VII e VIII, estabeleceram traços profundos de separação entre senhores e servos, apenas a massa campesina, aliás como em toda a Europa, continuou na prática dos exercícios naturais tradicionais e desinteressou-se pelos exercícios guerreiros, por não mais existir a necessidade de organização de grandes exércitos. Entre os cavaleiros, ao contrário, tais atividades foram praticadas com grande intensidade e evoluíram na instituição das justas e torneios.

Durante os séculos XII e XIII, quando as cidades se tornaram centros culturais, os habitantes de tais comunidades, segundo suas origens sociais, transmitiram a seus descendentes os exercícios familiares.

Nos tempos das grandes descobertas, quando se estabeleceu nova concepção do mundo e se manifestaram as grandes questões religiosas, os exercícios corporais desapareceram quase completamente. Em alguns meios somente, como nas academias de cavalheiros (escolas para formação de nobres) continuou a prática da equitação, do volteio, da esgrima, da dança e de alguns jogos de bola. Era um verdadeiro adestramento para a vida na corte, mormente para obtenção de lugares de destaque no exército e na administração pública. Porém tais práticas afastavam o praticante de uma verdadeira preparação física e da educação do homem pela ginástica.

A educação física alemã, com características próprias, começou em 1760, com Basedow e o filantropismo por ele criado, inspirado nas novas doutrinas pedagógicas, especialmente de Locke e Rousseau. Além dele, na estruturação da doutrina, entre outros educadores, tiveram grande atuação: Guts-Muths como pai da ginástica, Jahn por sua ação de fundador e fomentador da ginástica sócio-patriótica e Spiess por sua luta tenaz em prol da introdução da ginástica na escola e seu respectivo aparelhamento. Muito contribuíram também Salzmann, Manesmann, Vieth, Eiselen, Friessen, Lion, Jaeger e Rothstein; os dois últimos, de maneira indireta, pelas críticas feitas ao trabalho de Jahn.

No começo, o manual básico e as idéias de Guts-Muths tiveram grande sucesso, mas os grandes acontecimentos políticos dos séculos XVIII e XIX prejudicaram a generalização da ginástica pedagógica alemã. O próprio termo "Gymnastik" foi substituído.

Desfavorecido pelas circunstâncias, Guts-Muths foi ultrapassado por Jahn, exaltado patriota, com seu "Turnen", impregnado de um conteúdo nacionalista.

Na Alemanha e nos países influenciados pela sua cultura, por mais de cem anos, o sistema preferido foi o de Jahn, apesar das resistências encontradas, sobretudo em duas épocas. Na Prússia, de 1820-1842, foi proibida sua prática, sendo tal período conhecido como o do "Bloqueio Ginástico". Mais tarde, ao lado de outros, Hugo Rothstein, partidário da ginástica sueca, desencadeou tenaz luta contra o sistema, a célebre "Luta das Barras", cujas polêmicas atingiram o máximo em 1862. Aliás, as ginásticas de Guts-Muths e de Jahn, com finalidades e procedimentos diferentes, mantiveram-se, durante muito tempo, em campos contrários.

Durante o período nazista, dentro dos conceitos de Jahn e da concatenação de Neuendorff, surgiu no país uma orientação doutrinária com características militares, tendo por objetivo a preparação intensa da mocidade para a guerra. Dizia o manual oficial: "A educação nacional-socialista olha o ser humano na sua totalidade, a fim de torná-lo, pelo desenvolvimento de todas as suas energias — de corpo, da alma e do espírito — apto e pronto para se colocar a serviço da comunidade nacional." Os ensinamentos de Guts-Muths, mais uma vez, foram esquecidos. No entanto, após o conflito voltou o país de novo a inspirar-se em seus princípios e a empregar formas mais humanas, pedagógicas e democráticas. Deixado de lado o aspecto puramente técnico e corporal dos exercícios, passaram a ter prioridade, na escolha dos elementos de trabalho, os dados fornecidos pela Ciência no campo da filosofia neovitalista, da pedagogia moderna e do desenvolvimento psicossocial da criança. Um intenso movimento rítmico e a ginástica natural austríaca, bastante seguidos, ao lado de outras formas de trabalho, caracterizam bem os atuais propósitos.

Sistematização e Informações Biográficas

a. *Johann Bernard Basedow* (1723-1790), educador alemão, influenciado por John Locke, desde cedo, teve no ensino sua preocupação máxima. Caracterizou suas idéias em um estabelecimento chamado "Philantropinum", em Dessau, de cunho eminentemente democrático, pois seus alunos pertenciam a todas as classes sociais. Foi a primeira escola, depois do esplendor da cultura helênica, a incluir a ginástica no currículo, no mesmo plano das disciplinas intelectuais. Nela, no início, praticavam-se quase exclusivamente atividades oriundas dos tempos medievais (equitação, volteio, natação, esgrima, dança e jogos), porém, mais tarde, foram ajuntados numerosos exercícios naturais: correr, saltar, arremessar, transportar e trepar. Além disso, criou Basedow um pentatlo olímpico de acordo com suas idéias, comportando a corrida, o salto, o trepar, o balançar e o transportar. Ele deve ser considerado como o verdadeiro precursor da linha doutrinária alemã, que viria encontrar em Guts-Muths seu consolidador, e em Jahn, embora com novas idéias, seu grande difusor e sistematizador.

b. *Christian Gotthilf Saltzmann* (1744-1811), fundador do célebre Instituto de Schnefentral, um segundo "Philantropinum", que conservou sempre os princípios do estabelecimento de Basedow e deu caráter metódico à prática dos exercícios ginásticos; escreveu e publicou vários e importantes trabalhos especializados. Foi o primeiro a encarar a ginástica sob o ponto de vista patriótico. Guts-Muths com ele muito aprendeu.

c. *Johann Christoph Friedrich Guts-Muths* (1759-1839), professor e educador, considerado o "pai da ginástica pedagógica", concretizou a idéia do exercício racional. A volta à natureza, como grito de guerra tomado de Rousseau e de outros educadores, representava a meta a alcançar por seu espírito esclarecido. Em seu manual técnico-prático *Ginástica para a Juventude,* primeiro livro especializado da nova época, preconiza a busca da beleza e da agilidade. Distinguia em seu método os exercícios propriamente ginásticos (como o salto, a corrida, o arremesso, a equitação, o balanceamento, o trepar e a natação), os trabalhos manuais e os jogos para a juventude. Os exercícios buscaram os seus fundamentos, sem dúvida, na Velha Grécia, e as demais atividades nas pregações culturais de sua época.

Seu sistema é baseado, sobretudo, nos princípios dietéticos, mas admite igualmente o valor da ginástica para formar a personalidade. Escreveu também outra obra notável, que intitulou *Livro de Ginástica para os Filhos da Pátria,* dedicada à nobreza e ao povo de seu país, visando à preparação da mocidade para o serviço militar. Constam como suas muitas outras obras interessantes.

Até sua morte, aos oitenta anos, praticou sempre ginástica com seus alunos. Apaixonado pela natureza, procurando sempre nela viver intensamente, sendo grande entusiasta do "cross-country", que praticou na sua mocidade. Seus programas eram cheios de ensinamentos da Velha Grécia, prescrevendo, para as crianças até sete anos, dez horas de exercícios físicos e uma de estudo; quatro horas até os quinze anos, e para adultos também três horas diárias. Possivelmente os educadores de Vanves, que durante muitos anos estiveram em moda, dele retiraram ensinamentos.

d. *Gerhard Ulrich Anton Vieth* (1763-1836), professor apaixonado e de sabor profundo, escreveu obra particularmente notável sobre educação física em que, a par da história dos exercícios físicos, fez excelente estudo do ponto de vista didático e técnico. É interessante salientar que, já no seu tempo, muito insistiu sobre a obrigatoriedade da Educação Física em todos os estabelecimentos de ensino. Pregava a necessidade da ginástica na classe trabalhadora e entre a burguesia. A educação baseada em uma boa formação física o atraía ao máximo. Dessau foi seu campo de ação.

e. *Friedrich Ludwig Jahn* (1778-1852), chamado o "Turvater" (pai da ginástica), é a figura mais representativa da escola alemã. Filho de clérigo, mostrou desde pequeno, graças à educação dada por seu pai, extraordinário sentido de apreciação entre o justo e o injusto. Conviveu na infância com soldados e criou, na sua alma, elevado espírito militar. No decorrer de sua vida, de maneira incessante, palmilhou todos os recantos de sua terra, da qual conhecia bem a língua, os costumes, as instituições e as tradições do povo. Testemunho dos males de uma Alemanha desintegrada e mantida sob um regime político social superado, cheio de amargura e como combatente, viu a entrada dos exércitos de Napoleão em sua pátria. Dizem que, diante dos insucessos dos prussianos, em Iena e Aauerstedt, seus cabelos embranqueceram em uma noite.

As angústias aumentaram em face das infelicidades de seu país, onde passou a ser perseguido por suas idéias de revanchismo.

Foi homem bastante vigoroso, praticando bem os exercícios da época, particularmente a esgrima, a luta e a ginástica. Destacava-se, no entanto, nesta última, sendo a barra fixa seu aparelho preferido. Um seu contemporâneo, após uma demonstração, assim se expressou: "Jahn demonstrou a força dos seus braços, ao fazer o giro-gigante." Era impulsivo, brusco e loquaz. Tomou parte em várias campanhas militares. Apesar dos seus méritos, sua vida foi bastante agitada e plena de infortúnios.

Exerceu por vezes o magistério fora da educação física, escrevia com rara força criadora e tinha excepcionais qualidades de líder. Dele dizia Ernst Moritz Arndt, seu companheiro de lutas: "É muito querido dos seus alunos, sendo homem justo, reto e direito, preocupando-se, como poucos, em dar ao povo alemão uma vida limpa e pura, tendo-se esforçado e padecido muito para conseguir o bem." Suas palavras eram ouvidas com acatamento e respeito, mormente quando discursava cheio de fé, pregando a idéia de resistência à ocupação estrangeira e pugnando pelo fortalecimento físico de seus compatrícios, tendo em mira a desforra no campo de batalha. A união nacional constituía uma constante no seu pensamento. É possível que Otto von Bismarck, o arquiteto-mor da unificação alemã, tenha recebido nos bancos escolares, por meio da ginástica de Jahn, o influxo básico de sua grande realização política.

Deu Jahn ao seu sistema ginástico, constituído por exercícios de força e energia, o nome de "Turnkunst" e criou outras palavras, com a mesma raiz, oriundas da língua alemã: "Turnen" (ginástica), "Turner" (ginasta) e "Turnplatz" (campo de ginástica), marcando assim o caráter nacionalista de seu sistema. Incomensurável foi seu interesse pelos exercícios. A frase "no verdadeiro jogo da ginástica se agita um mundo inteiro", diz mais, em favor de Jahn e de seu amor pelo exercício, que qualquer outro comentário.

Não se limitando ao círculo diminuto da escola, mas com os olhos sempre voltados para o povo em geral, Jahn fundou para a prática ginástica um instituto em Haseiheide, cidade próxima de Berlim, onde todos cooperavam entusiasticamente "na emulação juvenil, na camaradagem e no esforço comum", usando suas próprias palavras. Ao lado das instalações para os exercícios, fez construir uma praça, que servia de local de reunião. Organizações idênticas, sob a forma de associações ou centros escolares, foram erguidas em outros pontos do país, para incutir na juventude o amor à Pátria, preparando-a, ao mesmo tempo, para suportar as agruras e as vicissitudes de uma guerra. O lema adotado expressava os objetivos guerreiros da preparação física: "Vive quem pode", "Supressão dos fracos" e "Ai dos vencidos".

Para estimular o espírito nacionalista de seus alunos, deu a eles uma insígnia bem significativa:

9: Lembrava a vitória dos germanos sobre os latinos em Teutberg.
919: Recordava a introdução da cavalaria na Alemanha.
1519: Evocava a morte do Imperador Maximiliano, o último cavaleiro.
1811: Assinalava o renascimento do "Turnkunst", que deveria formar uma nova cavalaria para a Alemanha, indivisível e livre.

Escreveu Jahn várias obras de caráter técnico e político. Porém, entre elas, a denominada *Die Deutsche Turnkunst* (A Arte Ginástica Alemã), inspirada em Guts-Muths e elaborada com a ajuda de Ernst Eiselen e outros companheiros, constituiu sua obra principal. Nela fixou toda a estrutura do seu método, explanado em cinco capítulos: exercícios gímnicos, jogos gímnicos, construção e instalação de um campo de ginástica, modo de praticar os exercícios (inclusive como mantê-los em andamento e as leis da ginástica) e bibliografia da arte ginástica. Os exercícios ginásticos, coordenados paulatinamente, foram grupados em dezessete famílias: marchar, correr, saltar, tomar impulso (no cavalete e no cavalo), equilibrar, exercícios de barra, exercícios de paralela, trepar, arremessar, puxar, empurrar, levantar, transportar, esticar, lutar braço a braço, saltar arco e pular corda. No Brasil, em 1962, Nicanor Miranda, professor emérito, publicou sobre o assunto interessante monografia.

Além dos exercícios citados, quando as atividades podiam ser realizadas ao ar livre, a natação, a marcha, a equitação, a esgrima, a luta e os exercícios bélicos eram previstos nos programas. A corrida, o arremesso e o salto realizados sob variadas formas constituíam, com suas práticas, verdadeira escola de atletismo.

Os saltos artísticos sobre o solo foram sempre muito apreciados, fundamentando-se neles a atual ginástica de chão. Os exercícios segmentares não pertenciam ao repertório estabelecido e o exibicionismo, hoje tão em voga, não preocupava os executantes.

Jahn teve dois grandes colaboradores, Ernst Eiselen e Friedrich Frisen, que se destacaram por seus trabalhos. Hans Ferdinand Massmann e Cristian Eduard Leopold Dürre, outros dois paladinos, muito ajudaram a ginástica alemã a tomar corpo, sobretudo quando atuaram próximo de Iena, em Weimar, centro do intelectualismo germânico e de formação da consciência nacional. Spiess foi o grande continuador de sua obra, dando-lhe caráter mais pedagógico. Rothstein, partidário dos exercícios suecos, quando o "turnen" se refugiou em salas, foi um dos seus muitos opositores.

O "Turnkunst", em face da atitude revolucionária dos seus praticantes, foi olhado, mais tarde, como suspeito e perigoso para o Estado e interdito na Prússia e em outros países alemães. Jahn, que já havia sido preso, posteriormente foi condenado à prisão em uma fortaleza. Absolvido, sem poder estabelecer-se em nenhuma cidade universitária, passou a viver confinado em casa, sob vigilância. Mais tarde, recuperou a liberdade, tendo sido honrado por sua atuação patriótica e condecorado com a cruz de ferro.

Durante a interdição, de 1820-1942, o método alemão passou a ser realizado em espaços restritos e de maneira clandestina, constituindo o chamado período do "formalismo" ou do "bloqueio ginástico." Surgiram novos aparelhos e técnicas apuradas. Quando a proibição foi levantada, a educação física alemã, bastante movimentada e variada, se havia tornado uma ginástica de sala. Aperfeiçoando-se com o tempo, a atual ginástica olímpica, praticada como desporto, tem seus fundamentos nos exercícios ginásticos de Jahn.

Pelo visto, o movimento ginástico de Jahn tinha fundo patriótico. Foi um produto da cultura alemã, posto ao serviço da causa, da determinação e da grandeza germânicas, conduzido pelo entusiasmo e bravura de Jahn, considerado, por isso, um benemérito da Pátria. Raumer, com bastante felicidade, traçou o perfil do grande apóstolo da liberdade: "Pela sua pátria ele orou, como uma criança reza diante de uma imagem santa; exaltou-a com cantos populares e com poesias patrióticas como um jovem; idealizou uma pátria grande e forte com sonhos puros de sua mocidade e, como homem, ensinou pela palavra e pelos escritos. Combateu e sofreu pelo apostolado do bem."

f. *Adolph Spiess* (1810-1854), grande inovador, dedicou toda sua vida à causa da educação física. Cognominado o "pai da ginástica escolar alemã", atuou durante muitos anos na Suíça como professor de ginástica. Baseado em Herbart e Pestalozzi, escreveu um manual intitulado *Ginástica para as Escolas* e procurou colocar a prática do exercício no mesmo plano das demais disciplinas escolares. Foi digno continuador da obra de Guts-Muths, o grande doutrinador da ginástica alemã, ao lado da qual preconizava o excursionismo, a natação, a esgrima e o canto.

g. *Hugo Rothstein* (1810-1865), *Lion* (1829-1901) e *Otto Heinrich Jaeger* (1828-1912), embora com outras idéias, também muito cooperaram. O primeiro, suedista convicto, sustentou célebre polêmica sobre a ginástica de aparelhos, condenando sua prática. O segundo, partidário da ginástica sueca, destacou-se na ginástica escolar e de associações. O último, adversário da ginástica de Jahn, exaltou sempre os exercícios gregos e a vida ao ar livre. Adversários tenazes da prática estabelecida, as críticas destes três educadores, de maneira indireta, trouxeram benefícios à estruturação da linha alemã. Cumpre também mencionar *F.A. Schmidt* (1852-1929) que, partidário da ginástica sueca e dos jogos, conseguiu juntar as duas citadas formas de trabalho ao sistema alemão, fundando a Escola Superior de Educação Física, em Berlim. Advogou a vantagem dos jogos ao ar livre para as crianças, empregando um argumento convincente: "O menino é o pai do homem, e a menina é a mãe da mulher."

Atualidade da Doutrina Alemã

A Educação Física moderna alemã, bastante variada nos processos empregados, está ligada a três ordens de manifestações: artístico-rítmi-

H. Medau e Senta Medau na Medau Schule-Coburg.

co-pedagógica, técnico-pedagógica e desportiva. A primeira, inspirada nos trabalhos coreográficos de Jean Georges Noverre (1727-1809), François Delsarte (1811-1871) (estimulado por P.H. Clias), Hedwing Kallmeyer, Isadora Duncan (1878-1929) e sua irmã Elizabeth (1874-1948), Emile Jacques Dalcroze (1865-1950), Rudolf von Laban (1879-1958) e Mary Wigmann (1886), teve o seu impulso inicial dado por Rudolf Bode (1881), que se preocupou em dar ao movimento expressão prática e orgânica no campo da ginástica. A segunda, visando a uma auto-educação pela ação, representando novo despertar das idéias de Guths-Muths, constituiu cogitação de Karl Gaulhofer, Margareth Streicher e Adolph Slama. A manifestação desportiva faz parte, como na Inglaterra e nos Estados Unidos, do grande movimento desportivo mundial.

A manifestação artístico-rítmico-pedagógica, consubstanciada na ginástica moderna, da qual fazem parte a Escola de Lohelande, Carl Loges, Fritz Grab, Erich Klinge, Sophie Dapper, Dorethe Gunther,

Irmgard Foerster, E. Idla, Margareth Frohlich e outros, tem nas práticas de Heinrich Medau (1890-1974) movimentos admiráveis. A sua "Ginástica Orgânica", com o emprego de arcos, bolas, cordas e outros materiais, produz grande efeito na produção de movimentos rítmicos, fluidos e totais. Dos acima citados, alguns apresentaram expressões características: Isadora e Elizabeth Duncan (a dança natural), Dalcroze (a educação rítmica), Rudolf von Laban e Mary Wigmann (o expressionismo). Pelo visto, muitos professores colaboraram no desenvolvimento da ginástica moderna.

Ao lado da Alemanha, outros países (Estados Unidos, Suécia, Dinamarca, Finlândia, Hungria, Tchecoslováquia) têm contribuído para o apuro da ginástica moderna. Mas a Medau se deve o uso das bolas e a Logis, o das cordas. Bode ensinou o balanceamento e a preparação do movimento a partir do centro de gravidade.

O Dr. Hannebuth, da Universidade do Sarre, tem-se projetado através de seus trabalhos originais, estendendo os princípios da manifestação rítmica ao campo da ginástica masculina. Ligado ao movimento, Alberto Dallo, na Argentina, realiza também extraordinário trabalho criador.

A manifestação técnico-pedagógica, com suas bases assentadas na Biologia e Pedagogia modernas, tem no "Método Natural Austríaco", no momento, um ponto alto, sendo o Instituto de Educação Física de Graz o principal centro doutrinador e Wolfgang Bürger, Hans Groll e Josef Recla as figuras mais representativas do sistema. Este método está tendo grande aceitação, embora em constante evolução.

Dentro da nova orientação, numerosos são os exercícios utilizados: os naturais, os formativos, os jogos nacionais e internacionais, as formas de atletismo leve e pesado, a natação, os desportos de combate, os desportos coletivos, os desportos de inverno, a ginástica de aparelhos ("*turnen*"), a ginástica de chão, a ginástica moderna e as danças folclóricas. O movimento da juventude alemã, no seu entusiasmo pela natureza, constitui meio poderoso para o progresso das atividades físicas.

Os exercícios ginásticos austríacos são bem acolhidos no mundo. No campo da educação física escolar constituem, sem dúvida, ponto alto da escola alemã, que objetiva a auto-educação pela ação.

No campo das atividades físicas, para inferiorizados físicos, cumpre citar Hans Lorenzen. Seus trabalhos gozam de fama mundial. Erwin Mehl e Ludwig, dois austríacos, têm-se destacado nos campos da história desportiva e da medicina desportiva. Nesta especialidade é justo mencionar também o Prof. Prokop.

Karl Diem, Personalidade de Destaque das Atividades Físicas do Século XX

O alemão Karl Diem (1883-1962) foi um gigante do Olimpismo e uma personalidade extraordinária na educação física mundial. O Dr.

Erwin Mehl, figura de primeiro plano das atividades físicas austríacas, em trabalho bastante feliz, sintetizou as principais obras do grande líder, através dos 82 anos de sua longa existência. Ei-las: em 1913, o Estádio Olímpico de Berlim (Grunswald); em 1920, a Escola Superior Alemã de Exercícios Físicos; em 1922, 1926, 1930 e 1934, os Jogos Interalemães; em 1936, o Campo Nacional de Desportos e os Jogos Olímpicos de Berlim; em 1937-41 e 1952-61, as escavações no Estádio de Olímpia; em 1947, a Escola Superior de Desportos de Colônia (fundação e reitorado); em 1960, seu livro *Weltgeschichte des Sports* (História dos Desportos); em 1961, estruturou e inaugurou, em Olimpia, a "Academia Olímpica", um dos sonhos de Pierre de Coubertin. Cada uma das obras citadas poderia constituir a obra máxima da vida de um homem, dando-lhe fama e reconhecimento de seu valor. Diem criou todas elas. Além do mais, foi grande pesquisador e fecundo escritor sobre helenismo e educação física. Trabalhou sempre para tornar popular a idéia olímpica.

Do ponto de vista físico, manteve-se Diem forte até elevada idade, demonstrando, assim, a importância do exercício físico na Alemanha, fazendo lembrar o aforismo de Jean Girandoux, pensador francês, quando afirmou que para se julgar a vitalidade de um povo devemos "fazer desfilar os seus velhos". O ex-presidente Konrad Adenauer é outro exemplo positivo.

Fiel a sua memória, Lisollet Diem, sua viúva, com o mesmo entusiasmo do grande líder, prossegue, na Escola de Exercícios Físicos de Colônia, seu admirável trabalho.

Alguns anos após sua morte, foi instituído o Prêmio Karl Diem, elevada distinção da cultura alemã, para os trabalhos científicos referentes ao desporto.

XII
Movimento Doutrinário Escandinavo de Educação Física

Per Henrik Ling, pai da ginástica sueca (1776-1839).

O movimento escandinavo abrange um estudo das atividades físicas na Suécia, Dinamarca, Noruega, Finlândia, Islândia e Estônia-Letônia.

Em torno da ginástica sueca vai girar a maior parte de nossas apreciações e Per Henrik Ling (1776-1839) se constituirá na figura de especial destaque.

No decorrer desta exposição mostraremos o papel desempenhado por alguns líderes dos países citados anteriormente, ressaltando outras formas de trabalho fora da ginástica de Ling, embora criadas no meio sueco ou transplantadas de outros países nórdicos — as corridas de fundo oriundas da Finlândia, o esqui da Noruega, a luta glima da Islândia etc.

Fundamentos Históricos da Ginástica Sueca

Per Henrik Ling, poeta e educador, representa, no campo das atividades físicas, personalidade ímpar. Sua obra — a ginástica sueca ou de Ling — produto de seu espírito dinâmico e de sua intuição genial, devido aos sólidos fundamentos em que se assentou, evoluiu extraordinariamente, constituindo, hoje em dia, apesar das inovações que vem sofrendo, grandioso monumento educacional.

Como todos os precursores, contrariando as idéias dominantes no seu tempo, teve Ling de lutar com energia e tenacidade, ao procurar estabelecer rumos científicos à prática dos exercícios físicos, a fim de regenerar o povo sueco, além de arrasado pelo imperialismo russo e as guerras napoleônicas, minado pela tuberculose e pelo raquitismo. São suas as seguintes palavras: "Deixe-os gritar, eu seguirei sempre o caminho que tracei. Se não tenho razão minha obra perecerá; caso contrário, ela vencerá, apesar dos gritos."

Somente mais tarde, com o avanço do desenvolvimento social e cultural, surgido em conseqüência da necessidade de solucionar o problema da educação higiênica do povo, foram sendo aceitas suas idéias, porém

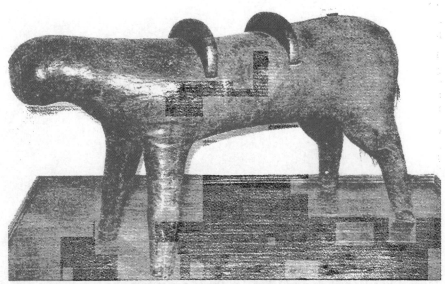

O mais antigo cavalo-de-pau. Construído há mais de 150 anos por Jahn, integra hoje o acervo do Jahn Museum de Freybourg an der Liastsut.

orientadas no sentido de uma aplicação flexível e melhor adaptadas ao indivíduo e à coletividade.

Ao criar seu sistema ginástico, nos albores do século XIX, foi Ling influenciado, sem dúvida, pelos antigos filósofos e médicos gregos e pelos educadores europeus que o precederam, tais como Locke (1632-1704), Rousseau (1712-1778), Basedow (1723-1790), Guths-Muths (1759-1839), Schelling (1775-1854), Nachtegall (1777-1847), Vieth (1763-1836), Pestalozzi (1776-1827) e Jahn (1778-1852). Dos primeiros, dentro dos cânones helênicos da formação corpórea, Ling buscou os ensinamentos que o levaram a dirigir a razão humana para estabelecer um sistema de acordo com a Ciência, com predominância anatômica em face do atraso da fisiologia.

Os sábios preceitos pedagógicos e técnicos que fundamentaram sua obra estabelecem que a educação deve visar ao indivíduo de maneira integral. As idéias de Guths-Muths, em particular, constituíram seu ponto forte de ação.

Satisfazendo sua mentalidade de artista, Ling obviamente não desprezou certas leis de estética e o respeito pelos fatores espirituais, não fosse ele poeta e admirador de Goethe (1749-1775) e Schiller (1759-1787). Nas bases do sistema, sente-se a influência do espírito aventureiro dos "vikings" e das velhas lendas da Escandinávia, descritas em profusão no poema épico "Averna" e esculpidos na estatuária de Charles Wellon (1810-1857).

Pesquisada pelo português Leal d'Oliveira, eis a tradução livre do

"Averna" (na mitologia nórdica significa heróis, semideuses): "Do rude Norte os povos que habitaram e nos ensinaram o canto e as ciências, honraram a Terra e o Céu e levaram nomes divinos e humanos, e aquele que mais alto se ilustrou através de sua espada e tradição, descendo de Hermader e de Aserne, cantá-la-ei de forma clássica e simples." Trata-se da primeira estrofe e lembra, de certa forma, a poesia épica da *Eneida*, de Virgílio, e Camões (1524-1580).

As Lingíadas

Lamentavelmente canceladas após sucesso crescente, as Lingíadas eram festas de proporções olímpicas e acontecimento educacional verdadeiramente notável.

Realizadas em 1939 e 1949, dentro de um ambiente sadio e de entusiasmo, compreensão e cordialidade, tinham por escopo difundir os conhecimentos ginásticos e honrar, de dez em dez anos, Per Henrik Ling, fundador da ginástica sueca.

Devido ao número de participantes, superior aos Jogos Olímpicos, até então as Lingíadas se impunham por ter lançado idéia nova e evoluída em matéria de festa internacional, capaz de fomentar com dinamismo vivificador o desenvolvimento da educação física em todo o mundo.

Até aquele momento, os Jogos Olímpicos, restaurados por Pierre de Coubertin, representavam a máxima expressão de cordialidade desportiva mundial, mas efetuados dentro do espírito de competição, fraterna e virilmente disputada.

Ao contrário, as Lingíadas atuavam obedientes a uma idéia mais positiva e humana, perfeitamente de acordo com o moderno conceito social de educação física. Nelas se suprimiu toda competição, sob qualquer maneira de encarar; nada de medalhas e galardões, pois os concorrentes não foram, absolutamente, postos em contacto. Cada país ou grupo, deixando de lado a vaidade natural da conquista de lauréis e representado por uma juventude saudável, nem sempre a mais dotada fisicamente, objetivava transmitir algo, estético e pedagógico, tendo em vista melhorar as condições da educação física dos povos em geral.

Em atmosfera notável de divulgação, a todos que assistiram às duas Lingíadas foi dada a rara oportunidade de ver reunidos, nas apresentações, diferentes modalidades de exercícios físicos e os maiores padrões de eficiência ginástica. Disse alguém que elas se converteram no "empório" dos valores espirituais das atividades corporais.

Em ambas as Lingíadas, completando as demonstrações, foram realizadas outras atividades, como cursos, acampamentos, corridas de orientação, exposições e, principalmente, congressos de educação física, oferecendo aos estudiosos um conjunto extraordinário de oportunidades educacionais.

As duas Lingíadas serviram para quebrar em definitivo a longa luta entre doutrinas, conscientizando os professores sobre a necessidade da universalidade dos conceitos ginásticos.

****

Igualmente, há quem veja preceitos de Kong-Fu, prática ginástica da Velha China, nos fundamentos das idéias de Ling. Ademais, René Descartes, pai da filosofia moderna e autor do "Discurso do Método", foi também um dos seus inspiradores, pois na apreciação está a base de seus acertos, fato que não passou despercebido a Demeny (1850-1917), quando afirmou: "Ling e seus discípulos levaram muito longe a análise e a ciência dos movimentos."

Ling fez estudos nas Universidades de Lund e Upsala, freqüentando o Instituto Ginástico de Natchegall, na Dinamarca, onde também recebeu aulas de esgrima dos franceses Montrichard e Bernier.

A grandiosidade do trabalho de Ling, porém, está na originalidade de suas concepções e na fecundidade de seu espírito criador e universalista. Hoje em dia, sua personalidade e sua obra constituem patrimônio cultural de todos os povos.

Partindo da idéia de que a ginástica racional constitui um meio de desenvolvimento físico, e não uma finalidade absoluta, estabeleceu Ling uma série de preceitos que, passados mais de 150 anos, provam de maneira categórica a extensão de suas concepções e sua genial clarividência, embora não tenha elaborado nenhum compêndio de ginástica. Apenas dele se conhece, publicado em 1839, portanto após a sua morte, o trabalho *Bases Gerais de Ginástica*.

Dentre outras, a sua afirmação: "Uma educação física racional tem que determinar, também, como se devem alimentar, banhar e vigorizar os jovens ao ar livre, a fim de que a inércia não os debilite", constitui o fundamento de verdadeira educação higiênica popular, dentro dos mais modernos cânones científicos. De maneira idêntica, quando expressou em um dos seus trabalhos: "Rogo a Deus que cada um dos professores e médicos futuros ampliem meus ensaios, porque assim a ginástica chegará a ter, no homem nórdico, a mesma importância que tinha nas mentes de Platão, Hipócrates e Galeno" e "Se os médicos e ginastas não enriquecerem cientificamente a ginástica, o entusiasmo que surgiu, em torno dela, morrerá em poucas gerações", deixou patente, de maneira insofismável, seu elevado espírito progressista e o conceito eclético que imprimiu à sua obra.

Em 1808, sob a influência de Ling, deu a Suécia os primeiros passos no estabelecimento da ginástica escolar. O regulamento da época determinou que, em todos os centros de educação, fossem criadas condições favoráveis para a prática dos exercícios de escalada, saltos, acrobacias, natação etc., sob a direção de um monitor e durante as horas de liberdade. Em 1826, mais um avanço foi dado, quando novo regulamento estabeleceu: "Nenhum jovem deve ser dispensado da ginástica, salvo se provar que ela lhe é nociva."

Entrando na apreciação prática dos seus trabalhos, elucidaremos que, para a realização das atividades ginásticas, imaginou Ling um sistema constituído por quatro divisões principais: pedagógica, médica, militar e estética. Porém, acionou de preferência as duas primeiras modalidades, estabelecendo para elas princípios diretores perfeitamente definidos. A primeira, destinada às pessoas sadias, foi estruturada com movimentos cuidadosamente criados, tendo o domínio do corpo e a saúde como finalidades precípuas; a segunda, comportando exercícios ativos e passivos, objetivou o tratamento de certas enfermidades e defeitos dos órgãos da postura e do movimento, de caráter patológico ou não. A educação física militar, sem substância própria, valia-se dos ensinamentos da parte pedagógica, ao mesmo tempo que a ela emprestava, sem justificativa racional, muito de suas atitudes e movimentos.

Para alcançar nas melhores condições os objetivos supracitados, bastante fecundo foi o espírito inventivo de Ling, estabelecendo idéias gerais, princípios e exercícios sistematizados, que deram à sua obra valor incontestável. Uma simples apreciação dos seus princípios fundamentais, insertos em diferentes trabalhos, mostra-nos a grandeza de suas concepções. Vejamos alguns:

1.º — Os movimentos ginásticos devem basear-se nas necessidades e nas leis do organismo humano, escolhendo as formas mais eficazes, segundo certas regras, sem esquecer as exigências da beleza.

2.º — A ginástica deve desenvolver harmonicamente o corpo, atuando sobre as suas diferentes partes, dentro das possibilidades de cada praticante.

3.º — Para efeito de controle, todo movimento necessita ter uma forma determinada, isto é, uma posição de partida, certo desenvolvimento e uma posição final.

4.º — Os exercícios empregados na ginástica pedagógica devem ser convenientemente selecionados, tendo em vista exercer o efeito corretivo sobre a atitude. Além do mais, precisam ser simples e atraentes.

5.º — A ginástica deve desenvolver gradualmente o corpo por meio de exercícios de intensidade e dificuldade crescentes, levando em conta a capacidade do praticante.

6.º — A ginástica visa tanto ao corpo como ao espírito, de tal maneira que sua prática seja sempre acompanhada de prazer.

7.º — A ginástica precisa sempre combinar a teoria com a prática.

8.º — A saúde é necessária aos dois sexos, possivelmente mais à mulher, porque sua vida dará origem a outra vida.

Estabelecidos os princípios, passou Ling a criar os diferentes exercícios do sistema, concebidos dentro de uma base anatômica da época, não esquecendo, no entanto, do emprego dos princípios fisiológicos. Exigia, também, ordem militar, cantos alegres e disciplina. Grande importância foi dada aos exercícios livres sem aparelhos, cuja execução em conjunto, de maneira fácil e estética, permitia uma prática generalizada. Porém, outros exercícios mais dinâmicos foram também imaginados: saltos no cavalo, cambalhotas, paradas e marchas sobre as mãos etc. A natação, os jogos ginásticos, a patinação e a esgrima também faziam parte do programa.

Em 1813, em prosseguimento a sua grandiosa obra, depois de titânicos esforços, realizou Ling um dos seus sonhos, fundando o célebre Instituto de Estocolmo, que, através dos tempos e sem soluções de continuidade, vem exercendo importante papel como laboratório de investigações e órgão de formação de pessoal especializado em educação física. Porém, não somente a ele devem ser atribuídas tão importantes tarefas, pois os princípios de Ling se espalharam por todo o mundo, constituindo, nos tempos atuais, com maior ou menor influência, a maioria dos diferentes sistemas ginásticos adotados no revigoramento físico dos povos. Surgiu, assim, uma gama enorme de estudiosos, críticos e inovadores, tornando o sistema de Ling, dentro da linha clássica flexível e aperfeiçoada ou sob novas formas, um padrão de eficiência.

O Instituto de Estocolmo

O Real Instituto Central de Ginástica, hoje Escola Superior de Ginástica e Desportos, pela soma de trabalhos realizados e pela difusão que tem feito da ginástica racional, constitui, sem contestação, o representante mais importante das tradições de Ling. Além da formação de pessoal especializado, fiel às idéias do mestre, ele procura aperfeiçoar os exercícios ginásticos, sem jamais esquecer de conjugar os ensinamentos do passado com as experiências do presente.

Instalado em local inadequado, antiga fundição de canhões, onde esteve de 1813 até fins de 1944, não tinha o Instituto grandes possibilidades de expansão, o que, aliás, não impediu seus progressos e realizações.

O currículo escolar inicialmente constou de ginástica, esgrima com espada e sabre e exercícios de volteio sobre um animal, tendo como finalidade precípua a formação de professores de ginástica, civis e militares, sendo maior a afluência dos últimos, aproveitados também no ensino secundário.

Com a morte de Ling, em 1839, sofreu a ginástica pedagógica certa estagnação, pois seu sucessor, Branting, pouco se preocupou com ela, interessado como foi quase exclusivamente pela ginástica médica.

Entretanto, mais tarde, já na direção do Instituto, o filho de Ling, Hjalmar Ling, retomou a ginástica pedagógica ou higiênica seu devido lugar, sofrendo os preceitos vigorantes, embora com certos senões, um trabalho de reajustamento e sistematização. Infelizmente, data dessa época a classificação dos exercícios estabelecidos por ele que, tendo perdurado por muito tempo, contribuiu para dar ao sistema certo dogmatismo, contrariando, assim, o espírito eclético que Ling, o criador do sistema, teve sempre em mira dar à sua obra. Do mesmo modo, deu Hjalmar Ling importância tal às questões de correção de atitudes e às alterações de postura, fatos que concorreram, durante muito tempo, em dar uma infeliz orientação à ginástica reduzida a exercícios corretivos, benéficos sem dúvida, mas incompletos dentro do quadro de uma educação física geral. Apesar de tudo, grande foi a importância de sua ação no desenvolvimento e divulgação da ginástica, sobretudo no âmbito escolar.

Apesar das críticas, os princípios de Hjalmar Ling foram assegurados por muito tempo, sendo Törngren e Carl Silow, entre outros, os grandes continuadores de sua obra. Niblaeus e Santesson, ao contrário, representaram as lideranças da oposição, pugnando por maior liberdade do sistema, chegando o último a pronunciar-se em favor do desporto.

Porém, os males apontados, pouco a pouco, foram sendo corrigidos, destacando-se na execução dos trabalhos de aperfeiçoamento não somente o próprio pessoal do Instituto, como, principalmente, alguns professores de nomeada, vulgarmente conhecidos como os "inovadores".

Sob o ponto de vista material, é preciso registrar que, em 1944, o Instituto deu um passo decisivo, transferido como foi para local mais adequado. Completamente modernizado, comporta atualmente grande número de instalações, notando-se entre elas o museu, a biblioteca, salas moderníssimas de ginástica, o campo de atividades físicas e o instituto de fisiologia, magnificamente equipado e servindo também para seleção dos aviadores militares suecos. Inúmeras outras instalações completam o conjunto, tornando assim o estabelecimento modelo no gênero.

Hoje em dia, nada mais tem a ver o Instituto com a formação de militares especializados e com a parte da ginástica médica, preparando unicamente professores para as necessidades escolares e extra-escolares da especialidade, sendo que, quanto ao último aspecto, grande é a colaboração dos mesmos na ginástica voluntária e no movimento desportivo. Continua sendo o estabelecimento de ensino especializado de maior prestígio no mundo.

Em 1966, em Orebro, foi criada uma nova Escola Superior de Ginástica e Desportos, idêntica ao Instituto de Estocolmo. É uma organização magnífica, moderna e funcional, provida de excelentes instalações desportivas, biblioteca, laboratório, salas de aula, ginásios, piscinas e outras excelentes instalações.

Papel dos Inovadores

Quando Ling criou seu sistema jamais imaginou a grande aceitação que o mesmo teria em todo o mundo. Em diferentes países, o sistema,

O dinamarquês Niels Buckh e alguns exercícios de seu sistema dinâmico que contribuiu para inovar a ginástica sueca.

praticado inicialmente dentro de certo espírito dogmático, evoluiu no sentido de maior ecletismo, começando a aparecer uma série de tendências novas, cujas influências se fizeram sentir na própria Suécia. Diga-se de passagem que, dentre as inovações, surgiram verdadeiros métodos, engenhosos e interessantes, mas incompletos, quase sempre, sob o ponto de vista de uma educação integral, pois, baseados em princípios fragmentários, preocuparam-se apenas com o desenvolvimento de certas e determinadas qualidades.

Desde o fim do século passado, grande foi a contribuição de muitos estudiosos, médicos e técnicos, não somente suecos como de outras nacionalidades. Deixando de lado os *continuadores*, fiéis a uma sistematização progressista mas conservadora, surgiram os *inovadores*, verdadeiros buriladores e estimuladores da moderna ginástica sueca nos seus diferentes aspectos. Zander, Viktor G. Balck (embora dos quadros do Instituto de Estocolmo), Frode Sandolin, Elin Falk, Elli Björksten, Niels Buckh, Johannes Lindhard e J.G. Thulin, entre muitos outros, são figuras de primeiro plano do grande movimento renovador.

Zander (1835-1920), estabelecendo preceitos racionais e criando uma série de aparelhos de mecanoterapia, possibilitou largo apuro e difusão da ginástica médica. Viktor Balck (1844-1920), cognominado o Pai do Desporto Sueco, difundindo a prática desportiva proporcionou à ginástica um coadjuvante poderoso de aperfeiçoamento físico e moral. Frode Sandolin, realizando trabalho pioneiro no campo psicopedagógico, traçou, de maneira precisa, normas para a ginástica infantil. Elin Falk (1872-1942), sob a influência de Sandolin, Bode e Gaulhofer, acentuando a importância do relaxamento e do ritmo, eliminando para as crianças os exercícios inadequados e transformando a ginástica "estética" em ginástica de "movimento", deu extraordinário impulso à ginástica infantil, colocando-a em melhores condições sob o ponto de vista psíquico e lúdico. Elli Björksten (1870-1947), influenciada pelos trabalhos rítmicos de Dalcroze, procurando realizar os movimentos de maneira elegante e com música, contribuiu de maneira notável na ginástica feminina. Niels Buckh (1889-1950), diretor da Escola de Ollerup (Dinamarca), quebrando o "tabu" da antiga ginástica de postura e agindo intensamente sobre a força, mobilidade e agilidade, implantou uma ginástica masculina mais dinâmica e natural. O dinamarquês Lindhard (1870-1947), apresentando nova classificação dos exercícios, criticando a prática dos exercícios respiratórios e modernizando os conceitos fisiológicos de uma educação física racional, elevou bem alto a bandeira dos princípios científicos da ginástica. Finalmente, o eclético Josef Gottfrid Thulin (1875-1965), a mais importante personalidade da escola sueca depois de Ling, com seus estudos teóricos sobre os movimentos em geral, a adoção também de exercícios físicos naturais, a incorporação do ritmo e da música na educação física da mulher, a introdução de testes coletivos e individuais na verificação dos resultados ginásticos, a organização de cursos e campos internacionais e a exploração das "sessões estoriadas" nas práticas infantis, colocou a ginástica Ling no seu verdadeiro lugar, como meio poderoso de revigoramento físico e de educação integral. Quanto às "sessões estoriadas" ou "contos do movimento" de Thulin, que vieram quebrar a rigidez da tradicional ginástica sueca infantil, diz Inezil Pena Marinho com muita propriedade: "Esta mudança tem profunda significação, pois assinala a passagem da concepção puramente anátomo-fisiológica para a concepção psicológico-social."

Thulin sempre esteve, no dizer de Leal d'Oliveira, bastante atento às mais diversas correntes da ginástica contemporânea, a fim de assimilar suas aquisições válidas em uma síntese de ordem científica, metodológica e técnica, acompanhada de excelentes ilustrações.

J. P. Muller estabeleceu um sistema prático e higiênico, através da obra *Meu Sistema*, cuja difusão no mundo foi sem precedentes.

Georges Demeny, considerado o "Pai da Escola Francesa de Educação Física", com suas críticas ao sistema de Ling sob o ponto de vista cinesiológico, embora de modo indireto, também pode ser considerado como elemento cooperador na integração da ginástica sueca. Cumpre considerar, principalmente no após II Grande Guerra, as contribuições de outras formas de trabalho, estranhas ao meio nórdico. Elin Falk, em particular, foi bastante influenciada pela Ginástica Natural Austríaca.

O aperfeiçoamento da moderna ginástica sueca não estagnou nos inovadores citados. Outros trouxeram sua ajuda, impregnando o trabalho ginástico de mais potência, flexibilidade e ritmo. Sob variadas formas de realizações, o emprego da música constitui o elemento mais característico dos tempos atuais, sendo Maja Carlquist, Hilma Jalkanen, Ernst Idla, Heinrich Medau e Klas Thoresson, entre muitos outros professores, alguns dos renovadores da ginástica de Ling. Modernamente, novos professores continuam enriquecendo a ginástica feminina no referido campo.

Maja Carlquist, falecida em 1918, procurando educar a coordenação para obter o máximo rendimento do trabalho com um mínimo de esforço, lançou, em certa época, novo elemento na ginástica, como seja a realização de movimentos ondulantes, isto é, propagando-se em forma de onda. Sua ginástica, feita com ritmo adequado, tinha caráter bem estético. Tora Amylong foi seu principal discípulo.

Hilma Jalkannen, igualmente falecida, ultrapassou a grande contribuição de Elli Björksten e deu à ginástica da mulher maior impressionismo no quadro do movimento total.

Ernst Idla, um dos citados, em outubro de 1965, esteve no Brasil e, após apresentar-se em São Paulo e Brasília, deu, no Rio de Janeiro, algumas exibições, demonstrando, no desenvolvimento do seu trabalho, modernos conceitos de método e arte na ginástica. Dentro de uma base teórica bem fundada, os exercícios devem ser executados de maneira simples e decidida e, o que é mais importante, com sublimação. Além do mais, há naturalidade em tudo, sendo utilizadas as formas mais simples do movimento, isto é, o andar e a corrida, realizados de maneira segura, flexível e elegante.

Klas Thoresson, que atuou bastante nos trabalhos de integração da ginástica sueca, é uma personalidade digna de encômios. Sua importante obra *Acrobacias, Movimentos Rápidos e Exercícios de Agilidade* fez época e contribuiu para dar maior dinâmica à ginástica clássica.

Além do dinamarquês Lindhard, já citado, numerosos foram os cientistas que contribuíram para o progresso da ginástica de Ling. Poderíamos organizar uma lista interminável, contendo os nomes de médicos e fisiologistas especializados que, através dos tempos, cooperaram ou cooperam no seu aperfeiçoamento. Uns poucos, a título de exemplo, citaremos: Knudesen (Dinamarca), Hansen (Dinamarca), Assmussen (Dinamarca), Andersen (Dinamarca), Cristensen (Suécia), Tissié (França), Gavaerts (Bélgica) e Bisquertt (Chile).

Ao terminar esta apreciação sobre o papel dos inovadores, referindo-se tanto à linha clássica como às formas independentes, façamos nossas as palavras de Erik Westergren, reitor da Escola Superior Popular de Ginástica de Lillsved: "As regras para o estabelecimento de uma sessão de ginástica tornam-se mais liberais e grande número de novas práticas foi empregado com a introdução de material de uso manual: pesos, massas, cordas de saltar, arcos etc. É óbvio que as regras atuais estão muito afastadas dos antigos "cânones" criados por Ling. Ademais, a fisiologia moderna passou a exercer um papel cada vez maior, na realização dos exercícios. O moderno trabalho ginástico, mais do que nunca, visa a dar aos praticantes boa flexibilidade e certa potência."

Generalidades Sobre a Ginástica Pedagógica

Quando Ling imaginou seu sistema, como já tivemos oportunidade de elucidar, estabeleceu para o mesmo quatro divisões principais: pedagógica, médica, militar e estética.

Mas com o correr dos tempos, embora conservando imutáveis seus princípios diretores, alterações foram feitas no sistema primitivo, de modo que, hoje em dia, a chamada normalmente ginástica sueca constitui encargo da primeira divisão, isto é, ginástica pedagógica, escolar ou de desenvolvimento geral.

Desde Ling, foi estabelecida a necessidade de os exercícios agirem, no seu conjunto, sobre todo o corpo. Mas foi Hjalmar Ling quem converteu a ginástica primitiva em um sistema racional pedagógico, imaginando, entre outras coisas, uma classificação dos diferentes movimentos conhecidos e sua seriação metódica, constituindo, assim, o quadro pedagógico simples do exercício diário, isto é, o esquema da lição de ginástica. Quebrando o caráter dogmático da sessão de trabalho dos primeiros tempos, vem esse esquema sofrendo modificações e aperfeiçoamentos constantes, formando, na atualidade, um todo de inestimável valor educacional e de ação comprovadamente benéfica sobre todo o organismo.

A Ginástica Escolar

Ao contrário do que é propalado, a ginástica sueca não é monótona, mas fonte inesgotável de prazer. Não somente de prazer, mas de vida, rapidez e disciplina. Tais têm sido seus resultados que, hoje em dia, os exercícios ginásticos de Ling estão mundialmente aceitos e reconhecidos como fator indispensável da educação integral.

Cumpre salientar que a ginástica não constitui modalidade única de trabalho físico nas escolas suecas, pois é completada por outras atividades físicas, tanto assim que, dentro do currículo escolar, a disciplina correspondente chama-se "Ginástica, Jogos e Desportos".

A ginástica, os jogos recreativos, a dança, o atletismo, a natação, os desportos coletivos em geral, o esqui, a corrida de orientação e o campismo são as atividades mais praticadas. Constam também do programa escolar os seguintes ensinamentos educativos: higiene, efeito dos exercícios, técnica de movimentos no trabalho, salvamento, conhecimento do gelo, liderança e prática do tráfego. Além disso, os alunos com deformações ou atitudes viciosas recebem aulas especiais de ginástica corretiva.

Antes da Universidade, há na Suécia dois períodos escolares: a escola compreensiva ("grundskola") e o ciclo secundário ("gymnasieskola"), sendo que este pode ser substituído pela escola vocacional ("fackskola"). O primeiro período compreende, normalmente, três fases: elementar (7-9 anos), intermediária (10-12 anos) e superior (13-15 anos). O ciclo secundário, correspondente ao nosso científico, consta de três anos (16-18 ou 19 anos) e a escola vocacional apenas de dois anos (16-17 anos).

Em todos os períodos citados, a ginástica, ao lado das demais atividades físicas escolares, deve recrear os alunos e proporcionar-lhes desenvolvimento de inúmeras qualidades: solidariedade, autodisciplina, espírito de cooperação, liderança etc.

De maneira geral, entre outros, são fatores de orientação e adaptação do trabalho os preceitos abaixo inteligentemente coordenados por Agne Holmström:

1.º — O objetivo da ginástica escolar é assegurar e reforçar a saúde, de maneira agradável e estimulante.

2.º — Sob o ponto de vista psíquico a ginástica visa dar aos alunos boa conduta, capacidade de obedecer rapidamente às ordens dadas, compreensão da importância da ação em comum, sentimento e consideração pelos companheiros, especialmente para com os débeis.

3.º — A ginástica tem por finalidade contrabalançar as desvantagens da vida sedentária da escola.

4º — A ginástica é especialmente importante para os alunos de tendências sedentárias.

5º — As práticas ginásticas visam, também, o que é bastante importante, criar uma consciência desportiva, a fim de possibilitar aos alunos a execução dos exercícios após deixarem os bancos escolares.

6º — A multiplicidade de movimentos e processos de trabalho dá ao sistema grande flexibilidade e permite adaptar os exercícios às possibilidades individuais.

Assim, para as crianças de 7 a 9 anos, a pedagogia sueca prescreve exercícios fáceis e atraentes. Os jogos constituem a modalidade precípua do trabalho, mas certos exercícios analíticos e mesmo funcionais realizados sob a forma de brinquedos são, também, largamente empregados. Ao contrário, são contra-indicadas as práticas muito localizadas, as tensões exageradas, os movimentos estáticos em excesso e os exercícios sintéticos muito intensos.

O prazer, excelente excitante da energia vital, responde pelo estímulo no exercício. Daí, principalmente para as crianças de menos idade, antes do ciclo escolar propriamente dito, ser bastante explorado, como já foi dito, o processo pedagógico da "sessão estoriada", ou, no dizer expressivo de Thulin, do "conto do movimento".

De passagem, presta-se aqui homenagem ao português Alberto Marques Pereira, o pedagogo que, talvez, nos últimos tempos, mais se tem dedicado à educação física infantil no âmbito da ginástica sueca.

Dos 10 aos 12 anos, torna-se o trabalho mais ativo e exigente. Sem mudanças bruscas, continua a prática dos exercícios da fase anterior, surgindo já a realização de atividades de forma determinada mais intensa, porém de curta duração.

Dos 13 aos 15 anos a intensidade dos exercícios aumenta, mas as prescrições vigorantes alertam bastante o professor sobre a necessidade de dosar convenientemente o esforço, em face das alterações a que estão sujeitos os adolescentes, algumas sérias, principalmente durante a fase crítica da instalação da puberdade.

Finalmente, para os jovens de 16 a 18 anos, dosada convenientemente, a ginástica praticada é em essência a mesma dos adultos, exigindo, por conseguinte, mais precisão, estilo, forma e intensidade. A destreza é bastante procurada.

Quanto às prescrições que regem a *ginástica feminina,* podemos dizer que, de modo geral, são as mesmas estabelecidas no nosso meio. Em princípio, até a idade de 7 ou 8 anos, as indicações são as mesmas para ambos os sexos, por isso mesmo praticadas em conjunto. Daí em diante, os exercícios e processos de ação são convenientemente escolhidos, tendo em vista as condições particulares da mulher. O ritmo e o trabalho musicado são muito explorados em todas as escolas modernas de ginástica sueca feminina.

Elli Björksten, que muito influenciou o sistema sueco, lançou preceitos admiráveis para a modernização do trabalho físico da mulher, preocupando-se com a integração do corpo e do espírito, tornando assim o exercício não somente um ato puramente mecânico, mas também uma expressão dos sentimentos. Outra não é a concepção de Idla e demais orientadores da ginástica feminina moderna.

Generalidades Sobre a Ginástica Médica

Na moderna ginástica sueca, além da ginástica pedagógica, a ginástica médica ocupa lugar de importância, estando perfeitamente de acordo com as atuais conquistas da Ciência, constituindo mesmo elemento valioso no tratamento de certas e determinadas enfermidades e defeitos dos órgãos da postura e do movimento. Ela exerce ação terapêutica poderosa, por meio de exercícios ativos ou passivos, normalmente em combinação com a massagem e certos métodos de treinamento.

Além do Instituto Sueco de Ginástica Médica (Karoliska Sjukhuset, em Estocolmo), encarregado da formação de especialistas (fisioterapeutas), há com a mesma finalidade, em Lund, outro estabelecimento de ensino — o Instituto Sul-Sueco de Ginástica Médica.

Uma das modalidades do trabalho ensinada nos institutos médicos supracitados — a ginástica corretiva — é também assunto de aprendizagem no Instituto Central de Ginástica. Nem podia ser de outro modo, pois ela constitui comumente forma complementar de ginástica higiênica. Apresentamos, em seguida, a título de exemplo, uma sessão de ginástica corretiva visando à correção da postura e da atitude: Ei-la:

1. Pequeno jogo (com correções eventuais da atitude).
2. Deitado: exercício de relaxamento muscular.
3. Em decúbito dorsal, pernas flexionadas — correção da lordose.
4. Em decúbito dorsal, pernas flexionadas — a "bicicleta".
5. Em decúbito dorsal — relaxamento muscular.
6. Em decúbito dorsal, pernas flexionadas — exercícios respiratórios.
7. Em decúbito dorsal, pernas flexionadas — flexão da cabeça à frente.
8. Saltitamentos.
9. Sentado, pernas cruzadas — flexão do tronco à frente seguida de endireitamento progressivo.
10. Sentado, pernas cruzadas — movimentos corretivos da atitude dos ombros.
11. Correção da posição, em frente de um espelho.
12. Marcha e corrida curta.
13. Sentido — correção da posição.

Analisando tais exercícios, vemos que, pelas suas ações corretivas e fortificantes, eles exercem ação intensa sobre a inervação, o sentido muscular, a flexibilidade articular e o desenvolvimento da força. Há também trabalho de fixação de hábitos de boa atitude.

Todos os pormenores da técnica-ginástica destinados aos enfermos, mulheres grávidas, crianças ou adolescentes portadores de desvios da coluna vertebral e pés chatos estão perfeitamente definidos, existindo mesmo vasta literatura estabelecida com apoio em longos estudos e experiências.

O Movimento de Ginástica Voluntária

A ginástica sueca voluntária não é um movimento popular do tempo de Ling, ao contrário, sua evolução foi bastante lenta, constituindo fenômeno moderno. Thulin, Holmström e Westergren são três nomes intimamente ligados à sua larga difusão. Nos primeiros tempos a prática do exercício limitava-se à Escola e ao Exército. Porém, em 1823, fato comprovado por um quadro existente no Museu de Estocolmo (pintado por Thor Fagerkvist), já havia preocupação de sua prática voluntária fora dos meios citados.

Durante toda a vida da ginástica sueca, jamais foi vista, como nos últimos trinta anos, a participação perseverante de milhares e milhares de pessoas na prática diária dos exercícios. Para se aquilatar do entusiasmo pela ginástica voluntária, também chamada de massa, basta dizer que somente na Suécia há mais de 2.500 associações com mais de 5.000 turmas organizadas, 6.000 instrutores e 300.000 praticantes de todas as idades (inclusive "Seções de Veteranos" de mais de 60 anos), cabendo à Federação Sueca de Ginástica a direção de todo o movimento, cuja finalidade principal consiste no apuro da saúde popular. Porém, bem vasto é o programa da Federação, cheio de trabalhos e iniciativas de interesse humano e social: colônia de férias para escolares e operários, campanha de educação sanitária, festivais de ginástica etc.

Como as instalações adequadas para a prática são insuficientes, todas as salas de ginástica escolar foram postas à disposição do movimento. Além disso, inúmeros são os locais provisórios e grande a utilização de aparelhos improvisados. Sedes de clubes, prefeituras, museus, salas de reunião etc. constituem comumente locais de trabalho.

Embora norteada pelos mesmos princípios da ginástica pedagógica, salvo em alguns grupos renovadores, toma a ginástica voluntária, conforme a natureza dos praticantes e os processos a empregar, várias denominações: desportiva, de exibição, dos comerciários, dos industriários, das donas-de-casa, de conservação, de pausa, de quarto, pelo rádio, pela televisão etc. Dentro da grande variedade de emprego, servindo a uma grande massa do povo, é interessante ressaltar o importante papel por ela exercido.

Como vimos, através de enumeração anterior, variados são os aspectos apresentados pela ginástica voluntária, todos úteis e de elevado alcance psicossomático, recreativo e social. Porém, para que melhor se ajuíze da natureza do trabalho, tomemos a prática da ginástica de pausa em uma fábrica, constituída por homens e mulheres, a fim de possibilitar uma idéia mais exata sobre a grandiosidade do movimento.

Quando o instrutor entra em uma oficina para começar sua tarefa, diz Holmström, são paradas imediatamente as máquinas, abrem-se as janelas, os operários colocam-se nos lugares vazios e é iniciado o trabalho ginástico. Não são executados exercícios difíceis e a sessão dura de oito a dez minutos. Constam do trabalho alguns flexionamentos simples, tais como inclinação lateral, flexão do tronco no plano ântero-posterior, movimentos para acionar as articulações e músculos que durante o trabalho ficam contraídos ou sem ação. Todo o organismo do praticante é acionado, e o bem-estar cresce de maneira notável, o que é de grande importância para a alegria do trabalho.

Tal movimento, comportando crianças de ciclos pré-primário e primário, adolescentes, jovens, donas-de-casa, adultos e pessoas aposentadas, possibilita a prática de exercícios, no dizer de Olaf Kihmark, ex-secretário da Federação Sueca de Ginástica, dos 3 aos 67 anos, indo do mais simples até à execução das normas dos Jogos Olímpicos. Ademais, os professores suecos continuam a esforçar-se para encontrar novas aplicações para a ginástica, a fim de adaptá-la às necessidades dos praticantes.

Cumpre agora informar, em virtude da aceitação generalizada, como a ginástica voluntária se tornou um movimento popular. Para isso, vamos aproveitar uma análise sobre o assunto, feita pelo Prof. Holmström, o grande animador do "slogan" "Ginástica Para Todos" e organizador das duas Lingíadas.

Em primeiro lugar, diz ele, a ginástica mudou de caráter, isto é, perdeu seu caráter de adestramento, abandonou o excesso de posições estáticas, adotou maneiras dinâmicas de trabalho, adaptou-se aos dois sexos e a todas as idades e fez-se acompanhar de alegria, melhor estimulante para fazer o indivíduo perseverar no exercício.

Em seguida, para possibilitar um extenso movimento, por intermédio da Federação Sueca da Ginástica, foi formado verdadeiro exército de instrutores, normalmente amadores, mas capacitados com os conhecimentos necessários para dirigir os exercícios ginásticos. Diga-se de passagem que, além do Instituto Central de Ginástica, a Escola de Ginástica de Lillsved tem funcionado como a "grande forja de ideais ginásticos", organizada como está para habilitar, em cursos curtos, os ginastas de boa-vontade e de espírito empreendedor para o exercício de instrutores de ginástica voluntária.

De outro lado, além de disseminar locais para a prática ginástica, a Federação Sueca da Ginástica, por meio de propaganda inteligente, procura criar, no país, uma verdadeira consciência ginástica, utilizando para isso, principalmente, as demonstrações de ginástica e os acampamentos infantis.

Em suma, notável e extraordinário é o movimento da ginástica voluntária na Suécia, onde, desde 1912 e cada vez mais, se concretiza o lema "Ginástica Para Todos".

Além da Federação Sueca de Ginástica, com sua orientação doutrinária nos moldes clássicos, outras escolas — Maja Carlquist, Idla etc. participam do movimento popular de ginástica voluntária.

Enfim, para terminar este pequeno capítulo, aproveitando interessante observação do Prof. Jacintho F. Targa, diremos que o desenvolvimento tomado pela ginástica voluntária é de tal amplitude que, hoje em dia, tanto a ginástica escolar como o próprio Instituto de Estocolmo são por ela influenciados. A extensão do movimento não ficou na Suécia, estendeu-se com entusiasmo por todo o mundo, principalmente aos demais países nórdicos — Dinamarca, Noruega e Finlândia.

XIII
Movimento Doutrinário Francês de Educação Física

Georges Démeny (1850-1917).   Philippe Tissié (1852-1935).

O movimento doutrinário francês, oriundo dos preceitos educacionais de Rabelais, Rousseau, Pestalozzi e outros precursores, assim como impregnado do pensamento pedagógico dos enciclopedistas, foi bastante influenciado pelas necessidades militares.

Para a apreciação deste movimento, em que se alicerça parte da Educação Física brasileira, devemos considerar, sucessivamente, as figuras e os métodos de Amorós, Démeny e Hébert e as doutrinas do chamado "Método Francês" e de "Educação Física Desportiva". Ademais, informaremos algo sobre outras personalidades, cientistas e educadores, cujos trabalhos contribuíram, direta ou indiretamente, para estruturação do movimento em estudo. Os trabalhos dos líderes franceses, sobretudo a partir de 1890, vêm repercutindo nos outros sistemas de ginástica, levando-lhes numerosos elementos de aperfeiçoamento.

Principais Vultos

Francisco Amorós e Ondeano (1770-1848) era espanhol, mas naturalizado francês. Como educador físico atuou primeiramente em seu país de origem, onde dirigiu o Instituto Pestalozzi, escola com exercícios militares. Combateu nas hostes de Napoleão, demonstrando grande capacidade militar. Feito coronel do Exército francês, após ter-se exilado na França, dirigiu o Ginásio de Grenelle e, mais tarde, foi inspetor-geral dos ginásios regimentais. Pode ser considerado como o fundador da escola francesa. Em seus trabalhos sente-se a influência de Guts-Muths e Pestalozzi, tendo do último adotado a fórmula: "Todo estudo aborrece por si mesmo às crianças, se não lhe ajuntarmos um atrativo." Manteve memorável polêmica com Clias e Comte, pedagogos que lhe fizeram séria concorrência, pretendendo mesmo fazer prevalecer suas orientações. Em 1830, em colaboração com Napoleón Laisné, publicou o seu *Manual de Educação Física, Ginástica e Moral*, premiado pela Academia de Ciências. No ano de sua morte, apareceram as "Instruções" por ele elaboradas, com seu respectivo atlas, para o ensino da ginástica nos corpos de tropa e estabelecimentos militares. Foi o primeiro regulamento militar de ginástica francesa. Criou a ginástica amorosiana de maneira original, sem conhecimento do que faziam Ling e Jahn. O epitáfio gravado no seu túmulo, cheio de verdade, diz-nos do amor que dedicou à causa da Educação Física: "Amorós, fundador da ginástica em França, morreu lamentando não ter podido fazer mais por ela, em virtude dos obstáculos que lhe criaram."

Geórges Démeny (1850-1917), personalidade singular e genial, pedagogo e notável cientista, colaborador de Marey e continuador de seus extraordinários estudos cinesiológicos. Em 1890, como coordenador-mor da escola francesa de Educação Física, seu verdadeiro chefe, pôs por terra a doutrina de Amorós e de seus continuadores. Dirigiu o laboratório de pesquisas da Escola de Joinville e auxiliou a elaboração do "Regulamento dos Exercícios Físicos no Exército". Fez sérias críticas ao Método Sueco, baseado em estudos cronofotográficos e observações científicas e publicou numerosas obras de elevado valor cultural, entre elas as *Bases Científicas da Educação Física, Mecanismo e Educação dos Movimentos, Escola Francesa, Educação e Harmonia dos Movimentos, Danças Ginásticas* e *Educação e Esforço*. Todos esses trabalhos permitiram retirar o caráter acentuadamente militar da ginástica francesa, ao mesmo tempo que deram um passo decisivo para formar verdadeiros educadores. Démeny foi trabalhador incansável e muito resignado em suas desventuras. Dizia ele: "Eu me consolo das minhas desditas, constatando que meus trabalhos foram úteis e que valeu a pena serem desenvolvidos, pois frutificarão em outras mãos." Pensamento extremamente parecido com o de Ling.

Geórges Hébert (1875-1957), Oficial de Marinha e criador do "Método Natural". Iniciou seus ensaios na Escola de Fuzileiros Navais de Lorient (1906), dirigiu o Colégio de Atletas de Reims (1913), fundou um centro de educação física feminina, cuidou dos exercícios para crianças e adolescentes e escreveu numerosas obras técnicas, entre elas a *Educação ou Treinamento Completo pelo Método Natural*, a *Lição-Padrão de Treinamento Completo Utilitário*, o *Guia Prático de Educação Física*, o *Código de Força*, a *Educação Física Feminina, Músculo e Beleza Plástica*, o *Desporto Contra a Educação Física* e a *Educação Física Viril e Moral pelo Método Natural*. Esta última obra, em vários volumes e plena de ensinamentos técnicos, deve ser lida por todos os professores de educação física, quaisquer que sejam suas orientações doutrinárias. Na elaboração de seu método foi influenciado por Amorós e Démeny. Convencido do valor do exercício natural, lutou sempre contra a implantação da ginástica sueca e do desporto em sua pátria. Colaborou na revista de educação física, por ele fundada, até seus derradeiros dias.

Philippe Tissié (1852-1935), o "Ling Francês", médico, educador e criador da célebre Liga Girondina de Educação Física, posteriormente transformada em Liga Francesa de Educação Física. Líder entusiasta e ligado à Escola Sueca, da qual foi propagandista infatigável, estabeleceu alguns preceitos admiráveis no campo da ginástica, podendo também ser considerado, pela constância e vulto de suas críticas, como um dos construtores da escola francesa. Introduziu os jogos ao ar livre nos liceus e escolas primárias do sudoeste da França, aos quais juntou, mais tarde, a ginástica sueca e os desportos do exterior (alpinismo, marcha, ciclismo etc.), tudo controlado pelo pedagogo e pelo médico. Organizou, durante muito tempo, em caráter anual, as "Lindits", grande festa escolar, verdadeira síntese de educação integral.

Em certa época, protestou contra tudo que fora feito em matéria de educação física, reunindo seus artigos em um livro intitulado *Cem Anos de Erros*. Publicou numerosas obras: *Educação Física, A Fadiga e o Treinamento Físico, A Educação Física e a Raça* e *O y da Respiração*. Em trabalho apresentado no Simpósio de História da Educação Física, em Israel, Pierre Seurin reuniu grande número dos pensamentos de Tissié, extraídos dos seus livros e com suas próprias palavras. A eles juntamos outros do grande educador, colhidos em outras fontes. Eis alguns:

1. A Educação Física deve ser matéria universitária.
2. Os instrumentos valem pelos artistas que os utilizam.
3. A ginástica aborrecida não existe; o que existe são mestres aborrecidos.
4. É preciso elevar o nível científico dos futuros professores, visto que o "porquê" dos exercícios é mais importante que o "como" de sua execução.
5. Educação Física e Desporto é pleonasmo.
6. Disciplinar os músculos é disciplinar o pensamento.
7. Libertar os pulmões é libertar o cérebro.
8. O movimento justo é um pensamento exato; o pensamento é o movimento em potência.
9. Diga-me como jogas e dir-te-ei como pensas.
10. Respira-se tanto com o coração como com os pulmões.
11. Cometemos grande erro afirmando a excelência da natureza. Esta não é boa nem má; é uma e outra coisa, segundo o poder de adaptação do ser humano ao meio. A natureza sacrifica o fraco ao forte; sua divisa é "desgraça aos vencidos na luta pela vida."
12. As Federações (desportivas e de ginástica) vêem apenas, na Edu-

cação Física, a exibição, os campeonatos e os recordes baseados na emotividade gregária; exaltam a força de poucos indivíduos e eliminam os que se beneficiaram dos exercícios físicos bem compreendidos e aplicados.
13. Mulheres fortes equivalem a nações fortes.
14. Temos de robustecer a função, para que possamos robustecer o órgão.
15. Marcha-se com os músculos, corre-se com os pulmões, galopa-se com o coração, resiste-se com o estômago e chega-se com o cérebro.
16. A força deve ser adquirida pela saúde e não a saúde pela força.
17. A criança é um tubo digestivo, o adolescente um pulmão, o adulto tem o dever de ser um cérebro.
18. Saber respirar é saber trabalhar. Qualquer ginástica que não seja respiratória é criminosa. Saber atuar com os pulmões é saber atuar com o cérebro. Pode-se viver vários dias sem alimento, mas não sem respirar.

Esteban Jules Marey (1830-1904), fisiologista de renome internacional. Dedicou-se ao estudo do movimento, tendo criado métodos gráficos e cronofotográficos de investigação. Foi mestre de Démeny Escreveu inúmeros trabalhos: *Fisiologia do Movimento, O Homem em Movimento, A Máquina Animal* etc.

Fernand Lagrange (1846-1909), cientista de valor. Estudou e divulgou os efeitos fisiológicos e higiênicos do exercício. Atraiu a atenção dos meios oficiais e científicos quanto à importância dos exercícios físicos. Esteve na Suécia, juntamente com Démeny, onde se aprofundou no conhecimento do método de Ling, a ele aderindo. Incentivou muito a prática dos jogos ao ar livre. Publicou, entre outros, os seguintes trabalhos: *Fisiologia dos Exercícios Corporais, A Higiene do Exercício Entre as Crianças e os Jovens, Movimentos Metódicos e Mecanoterapia.*

Maurice Boigey, sucessor de Démeny na Escola de Joinville e autor de vários trabalhos de real valor: *A Hidroterapia e a Massagem, Traumatismos Desportivos* e *Manual Científico de Educação Física* etc. A última obra enumerada, apesar dos anos decorridos, ainda constitui excelente fonte de consulta.

P.H. Clias, Triat, Eugène Paz e *Belin de Couteau,* entre muitos outros educadores e médicos, foram personalidades atuantes no meio francês e deixaram, através de seus estudos e práticas, nem sempre perfeitamente identificados com a chamada escola francesa, traços na doutrina em evolução. Sob o ponto de vista pedagógico-desportivo, cumpre mencionar também uma figura marcante, cuja ação estudaremos posteriormente: Pierre de Coubertin.

Método de Amorós

Este método, ponto de partida da sistematização da educação física na França, tinha por objetivo fazer homens completos, não somente fortes e endurecidos, mas, sobretudo, corajosos e audazes, possuindo justo sentimento do bem, do dever e do devotamento. Tinha em mira o desenvolvimento das qualidades físicas, o aumento da energia e a exaltação dos sentimentos elevados.

O utilitarismo ocupava lugar privilegiado entre os preceitos básicos do sistema, constituindo mesmo, posteriormente, característica constante da linha francesa.

Para verificação dos resultados do trabalho físico, de maneira apropriada, estabeleceu Amorós dois tipos de fichas individuais. A primeira era de informações gerais e a segunda do aproveitamento do treinamento.

Admitia o sistema três tipos de ginástica: civil, militar e médica. Condenava o funambulismo, que, no dizer de Amorós, "começa onde a utilidade do exercício cessa". Na prática, a rudeza e a brutalidade eram repudiadas; muita importância tinha a educação moral dos praticantes, e as exercitações, convenientemente conduzidas, procuravam sempre integrar o corpo e o espírito do educando.

Utilizava a ginástica amorosiana uma gama enorme de exercícios, embora alguns um tanto empíricos, comportando o conjunto 17 séries. Os exercícios de marchar, trepar (inclusive trabalho no trapézio), equilibrar, saltar, levantar e transportar, correr, lançar, nadar, mergulhar, escorregar, patinar, esgrimir, dançar, utilizar o cavalo, praticar o tiro, jogar bola, boxear com os punhos e pés e muitos outros faziam parte dos programas de treinamento.

A sucessão e a alternância dos exercícios, no quadro de uma sessão de trabalho, eram mais ou menos semelhantes ao atual "Circuit-Training".

De 1820 a 1890 constituiu-se no método ginástico mais utilizado na França, chegando mesmo a ser praticado no início do século XX e tornando-se superado pelas novas orientações resultantes dos trabalhos de Marey, Démeny, Lagrange, Tissié e outros. A partir da mesma época, a ginástica sueca, impulsionada pelos dois últimos, começou a crescer, principalmente na região noroeste do país.

Método de Démeny

Para Démeny, a Educação Física é o conjunto de meios destinados a ensinar o homem a executar qualquer trabalho físico, com o máximo de economia no emprego da força.

Apoiado na Ciência, fez sérias críticas ao método sueco e lançou as bases da educação física francesa, de características essencialmente ecléticas, experimentais e fisiológicas, através da execução de movimentos ginásticos completos, arredondados e contínuos. Preconizou também a ginástica feminina dançada com acompanhamento musical. Preocupou-se com a saúde da mulher, procurando combater os chamados hábitos elegantes: uso de cintas, saltos altos, porta-seios etc. Apesar de tudo, tanto sua ginástica como sua pregação, assentadas em sérios estudos, não obtiveram grande êxito no campo prático.

A lição do método, que influiu na organização de sua congênere do Método de Joinville, apresenta as seguintes características: completa e útil, graduada em intensidade e dificuldade, atraente e disciplinada. Efeitos higiênicos (saúde), estéticos (beleza), econômicos (habilidade) e morais (virilidade) são ventilados no trabalho realizado.

Esta ginástica influiu, não resta dúvida, sobre as formas rítmicas expressivas dos exercícios femininos modernos. Propriamente dela, hoje em dia, nada mais resta.

Método de Hébert

Também chamado "Método Natural", foi organizado, como já se expressou, por Geórges Hébert. Viajando através de lugares pouco civilizados, principalmente na região do Orenoco e nos mares do Sul (Oceania), pôde esse extraordinário educador observar os silvícolas, que desfrutavam de excelente saúde, postura e elevado grau de robustez. Mais ainda, estudando as civilizações primitivas, verificou que a vida ao ar livre, em contato com a natureza, dava ao homem perfeitas condições físicas em face de suas constantes atividades na luta pela existência. Também os animais, machos e fêmeas, foram por ele observados, notando perfeita igualdade de condições nos seus esforços físicos.

Baseado nos fatos expostos, que se caracterizam pelo retorno à natureza, criou Hébert, de acordo com as condições da vida moderna, o seu método — estético, higiênico e cheio de utilitarismo. Dez são as famílias dos seus exercícios naturais: marchar, correr, saltar, quadrupedar, trepar, equilibrar, levantar, lançar, defender-se e nadar. Condenou sempre o desporto e as ginásticas sueca e de aparelhos artificiais. "Ser forte para ser útil" é o lema do método.

O método grupa os exercícios naturais dentro de um quadro pedagógico — a lição. Através dela, ministrada em um pátio ou no decorrer de um percurso, preparado ou não, o praticante realiza um esforço progressivo e total, jamais localizado. A continuidade e a alternância dos exercícios são os dois princípios básicos na condução do trabalho. Ao término da sessão realiza-se uma volta à calma, seguida de banho.

Embora tenha muita coisa do Método de Amorós, dele difere totalmente por seus procedimentos técnicos e orientação doutrinária. Dentro de uma concatenação feliz, o Método Natural representa excelente contribuição para a ginástica mundial.

Prescreve o método um concurso bastante interessante — o do atleta completo —, onde o disputante deve demonstrar qualidades de agilidade, força, velocidade e resistência.

Quanto ao valor do método, nenhum elogio lhe é mais sugestivo do que o expresso por Boigey, lembrando ações militares da Primeira Grande Guerra (1914-1918): "Ele nos deu os imortais fuzileiros do Yser."

Durante a ocupação alemã na França, de 1940-1945, voltou o Método Natural, já em declínio, a ter novo período de adoção, tendo sido sua prática determinada pelas autoridades de Vichy, apesar da não-colaboração de Hébert. Nas sessões de trabalho deste método e no de Joinville-le-Pont, comportando trabalhos de esforço e contra-esforço, é interessante constatar, há algo semelhante ao atual "Interval-Training". Na aplicação dos princípios da continuidade e da alternância mantém sempre o ritmo circulatório do praticante em movimento constante, com reais benefícios para o funcionamento do seu mecanismo de regulação, traduzido por melhor fornecimento de oxigênio aos músculos.

Embora com numerosas contradições, sua filosofia de trabalho acabou influindo em quase todas as orientações doutrinárias modernas, em particular na melhoria das funções, no trabalho ao ar livre e na natureza, no emprego de atividades naturais e utilitárias e na execução dos exercícios com o tronco nu.

Cada dia que passa, fora da sistematização em estudo, mais terreno ganha o exercício natural, utilizado em todo o mundo e influindo no aperfeiçoamento dos antigos sistemas. Suas vantagens sobre o movimento ginástico artificial, construído, são incontestáveis, principalmente porque melhor atende aos princípios psicofisiológicos e sociais do indivíduo, servindo, em particular, à época desportiva dos nossos dias.

Método Francês

O Método Francês, produto de mais de um século de trabalhos pertinazes a partir de Amorós, foi elaborado na Escola de Joinville-le-Pont, fundada em 1952, e que contou, de início, com a colaboração do Cmt. d'Argy e de Napoleón Laisné, ambos discípulos do citado precursor. No fim do século XIX sofreu influência do desporto inglês e da ginástica sueca. Mais tarde, Lagrange, Démeny e Boigey contribuíram, de maneira notável, na estruturação fisiopedagógica do método, também bastante influenciado pelos trabalhos de Hébert. A codificação definitiva surgiu a partir de 1927, com a publicação do *Regulamento Geral de Educação Física,* plano de educação corporal para o conjunto da nação. Introduzido no Brasil, foi difundido por todos os recantos do território nacional, graças ao trabalho entusiástico, à operosidade e ao espírito de civismo dos pioneiros da nossa Educação Física.

Eminentemente eclético, é o método contrário à estagnação. Nele, cada experiência nova sancionada constitui um passo na senda do progresso.

Para a realização do trabalho, quatro são as regras a seguir: grupamento dos indivíduos, adaptação do exercício, atração do exercício e verificação periódica.

O método para alcançar os seus objetivos preconiza sete formas de trabalho: jogos, flexionamentos, exercícios educativos, exercícios mímicos, aplicações, desportos individuais e desportos coletivos. Elas são utilizadas, dentro de diferentes regimes de trabalho, no quadro da lição de educação física.

A lição de educação física do método divide-se em três partes: sessão preparatória, lição propriamente dita e volta à calma. A primeira compreende os seguintes exercícios: evoluções, flexionamentos de braços, pernas, tronco, combinados, assimétricos e da caixa torácica. A segunda comporta exercícios naturais das sete famílias: marchar, trepar (escalar, equilibrar), saltar, levantar e transportar, correr, lançar e atacar e defender-se. Finalmente, a volta à calma, constituída por exercícios de fraca intensidade: marcha lenta com exercícios respiratórios, marcha com canto ou assobio e alguns exercícios de ordem.

A classificação em famílias foi inspirada no método de Hébert que, por sua vez, buscou ensinamentos em Amorós, sem dúvida, inspirado pelas atividades do jovem Gargântua, de Rabelais.

Embora o método esteja em desuso, suas regras gerais de aplicação e seus elementos de trabalho ganham, cada vez mais, força, expressão e valor quando se toma conhecimento das modernas orientações no campo das atividades físicas.

Educação Física Desportiva

A Educação Física Desportiva constitui, hoje em dia, o ponto alto da escola francesa, marcada, principalmente, pelos trabalhos do Instituto Nacional de Desportos, inteligentemente orientado, no começo de sua ação, pela figura ímpar de Baquet. Novos tempos, novos rumos. Assim, tendo em vista a experiência, a psicologia da juventude e os conhecimentos filosóficos e científicos, a nova orientação francesa, aproximando-se das demais doutrinas para integrá-las no seu sistema, procura substituir o exercício feito por obrigação pelo executado por prazer ou necessidade imperiosa.

Tudo é feito para englobar o indivíduo como um todo. Os exercícios devem atuar simultaneamente sobre o corpo, o espírito, o caráter e o senso social. E nada melhor do que o desporto, o qual, revelando em seu desenvolvimento atividades e tendências, cria bons hábitos sociais e morais.

As etapas da educação física desportiva são:

1ª Iniciação Desportiva — generalizada ou especializada.
2ª Treinamento Desportivo — generalizado ou especializado.

Os movimentos empregados, selecionados dentro de um critério bastante geral e psicofisiológico, correspondendo à evolução do indivíduo, comportam seis classes de exercícios: instintivos ou naturais e jogos, preparatórios ou de formação corporal, desportos coletivos, desportos individuais, desportos de combate e desportos ao ar livre ou de exterior.

Sua forma mais simples de trabalho, em um quadro pedagógico, é a chamada "Lição de Educação Física Desportiva Generalizada", comportando, na sua organização, quatro partes:

1º Exercícios de aquecimento (efeitos higiênicos).
2º Exercícios de flexibilidade e desenvolvimento muscular (efeitos morfológicos).
3º Exercícios de agilidade e de energia (efeitos sobre o caráter).
4º Exercícios desportivos sob forma lúdica, tendo caráter de competição.

No fim da sessão será ministrada uma volta à calma.

Considerando que os movimentos espontâneos e naturais despertam prazer pela atividade física, procura o sistema, através da lição generalizada, livrar-se da concepção de uma única ginástica e de um único desporto de especialização prematura, realizando a unificação das duas atividades.

O Prof. Augusto Listello, da França, ao lado dos seus colegas brasileiros, tem contribuído bastante para o conhecimento dos pormenores da educação física desportiva generalizada no nosso meio.

Pelo visto, a novel expressão da doutrina francesa, integrando o desporto e a ginástica, está inteiramente de acordo com o processo de universalização dos conceitos do campo da educação física. Fiel ao seu passado, mas robustecida pelos progressos da Ciência, a escola francesa mantém objetivos claros relacionados com as exigências da vida atual: aperfeiçoamento real da natureza humana, sentido social, rendimento máximo obtido por exercícios globais e elevado espírito desportivo.

XIV
Movimento Desportivo Inglês

John Locke, o primeiro a atribuir valores educativos aos jogos.

Na Inglaterra, fatores políticos, religiosos, sociais e de ordem econômica exerceram influência capital no desenvolvimento da educação física. Segundo Celestino Marques Pereira, em seu *Tratado de Educação Física* (p. 310), "a importância moral e, em particular, psíquica, atribuída à prática dos meios físicos, ocasionando marcada preferência pelos jogos, com prejuízo dos exercícios sistematizados de ginástica", é característica importante do movimento desportivo inglês.

O mesmo autor aponta outras características:

1. A interferência ativa, mais real e efetiva que em nenhum outro país, dos membros da Igreja Protestante e mesmo da Igreja Católica no movimento educativo, capazes de saber avaliar a benéfica reação que o mesmo ocasionaria no ambiente social, na moralização dos costumes e na formação do caráter da juventude;
2. A enorme e rápida expansão que teve este movimento, não só no meio escolar, mas, ainda, em todas as camadas da sociedade, o que, em grande parte, se deve ao emprego preferencial dos jogos e dos desportos, que motivaram, comparativamente a qualquer outra forma de atividade física, agrado maior e mais espontâneo;
3. O particular sentido higiênico que teve, a partir do início, a educação física na Inglaterra, interessando-se, em especial, pelas atividades físicas que poderiam ser praticadas por uma massa avultada da população e ao ar livre, levando, por isso mesmo, seus praticantes a maior contacto com os agentes físicos naturais, de valor acentuadamente higiênico;
4. O caráter espontâneo e popular que assistiu ao nascimento e expansão deste movimento, que, no meio escolar, mobilizou a própria iniciativa dos alunos, dos professores e das famílias, e que, tanto ou mais do que as medidas do Governo, contribuíram para a generalização efetiva da educação física;

5. A livre iniciativa, que assistiu ao movimento da educação física, deu origem a uma opinião pública favorável ao referido movimento e a que se tomassem as medidas indispensáveis à existência de instalações e material adequados, embora tivesse motivado, igualmente, a carência de uma base doutrinária, que julgamos, pelo menos, desejável na educação física escolar;
6. A facilidade com que foram acolhidas as mais variadas orientações, nacionais ou estrangeiras, o que trouxe, posteriormente, como conseqüência, poder-se, no presente, verificar, na Inglaterra, a existência dos métodos, mais variados, embora a educação física se realize com predomínio dos jogos e desportos.

Em fins do século XVIII e início do XIX, o comércio e a indústria absorviam cada vez mais a população do país, criando ao povo e ao operário condições de vida perto da miséria, com reflexo negativo na saúde física e moral da população. Por esse motivo, a Igreja e os educadores preconizaram, para ambos os males, também a prática de jogos e desportos. Sob o aspecto higiênico e da recreação, era indicada a substituição dos divertimentos comuns ao povo e à juventude (bebida, jogos de azar e maus costumes) pelos jogos e desportos, praticados ao ar livre e num estímulo constante das qualidades e tendências naturais da natureza humana.

Contrariando todas as doutrinas pedagógicas, que aconselham as práticas físicas a partir da mais tenra idade, os ingleses as iniciaram no meio universitário, ampliando-as, posteriormente, até às escolas médias e primárias. Segundo Celestino M. Pereira, a "orientação foi considerada natural, visto ter lugar à base dos jogos e dos desportos, que requerem dos seus praticantes uma preparação física e mental, que só existe nas últimas idades do período formativo". Ainda de acordo com o mesmo autor, "mais tarde a técnica desportiva facilitaria a generalização da educação física às idades mais baixas, criando novas possibilidades técnicas e uma progressão técnica e pedagógica do exercício desportivo, que o tornou adaptável às novas exigências".

O ensino superior inglês deve-se inteiramente à iniciativa privada, a começar pelas Universidades de Oxford e Cambridge, criadas no século XII. Desta forma, a expansão dos jogos e desportos aproveitou, de forma direta e indireta, o estímulo proporcionado pela iniciativa particular. As práticas físicas foram adotadas em grande número de estabelecimentos de ensino, ao mesmo tempo que a generosidade de alguns benfeitores e a ação religiosa deram origem ao aparecimento de novos estabelecimentos, além de desenvolver os já existentes, dando vastas possibilidades e criando novos ambientes propícios ao crescimento do movimento desportivo.

J. E. Hales diz que "a partir dos meados do século XIX, e cada vez de modo mais geral, os jogos e os desportos formam parte muito importante da vida escolar inglesa. Os jogos mais populares são o futebol e o críquete. O hóquei ganha, dia a dia, maior número de adeptos. Há também o boxe, a esgrima, a natação e as corridas de "cross-country". Para todos esses desportos existem campeonatos entre as várias classes e entre colégios, sendo grande honra pertencer à equipe da classe ou, melhor ainda, à do colégio".

A partir de 1870, a lei sobre educação, atribuída a William Foster, criou a obrigatoriedade do ensino para as crianças dos 5 aos 10 anos e, em 1902, o Estado se interessou, realmente de modo efetivo, pela instrução secundária. Porém, só a partir de 1918 a obrigatoriedade do ensino se ampliou até os 14 anos.

A paixão dos métodos não existiu na Inglaterra, onde o movimento desportivo apresentou, desde seu início, cunho internacional, aberto a todas as idéias e a todas as iniciativas. Além do escocês Archibald MacLaren, apologista da ginástica alemã e autor de importantes trabalhos, vale citar a influência exercida pelo norte-americano Clias e pelo sueco Georgii, este influenciando destacados educadores ingleses, como Mathias Roth, que publicou diversos livros sobre a importância dos métodos ginásticos de Ling na educação nacional e procurou introduzi-los no exército e nas escolas.

Há, ainda, outros ingleses que se detiveram na abordagem de problemas referentes à prática da educação física, como Thomas Arnold, H. Doherty, J. Chapman, J. Chiosso, W. R. Chambers, I. Madison-Watson, J. G. Woods e Madame Brenner, autora de *Gymnastics for Ladies* (1871).

Marques Pereira afirma, em seu *Tratado de Educação Física*, que o movimento de educação física se caracterizou por uma multiplicidade grande de esforços, sem coordenação oficial aparente. Segundo ele, tais esforços visavam, porém, à formação do caráter e à regeneração física do povo inglês. A ação exerceu-se sempre num sentido, sendo rara a oposição e a polêmica doutrinária e metodológica.

A orientação esteve longe de ser perfeita, mas trouxe, contudo, alguns benefícios imediatos de grande alcance, representados pelo renascimento e a divulgação dos jogos antigos e tradicionais de forma rápida, propiciando a proliferação de associações desportivas e a construção de instalações para jogos e treinos.

O críquete, já praticado a partir de 1440, no reinado de Henrique VI, foi considerado o pioneiro de todas as modalidades desportivas, seguindo-se o "rugby" e o futebol, além de provas atléticas disputadas através do campo, superando obstáculos naturais.

O movimento desportivo inglês encontrou problemas graves para sua implantação. Em alguns estabelecimentos de ensino, o entusiasmo desmedido atribuído às práticas físicas e de competição esteve na iminência de prejudicar a formação intelectual do jovem. Não houve também a existência de fiscalização médica, segura e eficaz, devido à dificuldade material e financeira de se manter um serviço dessa natureza, e igualmente pela inexistência de Medicina escolar e desportiva, montada em moldes eficientes.

Mas, ainda nos reportando aos jogos, modalidade grandemente apoiada pelos ingleses em suas práticas físicas, vale citar a figura ímpar de John Locke, o primeiro a atribuir valor educativo aos jogos, introduzindo-os nas escolas públicas. Mais tarde, ainda na primeira metade do século XIX, Thomas Arnold divulgou-os e os empregou em larga escala, atribuindo-lhes excepcional importância na formação do jovem, o mesmo acontecendo com outras modalidades desportivas praticadas ao ar livre, como o remo e a natação.

A partir de então, a ginástica corporal e espiritual foi substituindo gradativamente os métodos essencialmente escolásticos que constituíam a sistemática da formação da juventude inglesa.

As práticas físicas não chegavam a atingir uma metodologia científica, sendo escassas as preocupações e considerações fisiológicas. A análise do movimento e o emprego do exercício analítico eram relegados a plano secundário. Longe de se assemelhar ao método sueco, a concepção inglesa de educação física aproxima-se mais do método natural de Hébert e do método desportivo, embora sem atentar para uma classificação dos exercícios segundo seus efeitos fisiológicos, conforme preconizavam Démeny e o próprio Hébert.

A concepção inglesa das práticas físicas não é somente um método diferente de educação, conforme afirma Marques Pereira, "mas uma atitude mental e uma atuação especial de elevado valor educativo".

A exemplo do escotismo, prática que os ingleses sempre cultuaram e que teve Baden Powell como seu grande incentivador, a concepção de práticas físicas, apesar de utilizar essencialmente os exercícios físicos, concorre para a formação integral da juventude. É tudo parte integrante de um todo representado pelo ensino e pela formação. Não é produto de técnicos, mas de educadores do mais alto naipe, que atribuem às atividades físicas o objetivo primário, imediato e fundamental de contribuir para a formação de uma juventude altamente sadia.

A concepção inglesa de educação física representou reação de interesse puramente formativo, pretendendo moldar o caráter em oposição à degenerescência dos costumes e como compensação ao sedentarismo escolar. Tal concepção é própria da mentalidade do povo britânico, enfatizando a prática dos jogos e demais atividades físicas ao ar livre; entretanto, apesar de suas virtudes, dificilmente conseguiria impor-se e adaptar-se à orientação mental, filosófica, política e educativa de muitos países.

Contudo, além de propiciar frutos magníficos ao povo britânico, a concepção inglesa de educação física tem proporcionado ensinamentos preciosos ao mundo civilizado.

XV
Movimento Desportivo Mundial

Aspecto expressivo da monumental exposição dos Jogos Olímpicos de Berlim (1936), vendo-se belas cópias de duas estátuas clássicas: o Dorífero, de Policleto, e o Hermes, de Praxíteles.

Nos séculos XVIII e XIX, surgiu na Inglaterra um movimento, conhecido por *cristianismo muscular*, do qual o incentivador máximo foi Thomas Arnold (1795-1842), diretor do Colégio de Rugby. Foi Arnold grande pioneiro dos jogos educativos e exercícios desportivos donde resultou apreciável parte dos desportos atuais, embora suas origens, em princípio, venham dos tempos de antanho. Ele integrou o Desporto no quadro pedagógico, dando-lhe extraordinária importância.

Ajudado por outros professores, Arnold fomentou a prática das atividades físicas, cujo aspecto recreativo foi animado de preocupações de ordem pedagógica, moral e social. A ação educativa, definida por "fair play" ou jogo limpo — assentado no respeito do indivíduo por si próprio — recorda a cortesia e a honra do verdadeiro cavalheiro. Ele traduz honestidade e integridade na competição, modéstia na vitória e serenidade na derrota.

Lamentavelmente, pelo fato de ser a vitória considerada cada vez mais importante, o desporto de competição tem-se modificado bastante, a ponto de atingir os fundamentos do "fair play".

Herbert Spencer (1820-1903), filósofo inglês, considerava a educação que desprezasse o valor físico como espécime fóssil. Ademais, ressaltava a importância do desporto sobre a ginástica.

Hoje o Desporto é um fato social que, sem medo de errar, caracteriza nosso tempo. Em alguns países, constitui quase a totalidade da educação física, sendo o espírito de competição fator de interesse, constantemente utilizado como alicerce do trabalho.

Por influência inglesa, os Estados Unidos, sobretudo no meio universitário, têm no Desporto seu meio principal de prática das atividades físicas. Tal é o gosto pela sua execução que muitos, criados no meio norte-americano, têm larga aceitação mundial: beisebol, basquetebol, "softbol" e outros. O futebol americano é uma adaptação violenta do "rugby".

No círculo dos países eslavos e magiares, foram fracas as iniciativas semelhantes aos movimentos estudados. Atividades físicas sempre existiram, sobretudo entre os húngaros, povo de tradição milenar na prática dos desportos. No campo educacional, no entanto, os primeiros passos foram ditados pelos métodos de Ling e Jahn.

Hoje a situação é diferente. Nos países da área socialista os exercícios físicos foram introduzidos na ideologia marxista-comunista, sendo as empresas responsáveis pela difusão dos desportos. Da União Soviética partiu a indicação do caminho: "Para o desporto de massa, para os recordes." De fato, brilhante tem sido o resultado, não só nela como nos seus satélites.

Partidário do desporto de competição, Pierre de Coubertin (1863-1937), com a ajuda de alguns amigos, restaurou os Jogos Olímpicos, em Atenas. Adotou como lema as palavras latinas: Citius, Altius e Fortius, significando "mais veloz, mais alto e mais forte."

Coubertin era um humanista, um educador. Ele sentia que com a competição, além do valor físico, é possível adquirir qualidades morais, e viu através do ideal olímpico a formação do homem integral. Referindo-se a ele, diz Piernavieja del Pozo, insigne professor espanhol: "Atrás de sua diminuta figura, ocultava-se a inteligência de um sábio, o coração de um herói e a energia de um gigante, tudo temperado pela serenidade do filósofo e a clarividência do pedagogo." É a figura máxima da história contemporânea do Desporto e um dos grandes benfeitores da Humanidade. Sua filosofia assentou-se no espírito grego, no ideal da cavalaria e no interesse desportivo inglês, objetivando a promoção da fraternidade internacional.

Para as competições de alto nível, tendo em vista o máximo rendimento, na busca de melhor resistência orgânica, potência muscular e outras qualidades físicas, ao lado da técnica e da tática, foram criados numerosos sistemas de preparação desportiva: Sistema Finlandês (Lauri Pihkala), Fartelek (Gösser Holner), Interval-Training (Gerschler-Reindell-Roskmann), Circuit-Training (Adamson-Morgan), Power-Training (Raoul Mollet), Cross Promenade (Raoul Mollet), Marathon-Training (Lydiard), Contração Isométrica (Hetting, Müller, Bob Hoffmann e outros), Weight-Training (Bob Hoffmann e outros), Trabalhos Aeróbicos (Dureyckov-Fruktov), Altitude-Training (Lamartine), Aeróbicos (Cooper), Time-Lauf (Stampfl), Sistema dos Pontos Fortes (Mihaly Igloi), Método de Cerruty etc. De modo geral, cada sistema é específico para desenvolvimento de certas qualidades. Mas, hoje em dia, o treinamento é total: age-se planejadamente e de maneira ordenada sobre todos os aspectos psicossomáticos do atleta. Ao lado dos sistemas, além da *medicina desportiva*, existe o chamado *treinamento invisível* (preparo psicológico, questão da alimentação, melhoria dos hábitos e sistema de vida, cuidados de revigoramento, adaptação e emprego adequado das horas de lazer). Numerosos homens da Ciência têm contribuído, cada vez mais, para a melhoria do desporto competitivo.

De tudo expresso, uma coisa é certa: não há um único sistema de trabalho a empregar, pois muitos caminhos conduzem ao sucesso. O treinamento age, na atualidade, de maneira eclética, mas sente-se a influência de quatro movimentos específicos, baseados nas atuações: da União Soviética e seus satélites, dos Estados Unidos, da Europa Ocidental e do mundo asiático.

Considerações Finais

Através dos fatos relatados, de maneira sintética e progressiva, procuramos posicionar as atividades físicas no tempo e no espaço.

Partindo de priscas eras, expressamos o sentido utilitário, ritual e recreativo do exercício físico nas civilizações primitivas. Sem pormenores, comentamos algo sobre o passado desportivo dos povos do Oriente e dos indígenas americanos. Contrastando a diferença, ressaltamos a grandeza da palestra grega e o espetáculo sangrento do circo romano. Marcando uma parada ao progresso, ficamos desolados diante do quadro medieval, apesar do valor moral do cavaleiro. Com a revolução cultural renascentista, motivada por geniais precursores, sentimos o retorno dos preceitos de uma educação física humanista. Sem excesso de dados doutrinários, mostramos as principais sistematizações, criando unidades de trabalho físico, no centro, norte e oeste da Europa, e na Grã-Bretanha. Como coroamento, tratamos do olimpismo e atingimos os tempos atuais com nosso pensamento voltado para o futuro.

Na realidade, pouco foi exposto, mas o conjunto do trabalho, encadeando os acontecimentos, permitirá ao leitor, diante de certas considerações, refletir sobre o assunto e dele retirar suas próprias conclusões, para melhor compreender os fatos das atividades físicas nas situações presentes e futuras.

No atual mundo em transformação, marcado por uma civilização intelectualista e tecnológica, além da explosão demográfica e da violência, da fome e da poluição, numerosos outros problemas constituem atentado permanente à saúde do homem e fazem surgir a questão da defesa do seu todo psicossomático.

Não temos dúvida de que nas atividades físicas, sobretudo no desporto, como fator de equilíbrio, está parte apreciável das medidas salvadoras.

Estamos no século do homem "sentado". Ortega y Gasset (1883-1957), filósofo espanhol, escreveu com muita propriedade que "a sociedade moderna industrial está ameaçada de perder sua vitalidade". A diminuição das horas de trabalho e conseqüente aumento da folga, se não consideradas no presente momento, constituirão, em futuro próximo, sério problema social de grande complexidade e de difícil solução. As horas de lazer, quando mal aproveitadas, são grandes inimigas do homem. Diz bem o adágio popular, na sua sabedoria, que "a ociosidade é a fonte de todos os vícios".

O corpo humano é formado para a ação muscular e não para o repouso excessivo. A sociedade moderna, destruindo cada vez mais sua movimentação e trabalho, tem de buscar exercitações compensadoras, a fim de assegurar o equilíbrio pessoal de seus componentes. Astrand, fisiologista sueco de alto gabarito, costuma salientar que a boa conduta física é imprescindível tanto para a vida diária e profissional como para o êxito desportivo. A educação física deve ser permanente, desde a infância à velhice, por meio do exercício adequado de valor formativo ou de conservação.

O exercício corporal, na busca da condição física geral, necessita, para ministrá-lo, de professores qualificados, capazes de considerar o homem como unidade psicofísica indivisível. A saúde terá valor significativo, mas o apuro das qualidades físicas, morais e sociais constituirá objetivos a alcançar no esmero da formação integral do indivíduo. Tais são as metas atuais da Educação Física.

Deve ser procurado o gosto pelo esforço físico e o sentido de vida social, a fim de se conscientizar o indivíduo para cooperar com seus semelhantes e, em particular, participar da luta contra os grandes males sociais, tais como a fome, a poluição, o terrorismo, o alcoolismo, o tóxico, a pornografia, a marginalidade etc.

Dentre as considerações acima, para todos os educadores, treinadores e dirigentes desportivos, na nossa opinião, há na atualidade cinco documentos básicos, dignos de apreço e reflexão: o *Manifesto Mundial de Educação Física* (FIEP, 1971), o *Manifesto Sobre o Desporto* (UNESCO–CIEPS, 1965), o *Discurso de René Maheu* (XX Olimpíada — Congresso Mundial da Ciência do Desporto, Munique, 1972), o *Informe Final da Conferência de Ministros e Dirigentes do Desporto* (UNESCO, Paris, 1975) e o *Manifesto do Fair Play* (CIEPS, 1976). A UNESCO lançou também, como havia prometido, a *Carta Internacional de Educação Física e Desporto*, onde estabelece que a prática das atividades físicas é direito fundamental de todos.

Após a Conferência de Ministros, o Conselho da Europa, entidade de pregação educacional ligada à UNESCO, lançou pequeno trabalho de divulgação: a *Carta Européia do Desporto para Todos* (1975). Do ponto de vista humano e social, as atividades físicas devem interessar às massas populacionais, através de prática generalizada. É um documento válido, mas cheio de lugares-comuns e falhas quanto ao rumo do atual desenvolvimento desportivo mundial, sobrecarregado de imperfeições do ponto de vista educacional. No dizer de Cagigal, filósofo do Desporto, melhor seria que o documento firmasse primeiro uma verdadeira teoria sobre a questão e, em seguida, estabelecesse os preceitos do *desporto para todos*.

Em todo o mundo, o *desporto para todos*, prática de massa, ganha terreno, constituindo-se sinônimo de educação física permanente. Ele poderá salvar o Desporto, conservando sua alegria, benefícios e valores em geral.

Além dos documentos mencionados, é importante ressaltar o atual movimento de editoração de assuntos desportivos e afins. Destaca-se, em particular, o papel das publicações periódicas na difusão das atividades físicas. Elas são numerosas e aparecem com regularidade. A maioria trata de matérias gerais, mas existem umas tantas cuidando, particularmente, de certos aspectos de sua problemática: ciências aplicadas, cultura física, desporto específico, ginástica voluntária, medicina desportiva, olimpismo, pesquisas biológicas e pedagógicas, educação física escolar, treinamento desportivo de alto nível, treinamento físico militar, trabalho e lazer do trabalhador. A revista espanhola "Citius, Altius, Fortius", sem dúvida, no campo da História, é a melhor publicação mundial no gênero.

A colaboração internacional em Educação Física e Desportos, visando à fraternidade mundial e ao intercâmbio de conhecimentos, impôs a criação de organismos constituídos por pessoas responsáveis pela sua experiência, prestígio e espírito de cooperação. Além do Comitê Olímpico Internacional (COI), das Federações Desportivas Internacionais (FIS), da Federação Internacional do Desporto Universitário (FISU) e de muitas outras, todas cuidando do desporto de competição, há uma infinidade de organizações culturais, educativas e científicas das atividades físicas em geral, embora algumas cuidem, concomitantemente, das práticas competitivas. Entre tantas, cumpre ressaltar: o Conselho Internacional de Educação Física da UNESCO (CIEPS), a Federação Internacional de Educação Física (FIEP), a Federação Internacional de Medicina Desportiva (FIMS), o Conselho Internacional de Saúde, Educação Física e Recreação (ICHPER), a Associação Internacional das Escolas Superiores de Educação Física (AIESEP), a Associação Internacional de Recreação (IRA), o Conselho Internacional de Desporto Militar (CISM), a Associação Internacional de História da Educação Física e Desportos (HISPA), a Liga Internacional de Ginástica Moderna (LIGM) e a Associação Internacional de Educação Física e de Desporto Feminino (AIEPSF).

Desde a velha Grécia, sente-se enorme afinidade entre cultura e desporto, duas fontes do mesmo humanismo, na apreciação feliz de René Maheu. Ambas procedem da mesma origem: o lazer. Na realidade, são duas culturas que se entrelaçam — a do espírito e a do corpo, a do pensador e a do atleta.

O professor de Educação Física necessita ter uma cultura sólida; mais do que técnico, deve ser educador, embora suas funções sejam múltiplas nos diferentes setores sociais. É indispensável que sua formação seja em nível universitário e seu espírito aberto a todas as doutrinas teóricas e pedagógicas. Passou-se o tempo do empirismo e dos adestramentos.

Hoje em dia, sem se prender a sistemas na organização do trabalho, usando de didática própria e entrosando-se com o aluno, deve o professor acompanhar os progressos de sua profissão. Ele decide o que pretende ministrar, atuando com criatividade e de acordo com seus conhecimentos, possibilidades materiais, tendência pedagógica e desportiva, convicções e vantagens dos exercícios escolhidos, procurando formar, para um mundo novo, homens adaptáveis e não adaptados. Homens que, ao lado de forte personalidade, capacidade de ação e espírito desportivo, apresentem mente sadia, desejo de cooperação, corpo vigoroso e caráter firme, resoluto e nobre. Equilíbrio entre o espírito e o corpo, entre a afetividade e a energia, entre o indivíduo e o grupo, no dizer de um pensador. Desportistas que, no dizer de Karl Diem, notável professor alemão e gigante do Olimpismo mundial, sejam: "soldados da evolução, da ética e de uma Humanidade melhor."

Há necessidade de o professor se conscientizar, durante sua formação, de que a realidade da educação física não se limita a simples trabalho físico, de maior ou menor intensidade, mas que implica adequado comportamento e modo de vida. Procurará criar uma mentalidade desportiva nos praticantes, contribuindo assim para evitar a violência que, no momento e mundialmente, domina nos jogos. Ele será preparado, como líder e educador, para agir dentro e fora da escola, pois várias serão suas tarefas: alunos de várias idades e sexos, atividades para deficientes físicos e mentais, desportos para todos, competição de todos os níveis, pesquisas e testes de avaliação, administração de clubes etc. Ademais, é preciso que tenha tanto prestígio quanto os demais professores, qualquer que seja o meio cultural onde atue.

Aqui quanto à formação cultural do professor, desejamos expressar nossa perplexidade diante do fato de ter sido abandonado, de modo geral, o estudo da História dos Exercícios Físicos nas escolas brasileiras especializadas. Em um país de clubes, a Administração Gerencial, assentada na administração de empresa, é outra disciplina que se impõe em nova estruturação curricular. Também não se compreende a inexistência de estudos de Filosofia e Sociologia desportivas, indispensáveis na formação das teorias da Educação Física e do Desporto

A investigação científica e tecnológica alcançou em muitos países largo desenvolvimento, mormente no campo desportivo de alto nível. A pesquisa no campo escolar tem progredido mais lentamente. Em ambos os casos, é preciso que os especializados em Educação Física e Desporto se interessem por ela e tomem conhecimento dos resultados para aplicá-los, quando julgados válidos.

A Medicina Desportiva vem-se desenvolvendo de maneira expressiva, penetrando no campo da Fisiologia, da Biotipologia, da Patologia, da Traumatologia e da Terapêutica, observando o indivíduo sob os pontos de vista estático e dinâmico, diante das variadas agressões que ele sofre, sobretudo nos treinamentos e competições de alto nível, onde deve ser apreciada, particularmente, a questão do "stress".

Os testes de avaliação do esforço têm largo emprego hoje em dia, sobretudo no campo médico-desportivo. Entre numerosos, podemos ressaltar: o do ciclo-ergômetro, o do tapete-rolante, o anaeróbico de Margaria, o de Mustrand-Rhyming, o de Lutenov etc. Na educação física escolar e de massa destacamos, entre muitos, testes menos sofisticados e mais usados: o de Ruffier, Pachon-Martinet, Ruffier-Dikson, Havard, Lartigue, Faulkes e Cooper.

Reportando-nos aos sistemas ginásticos estudados, oriundos das ordenações operadas, principalmente nos meios germânico, sueco e francês, cumpre evidenciar que, de aperfeiçoamento em aperfeiçoamento, nenhum deles permaneceu absolutamente puro. No decorrer do tempo, uns influíram sobre os outros, adquirindo todos, sem exceção, caráter universal e maior desportividade. O Desporto, na atualidade, comanda o campo das atividades físicas.

De modo geral, integradas na Pedagogia, como já foram expressas, há cinco predominâncias nas atividades físicas: natural, médica, musical, psicomotriz e desportiva. Todas partiram do exercício natural, adquirindo novas expressões no decorrer do tempo. Do apoio da cultura do movimento espontâneo surgiram tais tendências, que caracterizam, com maior ou menor intensidade, os diferentes programas de trabalho. Todas agem na busca da motivação humana e de um desenvolvimento físico e harmonioso.

O termo "educação física" não mais satisfaz aos educadores e treinadores. Mais de sessenta denominações foram tentadas sem êxito. Possivelmente será substituído, em futuro próximo, por outro mais adequado, abrangendo o total dos seus atuais objetivos: atividade escolar, condicionamento do indivíduo, treinamento desportivo e animação do lazer. Tudo leva a crer que a palavra **desporto**, evoluindo na sua semântica, será o vocábulo do futuro. Na Alemanha Ocidental, por exemplo, numerosas são as instituições que já o estão adotando. O Instituto de Educação Física tornou-se Instituto de Ciência do Desporto, justificando a iniciativa com sólida argumentação pedagógica e social.

Ao lado da nova denominação, já quase consagrada, temos de estabelecer uma terminologia precisa, clara e universal, a fim de facilitar a comunicação e compreensão do ensino e a prática dos exercícios corporais. "As principais causas dos nossos erros", dizia Flaubert, "vêm quase sempre do mau emprego das palavras."

Em toda parte, apesar de certa insegurança no rumo, existe um sopro de progresso nas atividades físicas. É necessário muito cuidado com as modernas idéias e sistemas que, de quando em quando, são lançados a pretexto de rendimento, criatividade e originalidade. Tais idéias, procurando substituir coisas do passado, nem sempre têm valor real e comprovado. Modernização nem sempre é sinônimo de aperfeiçoamento e progresso.

O desporto popular, realizado de maneira voluntária, ocupa lugar de vanguarda na prática mundial dos exercícios físicos. Pode ser enquadrado no movimento do *desporto para todos*, capaz de conduzir à prática permanente, à melhoria do clima social e às condições individuais de higiene.

Na escola, ao lado do *desporto*, verdadeiro estilo de vida da sociedade moderna e agente fundamental da educação física, os exercícios da ginástica natural e neo-sueca são os da preferência dos professores.

A ginástica moderna (Bode, Medau, Hannebuth e numerosos outros inovadores dos nossos dias), as danças folclóricas, o "jazz-ballet" (Beckmann e outros) e a dança moderna constituem contribuições de tendências rítmicas, que motivam bastante a juventude. Outras orientações são seguidas, aqui e ali, no mundo atual: a Ioga, o Za-Zen japonês (trabalho de relaxamento e concentração), a Calistenia, o "Circuit-Training", os Aeróbicos de Cooper, a Contração Isométrica, a Ginástica Voluntária, a Ginástica Corretiva, a Psicomotricidade, os programas canadenses 5 BX e 10 BX, a Ginástica de Pausa, o Kong-Fou ocidentalizado, o "Jogging", a Corrida de Orientação e outras formas de cunho ginástico-desportivo marcam um verdadeiro interesse na prática dos exercícios físicos.

As danças folclóricas e certos exercícios tradicionais, reconhecidos pelo seu valor educacional, na certa não serão prejudicados pela obsessão provocada pelo desporto competitivo. Seria lamentável se na Índia, por exemplo, desaparecessem os exercícios ginásticos do Mallakamb e suas admiráveis danças cheias de força, recreação e religiosidade.

A Psicomotricidade, modelo intelectualizado da prática de Educação Física, apesar de apresentar elementos bastante válidos sobretudo para as crianças, jamais constituirá forma de trabalho de alta aplicação, pois considera o movimento como manifestação incompleta da conduta humana. De fato, junta-se à Educação, mas não se integra nela totalmente, sendo insuficiente do ponto de vista social. Tem no Dr. Le Boulch seu paladino no campo teórico, não se preocupando suficientemente com o desporto e o trabalho manual. Presta-se a toda sorte de especulações e ficará no mundo dos iniciados, não podendo substituir de maneira completa a educação corporal de massa, que procura, de forma contínua, tornar-se mais aberta e universal. Ela traz, sem dúvida, seu contingente de cooperação e as modernas obras a ela se referem constantemente. Achamos que os professores devem conhecê-la para melhor atuar nos seus trabalhos e na compreensão dos rumos futuros da Educação Física, marcada pelo aumento de sua socialização. Deve ser dada ênfase às atividades físicas da vida em geral, fato imposto pelo apuro da formação do homem novo, no campo da Educação.

Na vida social, com o tempo, as atividades físicas ganharão importância crescente. Ligadas à produtividade, na certa surgirão novas formas de trabalho, a fim de melhor capacitar o homem para que se realize de maneira integral. No próximo século, sem dúvida, além de grande competência politécnica e habilidade prática, o homem deverá ser moralmente qualificado e bastante consciente, resoluto, forte e resistente.

O grande movimento humanista da atualidade, de base filosófica e educacional, criado para intensificar a atividade física espontânea é o **Desporto Para Todos**. Ele representa, de maneira democrática, algo de muito importante quanto às necessidades humanas de relaxamento de tensões, comunicação, solidariedade, participação e expressão. É o desporto entre amigos e familiares, o desporto-jogo, o desporto-lazer, o desporto de massa populacional. Tem elevado valor formativo-educativo e recreativo e pode ser continuado, devidamente dosado, durante toda a vida. Todos devem praticá-lo, inclusive os deficientes físicos, mentais e sociais.

Na Alemanha Ocidental esse grande movimento, inicialmente conhecido pelo nome de **2ª Via** de massificação desportiva, hoje é conhecido como **Trimm**, cujo lema é expresso pelos dizeres: "Em forma, graças ao desporto." Igualmente, na Grã-Bretanha, Holanda, Bélgica, Luxemburgo e países nórdicos cresce o interesse por tal forma de desenvolvimento corporal, criado com elevados propósitos sociais.

A "mass-media" norte-americana e os países socialistas, dentro de conceitos diferentes, estão também empenhados na prática dos **Desportos Para Todos**.

A ginástica voluntária também tem seus adeptos em numerosos países. É um meio de alto valor da Educação Física, bastante significativo no preenchimento dos tempos de lazer.

Para os talentos desportivos, minoria selecionada, superdotados de elevado espírito de combatividade, há treinamentos específicos, dentro da idéia do rendimento máximo. Não constitui forma ideal de preparação física, no conceito do verdadeiro educador, mas é uma imposição do mundo atual. Não adianta aprová-lo ou criticá-lo, é preciso integrá-lo na educação.

Como vimos, vários sistemas foram criados objetivando o apuro do atleta de categoria internacional, necessários na constituição de potentes representações nacionais para competições de alto nível, pois suas vitórias significam progresso, grandeza e superioridade política.

Do ponto de vista pragmático, **até certo ponto**, as competições de vulto constituem fator de mobilização e estímulo para a prática desportiva. Na filosofia dos Jogos Olímpicos assim pensava Coubertin.

A célebre teoria da pirâmide, um tanto duvidosa e falsa em face da realidade dos fatos, deve ser analisada com inteligência. Melhor seria a representação por blocos superpostos. Na verdade, um grande campeão não resulta, progressivamente, da seleção oriunda do desporto escolar e de massa, embora neles possa ser descoberto. Se isso bastasse, dizia o saudoso Prof. Colombo, a Suécia seria a vencedora dos Jogos Olímpicos e atletas como Bikila e Wilma Rudolf, oriundos de nível social de baixa situação econômica, jamais surgiriam como grandes campeões.

Repisando o assunto, sobre o atleta de escol, com acerto diz Cagigal: "É produto artificial da técnica e da ciência aplicada a um superdotado."

Tudo leva a crer que a Educação Física futura, alicerçada nas atuais tendências, terá os seus planos ginásticos organizados com muitas atitudes e exercícios, mas os **Desportos Para Todos** assumirão, na prática, papel preponderante como elemento indispensável na vida social.

Na escola, desde o Jardim de Infância até a Universidade, caberá ao professor de Educação Física a ação principal na formação da juventude, havendo perigo se ela for concebida, unicamente, em função de altos rendimentos, com prejuízo para a maioria dos praticantes.

O praticante precisa ser informado sobre os benefícios que a atividade física acarreta, assim como sobre seus perigos, quando mal orientada. Além disso, cabe aos meios de comunicação de massa importante papel na conscientização popular, usando para isso técnicas de elevado alcance social. A propaganda é fator poderoso no desenvolvimento da educação física racional e dos desportos competitivos.

No nível universitário mundial, ao contrário do que muitos pensam, é quase inexistente a obrigatoriedade da Educação Física. Somos favoráveis a que sua prática seja facultativa, mas que nas universidades devam existir ótimas instalações e um quadro de professores e técnicos bem qualificados para realização de qualquer atividade física, humanitária ou de alto nível. No último campo, mesmo nos Estados Unidos, são aproveitados os talentos desportivos, oriundos da escola secundária ou da massa comunitária. Do ponto de formação na universidade, normalmente, eles já chegam tarde, sendo aproveitados os bem iniciados e superdotados.

Os Jogos Olímpicos, expressão máxima da prática competitiva, embora em crise motivada por seus próprios erros, constitui a mais importante reunião popular de caráter festivo do nosso tempo. Na atual fase pós-guerra, eles são marcados pelo fortalecimento do nacionalismo e pela predominância do socialismo.

Pelos seus desvios, os Jogos caminharão para um profissionalismo declarado ou disfarçado, como na decadência grega, se providências não forem tomadas pelo Comitê Olímpico Internacional (COI). Impõe-se nova estruturação da Carta Olímpica, mais liberal em certos aspectos e rigorosa em outros. Sem debilitar seu ideal, devemos reconhecer o atleta não-amador, dentro de certas condições regulamentadas. O que não se pode tolerar é a deslealdade, a mentira e a fraude, através da dopagem, e o atleta "marrom", ferindo a ética do olimpismo, além de constituir exemplo deplorável para a juventude.

Em defesa do olimpismo, a fim de reafirmar seu valor positivo, existe a necessidade de serem introduzidos alguns conceitos essenciais, tais como a neutralidade política, a participação como recompensa honrosa e a aceitação do "fair play". Será a integração da idéia olímpica no conceito da educação integral porque, caso contrário, a perda do seu idealismo levará, fatalmente, ao desinteresse e à prática perniciosa dos Jogos, podendo até fazê-los desaparecer. Eles precisam adquirir o princípio que norteia a Cruz Vermelha, não como instituição de luta desleal, mas de total fraternidade.

A decadência da Grécia trouxe, em conseqüência, a desfiguração dos Jogos, onde a coroa de louros nada significava para o atleta vencedor. A eles, como prêmio, era dado dinheiro e até uma escrava bonita, como nos afirma Diem.

Nos dias vindouros, em virtude das dimensões políticas do fenômeno desportivo, continuará a luta pelas duas linhas de ação: educação física humanista e prática desportiva agonística. Elas representam a luta do humanismo contra o treinamento exagerado, do desenvolvimento físico racional contra a alta especialização desportiva, da doutrina contra o pragmatismo, da tradição pedagógica contra a busca de recordes, da filosofia do essencialismo contra o existencialismo, do desporto-jogo contra o de alta-competição. Por determinismo social, ambas as linhas subsistirão, não adiantando uma querer anular a outra. Seus campos já se encontram perfeitamente definidos. Assim também é o pensamento de Karl Diem, Olaf Astrand, René Maheu, Philip Noel Baker, Pierre Seurin e J. M. Cagigal.

Não sendo iguais as tarefas das duas linhas, cumpre que se respeitem e colaborem entre si. A primeira agirá com mais ênfase no campo educativo-social, e a segunda no âmbito social-competitivo de alto nível.

Os verdadeiros educadores, mesmo dentro do desporto-espetáculo, continuarão a pugnar pela afirmação dos valores humanos fundamentais, procurando mantê-los de acordo com o conceito ateniense de beleza, harmonia de formas, virtude, dignidade e moderação.

Como manifestações significativas de espetáculo desportivo moderado, periodicamente são realizadas as Ginastradas (Alemanha Ocidental, Holanda, Suíça etc.) e as Espartaquíadas (Tchecoslováquia, União Soviética, Alemanha Oriental etc.); festas de movimento total de vida, expressando espírito criador, alegria de viver e desejo de competir lealmente. É pena ter desaparecido a Lingíada, festival ginástico de elevado valor pedagógico no aperfeiçoamento de professores de Educação Física.

Certas competições de alto nível, apesar da beleza e emoção do espetáculo, fogem da finalidade educativa do Desporto, por seus desvios e violências, prejudicando a formação moral de atletas e torcedores. Elas devem servir para unir os homens e não para afastá-los. É preciso repôlas no plano moral, dentro do seu aspecto positivo, de onde nunca deveriam ter sido afastadas.

O desporto agonístico ou pragmático, baseado no esforço máximo e de superação, continuará na sua rota em busca de recordes e vitórias a qualquer preço, mas acreditamos que os verdadeiros educadores, intimamente ligados pelos princípios pedagógicos essenciais, saberão impor, em todos os países, uma educação física racional, harmoniosa e útil, estruturada para ser posta verdadeiramente a serviço do homem e da sociedade. Uma educação física, não é demais repetir, plena de criatividade, motivação e desportividade.

Pelo visto, através do presente trabalho, as atividades físicas sempre acompanharam os progressos e retrocessos das sociedades. Meditando sobre sua evolução, desde o homem primitivo até os nossos dias, estamos convictos de que ela se amoldará às transformações dos novos tempos, apresentando-se, no século XXI, sadia e vigorosa, dentro de uma estrutura renovada para melhor servir ao homem e para compreensão mútua dos povos.

XVI
Alguns Líderes do Pensamento em Educação Física

Clias — Preocupava-se com os objetivos pedagógicos, estéticos e corretivos da ginástica. Inventou vários aparelhos ginásticos.

Ao longo da História, são inúmeros os filósofos e literatos que preconizaram, em suas obras, a necessidade das práticas físicas, sob variados aspectos, visando atingir o objetivo do saneamento físico e espiritual. Dentre eles, podemos citar Francis Bacon, Montaigne, John Locke, Fénelon, Boisregard, F. Hoffman, Franz Nachtegall, John Herbart, F. Froebel, Clias, Angelo Mosso, Hermann Brandt e Miroslav Tyrs.

Com exceção dos quatro últimos, os demais já foram abordados devidamente quando do capítulo referente à "Idade Média e Precursores Renascentistas".

Alguns Líderes

Angelo Mosso (1846-1910). Italiano, fisiologista de grande valor. Estudou na Suíça, Inglaterra e Alemanha. Trabalhou nos Estados Unidos como professor e pesquisador. É autor de *A Fadiga* e outros estudos sobre a fisiologia humana em grandes altitudes. Escreveu três obras sobre educação física. Inventou alguns aparelhos de aceitação universal, entre eles o ergógrafo, destinado a medir a força muscular. Introduziu na Itália, com seu prestígio e incansável labor, o desporto moderno.

Hermann Brandt (1897-1972). Nascido na Suíça e formado em Medicina, sempre manteve estreita ligação com o meio francês, orientando suas iniciativas para a ginástica médica e a medicina desportiva. Sua obra principal — *Da Educação Física aos Desportos pela Biologia* — é de real utilidade e o desporto por ele concebido — "Tchouk-Ball" — premiado pela FIEP (Federação Internacional de Educação Física).

Miroslav Tyrs (1832-1884). Doutor em Filosofia, concebeu a importância da educação física em ligação com a situação política. Sua obra, sob o ponto de vista técnico e metodológico, embora notável, não sofre confronto com a imensa repercussão social, política e educativa do movimento do "Sokol" por ele criado, sob a égide da bravura, do heroísmo, do sacrifício e da independência nacional. Condensou sua experiência no livro denominado *Fundamentos da Ginástica*. Glorificado no bronze, sua estátua ergue-se em uma praça da cidade de Praga.

"Sokol" significa falcão e a divisa da Revolução Francesa — Liberdade, Igualdade e Fraternidade — é também a sua, ainda que empregada com outro sentido.

MIROSLAV TYRS

O "Sokol", vasto movimento popular, que se estendeu, de maneira indomável, por todas as regiões eslavas e ajudou o povo checo nos seus momentos de vicissitudes, veio demonstrar quanto os problemas sóciopolíticos se relacionam, com freqüência, com os da educação física. Preparado física e espiritualmente, o povo checo enfrentou bravamente a ocupação nazista em sua pátria, fato que, nos dias de hoje, se repete contra o domínio soviético. O amor à liberdade, robustecido pela prática do exercício físico, é uma das características dos tchecoslovacos, mesmo quando submetidos à tirania mental dos opressores.

Phokio Heinrich Clias (1782-1854). Norte-americano de Boston, mas professor de ginástica na Europa. Atuou em vários países, como Suíça, França e Inglaterra. Preocupava-se com os objetivos pedagógicos, estéticos e corretivos da ginástica, sendo o inventor de vários aparelhos ginásticos. Publicou diversos trabalhos de grande interesse. Influenciado pelos princípios pedagógicos de Guts-Muths, revelou-se tenaz adversário da ginástica norte-americana.

XVII
Ideologia Olímpica

PIERRE DE COUBERTIN — Aristocrata francês, bem relacionado em todos os ambientes desportivos da Europa, tornou-se a mola-mestra do renascimento dos Jogos Olímpicos da Era Moderna, sendo eleito posteriormente presidente do Comitê Olímpico Internacional.

Para expressar algo sobre a Ideologia Olímpica, cheia de grandeza e ensinamentos, é preciso buscar dados nos Jogos Gregos e meditar sobre os pensamentos de Pierre de Coubertin.

O espírito olímpico está integrado na consciência humana. Criado na Grécia, tem suas raízes na pré-história dos povos primitivos. De maneira idêntica a quase todos os desportos, aparece em plenitude em certas épocas e entra em decadência em outras, para ressurgir, mais tarde, como fato social de importância, marcando o apogeu de determinadas civilizações. É parte imortal do homem e goza de eterna juventude.

O ideal olímpico é objeto de aspiração desportiva. Confunde-se, algumas vezes, no trato das questões competitivas, com o espírito olímpico e o "fair play".

O "fair play" é expressão inglesa de difícil tradução, cujo conhecimento, para efeito de aplicação, deve ser generalizado no meio desportivo entre atletas, dirigentes e espectadores. Em última análise, é o jogo limpo e a conduta cavalheiresca. Quando empregado, com propriedade, constitui homenagem ao valor moral do desporto e à nobreza dos desportistas.

Tiveram as competições gregas, na Antigüidade Clássica, em Píndaro, seu maior cantor. Valem por muitas palavras seus versos, escritos em dórico e acompanhados na lira, descrevendo os dias olímpicos, plenos de grandeza e esplendor:

"Ó mãe da peleja, coroada de ouro,
Olímpia, empório da verdade."

Os Jogos Olímpicos, na época do seu ponto mais alto, duravam seis dias. No derradeiro, de maneira solene, realizavam-se atos religiosos e alegres festivais. Durante a noite, reunidos juízes e desportistas vencedores, efetuava-se o grande banquete da vitória, como nos descreve Karl

Diem, notável historiador e helenista, remontando a cena com admiráveis versos de Píndaro:

"Quando ao anoitecer a formosa Selene
Envia a sua bela luz,
Durante o alegre banquete, todo o bosque
Ressoa com as notas do canto vitorioso."

Na manhã seguinte começava o regresso dos atletas para suas cidades, que se glorificavam com suas vitórias.

A celebração em honra de Zeus e outros deuses, no recinto de Olímpia, marcava a sobrevivência do paganismo, por conseguinte, oportunidade de antigas práticas, em época de progresso do Cristianismo. Levado por tal fato, o imperador romano Teodósio, no ano 394 d.C., pôs uma pá de cal em tão extraordinárias competições. Olímpia, que era o verdadeiro coração da Grécia, mesmo do mundo mediterrâneo, entrou em ruínas, mas deixou para a posteridade sua ideologia sagrada.

Se os atuais Jogos Olímpicos prosseguirem, como na Antiga Grécia, atingirão o ano 3066.

Em fins do século XIX, Pierre de Coubertin, partidário do esforço físico ao lado da atividade intelectual, e humanista impregnado das lições da Velha Grécia, como um renascentista tardiamente chegado, começou a pensar em reviver os Jogos Olímpicos, demonstrando na tarefa rara espiritualidade. Durante anos, através de conferências e recrutamento de idealistas cooperadores, sem esmorecimento, empreendeu intensos trabalhos.

Finalmente, em 1896, no estádio de Atenas, reconstruído e resplandecente de brancura, a Grécia celebrava, com indescritível entusiasmo, os primeiros Jogos Olímpicos Contemporâneos. O carro triunfal estava de novo em marcha! ... Em marcha segundo o modelo grego, impregnado do espírito cavalheiresco medieval e do sentido de fraternidade dos novos tempos. Restauradas estavam as antigas competições de Olímpia, não pela importância de suas disputas, mas, sobretudo, pelo seu elevado valor cultural, capaz de ajudar a construir um mundo melhor e mais feliz.

Citius — Altius — Fortius é o lema do olimpismo, palavras latinas significando mais veloz, mais alto e mais forte. É a divisa de todos que desejam bater recordes.

Desde a Velha Grécia, sente-se grande afinidade entre cultura e desporto, duas fontes do mesmo humanismo, na observação feliz de René Maheu, figura ímpar da UNESCO, instituição que sempre teve a consciência humana do desporto. Este e a cultura procedem da mesma fonte, que se denomina lazer. São duas culturas que se entrelaçam — a do espírito e a do corpo, a do pensador e a do atleta. Nelas está sintetizado, vindo de priscas eras, o espírito olímpico.

Cópia de um disco antigo apresentando em alto-relevo o plano traçado para as construções esportivas do bosque sagrado de Olímpia.

Lembra-nos Cagigal, expressando o pensamento de Phillipe Dezil, que o homem completo é como Eurípedes, poeta da Velha Grécia que escreveu *Ifigênia*, drama relativo à guerra de Tróia, com a mesma mão que, nos Jogos Olímpicos, recebeu a coroa de atleta vencedor. Pelo visto, a língua e o desporto constituíam requisito de cultura.

No primeiro quartel do século XX, referindo-se à literatura, Henry de Montherlant, escritor francês, disse em certa ocasião: "A poesia é o conteúdo fundamental do desporto."

As considerações acima levam-nos a assinalar, a título de exaltação do espírito olímpico, alguns pensamentos admiráveis, que ressaltam o elevado alcance social das competições olímpicas. Ei-los:

    a. O olimpismo tende a reunir em um facho radiante todos os princípios que concorrem para o aperfeiçoamento do homem (Pierre de Coubertin).

    b. Que a chama olímpica resplandeça, através das gerações, para o

bem da humanidade, cada vez mais elevada, mais intrépida e mais pura (Pierre de Coubertin).
c. Antes de tudo é necessário que mantenhamos no desporto as características de nobreza e de cavalheirismo, que o distinguiram no passado, de maneira que ele continue a fazer parte da educação dos povos, assim como serviu admiravelmente nos tempos da Grécia Antiga. A humanidade tem a tendência de transformar o atleta olímpico em gladiador pago (Pierre de Coubertin).
d. O importante nos Jogos Olímpicos não é vencer, mas competir, porque o essencial na vida não é conquistar, mas lutar (Arcebispo de Pensilvânia e Pierre de Coubertin).
e. Quando se golpeia no coração dos homens, despertam-se as forças espirituais. Não há dúvida de que os Jogos Olímpicos constituem, antes de tudo, uma força espiritual (Marcelo Garroni).
f. O mito olímpico é poética evocação dos velhos tempos de liturgia religiosa desportiva, que tanto unia os povos helênicos, e que ainda bate vigorosamente no coração de muitos homens de boa vontade, constituindo prova do interesse que o desporto desperta entre os expoentes máximos do pensamento moderno (Miguel Piernavieja Del Pozo).
g. Não nos esqueçamos de que os Jogos Olímpicos foram criados não para ser um campeonato mundial, ou uma feira de músculos, mas manifestação pedagógica e festa da juventude em escala universal (Otto Meyer).
h. Os Jogos Olímpicos são festas de idéias e servem para uma humanidade melhor (Avery Brundage).
i. Os Jogos não têm, como os da Grécia Antiga, o poder de fazer cessar as guerras ou pelo menos interrompê-las; mas suas compe, tições, que reúnem no estádio a juventude mais vigorosa de todos os continentes, criam, entre os povos, uma compreensão e solidariedade rica de esperanças para o futuro da humanidade (Lando Ferreti).
j. Os Jogos Olímpicos devem concretizar um ideal: primavera das nações, ligação da cultura espiritual e da cultura física, compreensão, para além de todas as barreiras raciais, religiosas e políticas. (Will Duame).

Dentro das idéias contidas neste trabalho, não podemos deixar de expressar nossa admiração por Nadia Comaneci, sem favor a vedeta dos jogos de Montreal. Ela demonstrou, apesar de sua tenra idade, estar perfeitamente integrada na ideologia olímpica.

Finalmente, chegamos ao fim das nossas considerações. É o momento de expressarmos algo sobre as graves questões que afetam a sobrevivência dos Jogos Olímpicos, impondo soluções adequadas e urgentes.

No falso amadorismo, no nacionalismo exagerado, no totalitarismo dissolvente, no desconhecimento da filosofia olímpica, na dopagem desleal, na exploração comercial e nas restrições políticas e raciais estão os principais problemas. Quase todos surgiram também na decadência da Velha Grécia, deturpando o idealismo desportivo puro dos primeiros tempos dos Jogos.

Os Jogos não podem morrer. Não devem voltar para a Grécia, que não tem condições de realizá-los. Ela mesmo reconheceu, no princípio do nosso século e após sérias divergências, que o mito grego ganhou extensão internacional.

Depois dos Jogos de Roma, quando menor era a complexidade das questões, o Conselho Internacional para a Educação Física e Desportos (CIEPS), liderado por Philip Noel Baker, redigiu um projeto de Manifesto, apresentando propostas para solucionar os problemas. Seu texto não é dogmático nem definitivo, por conseguinte, sujeito a críticas e recebimento de outras idéias. No seu conteúdo geral, constitui peça magnífica de alto valor cultural. Não existe documento melhor, reconhecido mundialmente, para a retomada do assunto.

Não se pode perder tempo. Torna-se necessário que o Comitê Olímpico Internacional procure para os problemas uma solução válida, apoiada simultaneamente nos imperativos da moralidade, da justiça social, da promoção humana e do verdadeiro espírito desportivo. Temos de escolher a palestra grega em lugar do circo romano. Os Jogos Olímpicos, conservando o ideal do "fair play", jogo leal e essência de qualquer competição, necessitam ser reestruturados, sem prender-se a fórmulas do passado, diante dos fatos de um mundo novo. Não temos dúvida de que a força do ideal olímpico vencerá todas as resistências, para assegurar duração eterna aos jogos, no caminho difícil dos atuais entendimentos internacionais.

XVIII
Jogos Olímpicos Contemporâneos

Cartaz dos Jogos Olímpicos de Tóquio (1964).

Pierre de Fredy, Barão de Coubertin, nasceu em Paris, em 1863.
Desde cedo demonstrou acentuada tendência para o estudo das Letras, da História, da Filosofia e da Pedagogia. Foi incomparável praticante e incentivador do desporto, vendo nele, pelas qualidades individuais postas em ação, o excelente meio de formação geral.
Renunciando à vida militar, à qual parecia destinado por tradição de família, repudiando também a carreira política que se lhe oferecia, efetuou na Inglaterra, com a idade de 20 anos, uma viagem de estudo que, abrindo-lhe novos horizontes, orientou definitivamente seu futuro e firmou sua vocação de educador. Esteve também nos Estados Unidos.
Após alguns anos de meditação, inspirando-se especialmente nos princípios de Thomas Arnold (1795-1842), mestre no Colégio de Rugby, resolveu, como meio de auto-educação, em 1887, organizar os tempos de recreio dos estudantes e utilizar o valor educativo do desporto. É interessante observar que, assim agindo, proclamou o meio-tempo pedagógico-desportivo, através de diretrizes seguras, três séculos antes da experiência vencedora de Vanves, na França. Cheio de entusiasmo e com elevado propósito, delineou vasto movimento de reforma pedagógica. Suas são as seguintes palavras: "O mundo exige-nos um novo homem; formemo-lo através de uma nova educação."
Tinha Coubertin 24 anos. Havia algum tempo, uma idéia fixa, imensa e generosa, o apaixonava. Partidário do esforço físico ao lado da atividade intelectual, e humanista impregnado das lições da Antiga Grécia, desde cedo começou a pensar em reviver os Jogos Olímpicos. Quatro elementos contribuíram, sem dúvida, para nele despontar a vocação olímpica: o solo de sua pátria, cheio de coisas de cultura antiga, seu patriotismo objetivo, seu amor pela Humanidade e sua paixão pela atividade desportiva.
Cumpre ressaltar que a ação de Coubertin, verdadeiramente notável,

não teria sido possível sem os filósofos, historiadores, arqueólogos e estudiosos em geral que, no campo de suas especialidades, apontaram o caminho. Dentre muitos, é justo citar, sem desmerecer outros tantos, os nomes do poeta alemão Hans Sachs (1494-1576), do advogado inglês Robert Dever, do historiador de Arte francês Bernard de Montfaucon (1665-1741), do artista alemão Johann Joachim Winckelmann (1717-1768), do historiador inglês Richard Chandler (1738-1810), do arqueólogo inglês W. M. Leake (1717-1860), do escritor francês J. J. Banthelemy (1716-1795), do arquiteto francês Abel Blouet (1795-1853), do arqueólogo alemão Ernst Curtius (1814-1896) e de seu colega também alemão Wilhelm Döpfeld (1853-1940). A Chandler cabe a glória de ter descoberto o lugar exato de Olímpia e a Curtius importante papel nas escavações. Mas, continuando o relacionamento, agora no campo das atividades físicas, é justo salientar as figuras de Rousseau, Guts-Muths, Vieth e Jahn. Todos os citados retiraram Olímpia do esquecimento e a restituíram ao mundo cultural de suas respectivas épocas. Na própria Grécia houve quatro manifestações olímpicas no século XIV (1859, 1870, 1888, 1889).

Após um período de meditação sobre a maneira de restaurar os Jogos, Coubertin referiu-se a eles, pela primeira vez, a alguns amigos íntimos, em 1888. Mais tarde, em 1892, expôs publicamente o assunto na Sorbonne, anunciando o reaparecimento das pugnas, modernizadas e com uma faceta nitidamente internacional. Porém, somente em 1894, no mesmo lugar da reunião anterior, doze nações, representadas por setenta e nove delegados, ratificaram, por unanimidade, a proposta de reviver as competições olímpicas, fato importante na história da cultura e do desporto. Na mesma ocasião, constituíram um Comitê Olímpico Internacional (COI).

A genial concepção do Comitê, dotado de autogoverno e da faculdade de nomear seus próprios membros, evitando assim as implicações políticas, tem sido a melhor garantia da continuidade do pensamento olímpico. Nem a Alemanha de Hitler, nem a União Soviética de Stálin conseguiram modificar, em essência, a carta estabelecida, constituindo tal fato "a vitória do desporto sobre a política", como disse, certa vez, o ex-presidente Avery Brundage, do COI.

A formação cultural de Coubertin, seu maravilhoso estilo, sua oratória convincente, sua memória privilegiada, seu estilo poético e sua extraordinária inteligência, aliados à sua personalidade cativante e à sua tenacidade sem limites, serviram para quebrar todas as resistências. Tinha um espírito independente, não conhecia o desânimo e enfrentava com desassombro quaisquer situações. Ademais, possuía extraordinário sentido de ordem, demonstrado desde seus primeiros trabalhos científicos, sabendo relacionar as coisas admiravelmente.

Dois anos após a organização do Comitê, no estádio de Atenas, reconstruído e resplandecente de brancura, a Grécia celebrava, com grande entusiasmo, os Primeiros Jogos Olímpicos Contemporâneos. O carro triunfal estava de novo em marcha! ... Em marcha segundo o modelo grego, impregnado do espírito cavalheiresco medieval e do sentido de fraternidade dos novos tempos. Restauradas estavam as antigas competições de Olímpia, não pela importância de suas disputas, mas, sobretudo, pelo seu elevado valor cultural, capaz de ajudar a construir um mundo melhor e mais feliz.

De passagem, a título de homenagem, cumpre citar os nomes dos principais colaboradores de Coubertin, na fase inicial do empreendimento: o grego Demetrius Bikelas, o alemão Willibald Gebhardt, o francês Jusserand, o francês Ernest Callot, o norte-americano William M. Sloane, o sueco Viktor Gustav Balck e o russo Butowsky.

A partir de 1896, os torneios olímpicos foram celebrados periodicamente, com sucesso sempre crescente, exceto em 1916, 1940 e 1944, em que foram suprimidos, devido às duas grandes guerras mundiais. Mas imediatamente a comemoração dos Jogos Olímpicos retomou seu ritmo, como se nada de anormal se tivesse passado. De 1960 para cá, em particular, com extraordinário brilho se têm desenrolado as competições.

O estabelecimento dos princípios que asseguram a organização dos Jogos constituiu trabalho infatigável de vontade e perseverança. A Coubertin, só a ele, devemos toda a estruturação básica do certame, que se beneficiou do seu espírito metódico e preciso e de sua larga compreensão das aspirações e necessidades da juventude.

Durante mais de trinta anos Coubertin presidiu, com perfeita distinção, inexcedível dedicação e verdadeiro enlevo, os destinos do COI. A carta e o protocolo olímpicos, assim como o juramento do atleta amador, a cerimônia da abertura e do encerramento dos Jogos, a readoção da chama olímpica, algumas recompensas e outros pormenores são frutos de sua fecunda imaginação e do seu entusiasmo sem limites.

Em 1925, com o afrouxamento de suas energias físicas e a diminuição dos seus recursos financeiros, considerando o COI suficientemente estável, deixou sua presidência efetiva, tendo sido aclamado seu Presidente de Honra, título que jamais poderá ser concedido a outra pessoa. Foi designado para sucedê-lo o conde belga Baillet Latour (1876-1942), que cumpriu suas funções com dignidade e acerto.

Recolhendo-se inteiramente ao lar, consagrou-se aos estudos de sua predileção, demonstrando através deles sua admirável formação clássica e grande sensibilidade de captação do mundo moderno. Interpretando assuntos históricos, na elaboração de magnífica obra, demonstrou muita personalidade e independência em suas apreciações, fugindo dos lugares-comuns e contribuindo para a formação de nova mentalidade acerca dos acontecimentos políticos e sociais.

Passou os últimos anos de sua laboriosa vida no maior retiro, em Lausanne, onde fixou a sede do COI, fundou o Museu Olímpico e planejou o Instituto Olímpico. Seu último discurso, cheio de elevação humanística, intitulou-se "Pax Olímpica". Através do disco, por ocasião da abertura dos Jogos Olímpicos de Berlim, sua voz ainda se fez ouvir.

Faleceu em Genebra, em 1937. Está sepultado no cemitério de Bois-de-Vaux, em Lausanne, enquanto seu coração, conforme seus desejos, colocado numa pequena urna, foi transportado para Olímpia, cujo nome e glória, através dos séculos, o gênio e a vontade de Pierre de Coubertin tinham feito reviver.

Os Jogos Olímpicos, admirável síntese e perfeita expressão do desporto moderno, tornaram-se o que Coubertin sonhava: uma fonte de amor e compreensão entre os povos. Como ele, o grande bardo do Império Britânico, Rudyard Kipling, sentiu e traduziu em versos proféticos o valor da competição, aqui expressos em forma de prosa:

"Ó, o Leste é Leste e o Oeste é Oeste
E nunca estes dois gêmeos se entendem
Até que a Terra e o Céu apareçam
Diante de Deus no julgamento final.
No entanto, não há Leste e Oeste,
Fronteira, raça e nascimento não são levados em conta,
Quando dois homens fortes se defrontam".

Todas as nações, nos quatro cantos da Terra, se interessam pelo Olimpismo e participam fraternalmente dos seus jogos. Graças a Coubertin, os exercícios físicos tornaram-se populares em todos os continentes, no mundo inteiro, modificando os hábitos e exercendo profunda influência sobre a saúde pública. Ele universalizou e democratizou o desporto, uma das mais importantes manifestações da vida atual. Pode-se afirmar, inclusive, que sua obra foi altamente humanitária, sendo justo considerar-se Coubertin, o extraordinário Coubertin, como a figura máxima da história contemporânea do desporto e um dos grandes benfeitores da Humanidade.

No dizer de Avery Brundage, "O Barão de Coubertin não era um promotor de competições desportivas; era um humanista, um educador, o primeiro dos tempos modernos que soube ver, nos desportos e nos jogos organizados de maneira adequada, algo mais que simples benefício físico." Ele sentiu que, com as atividades físicas, é possível adquirir também qualidades morais e culturais, vendo, através do ideal olímpico, a formação do homem integral.

O fabuloso Jesse Owens (primeiro, à direita, da foto) inicia a caminhada da glória: vitória nos 100 metros rasos dos Jogos Olímpicos de Berlim, destruindo o mito da propaganda nazista.

Objetivos dos Jogos Olímpicos

O Olimpismo é uma das grandes realidades dos nossos tempos. Depois do fator religioso, forma, com o interesse artístico e a compreensão científica, o laço mais forte de estreitamento das relações humanas.

Avery Brundage, em síntese feliz, através de pronunciamento por ocasião das competições de Tóquio, mostra-nos os objetivos elevados dos Jogos Olímpicos:

   a. Estimular o interesse pela educação física e práticas desportivas, contribuindo, assim, para o fortalecimento e saúde da Humanidade.
   b. Criar padrões de jogo honesto e sã desportividade, cuja aquisição será útil em outras atividades humanas.
   c. Promover a paz e a boa-vontade internacionais, reunindo toda a juventude do mundo em competições amistosas dentro de um ideal apropriado.

d. Ressaltar o interesse por uma vida sadia como a do Século de Ouro Grego, nos tempos de Péricles, durante o apogeu dos Jogos Olímpicos, traduzido pela feliz conjugação das Belas Artes com as pugnas desportivas.

O ESPÍRITO OLÍMPICO

JESSE OWENS, nos Jogos de Berlim, participou de onze provas e ganhou todas elas, tendo-lhe sido concedidas quatro medalhas de ouro. Seu rival, no salto em distância, foi o alemão Lutz Long. Ao ser proclamada a vitória do norte-americano, Long, com o mais elevado espírito desportivo, apertou-lhe calorosamente a mão. No entanto, Hitler, insatisfeito com o resultado e cheio de ódio racista, recusou-se a cumprimentar o Negro, quando lhe foi colocada a coroa de louros. O aperto de mão de Long, escreve mais tarde Owens, não tinha nada de formal. "Eu senti correr entre nós uma corrente de real simpatia. Pela primeira vez, compreendi o verdadeiro sentido da participação nos Jogos Olímpicos."

JURAMENTO OLÍMPICO

Juramos que nos apresentaremos aos Jogos Olímpicos como concorrentes leais, respeitosos dos regulamentos que os regem e desejosos de participar, com espírito cavalheiresco, para a glória do desporto e a honra de nossas equipes.

Alguns Princípios Fundamentais

a. Os Jogos Olímpicos são realizados de quatro em quatro anos. Eles reúnem, em concurso sincero e imparcial, os amadores de todas as nações. Nenhuma distinção é admitida, relativamente a um país ou pessoa, por motivos de raça, religião ou política.

b. A finalidade do movimento olímpico é exaltar entre a juventude, ao mesmo tempo, o esforço físico e as qualidades morais, que são as bases do desporto amador, como também reunir atletas do mundo em uma competição quadrienal, desinteressada e fraternal, a fim de contribuir para o amor e a conservação da paz entre os povos.

c. Cabe ao COI designar o local da celebração de cada Olimpíada. A honra é confiada a uma cidade, não a um país.

d. Os Jogos de Inverno formam um ciclo distinto, compreendendo competições de desportos de inverno. Eles se realizam no mesmo ano dos Jogos Olímpicos e, se possível, no mesmo país organizador da Olimpíada. A partir da VIII Olimpíada, tomaram o nome de "Primeiros Jogos Olímpicos de Inverno", mas o termo "Olimpíada" não será usado para designá-los. O programa abrange os seguintes desportos: patinação de velocidade, patinação artística, esqui alpino, esqui nórdico, "bobsleigh", tobogã e hóquei no gelo.

e. Somente os naturais de um país podem ser qualificados para tomar parte nos Jogos Olímpicos. Eles são competições entre indivíduos e não entre nações.

CITIUS, ALTIUS, FORTIUS

É o lema olímpico, expressão de aperfeiçoamento contida em toda pugna desportiva, significando mais veloz, mais alto e mais forte. Foi criado pelo dominicano Padre Didon (1840-1900), pedagogo, orador e político francês, que sempre salientou, nos seus trabalhos e discursos, a influência moralizadora dos desportos.

A Chama Olímpica

Na Grécia Antiga, o fogo sagrado, acendido no templo de Hera, era mantido, durante os Jogos, no altar de Zeus.

A partir dos Jogos Olímpicos de Berlim, devido aos esforços de Karl Diem, simbolizando aos olhos do mundo a união do passado e do presente, uma prática nasceu, qual seja a de transportar a chama, acesa com os raios de sol, de Olímpia até o local das competições. Tal manifestação é cheia de poesia e de beleza, sendo cumprida com entusiasmo. Em todo seu percurso os atletas se revezam, transmitindo o fogo. A distância é minuciosamente calculada, e todas as precauções são tomadas para que o último atleta chegue no momento da abertura do certame. Ele faz, então, uma volta de honra no estádio, antes de acender a pira, cujo fogo deve resplandecer, dia e noite, durante o tempo dos Jogos. É um espetáculo emocionante a chegada ao Estádio. Em 1936, atravessando seis países, seu percurso foi: Olímpia, Atenas, Salônica, Sofia, Belgrado, Budapeste, Viena, Praga, Dresden e Berlim. Speridion Louis, o maratonista de Atenas, foi o condutor no último lance. Em Helsinque, coube a Nurmi a honra de acender a pira. No Japão, simbolizando a necessidade de um mundo só, um atleta nascido em Hiroshima, no triste dia do arrebentamento da bomba atômica, conduziu, até o devido local, a chama sagrada do olimpismo.

Simbologia Desportiva

Para facilitar a comunicação com os desportistas estrangeiros, principalmente por causa do pouco conhecimento do japonês entre eles e a variedade de línguas faladas, foi instituído nos Jogos Olímpicos de Tóquio um sistema de símbolos, a fim de expressar os diferentes desportos programados. Tal realização muito contribuiu para um entendimento mais efetivo.

Nova simbologia foi adotada no México e através de um trabalho mais evoluído, meio-termo entre as concepções anteriores, planejaram os alemães outro sistema, tendo em vista os Jogos de Munique.

De grande felicidade foi a idéia da simbologia. Tudo leva a crer que, com o tempo e a adoção universal de um sistema definitivo, esta maneira de comunicação se implantará nos meios desportivos, constituindo-se em um verdadeiro alfabeto desportivo mundial.

A BANDEIRA OLÍMPICA

A bandeira olímpica é de cor branca, tendo ao centro o símbolo olímpico, integrado por cinco aros entrelaçados, respectivamente, azul, amarelo, negro, verde e vermelho. Imaginados por Coubertin e criados em 1920, eles representam os cinco continentes reunidos no Movimento Olímpico.

Programa

No programa dos Jogos Olímpicos figuram obrigatoriamente os desportos atléticos gímnicos, de combate, náuticos, eqüestres, de ciclismo e o pentatlo moderno.

Nos Jogos Olímpicos de Moscou foram disputados os seguintes desportos: Atletismo, Arco e Flecha, Basquetebol, Boxe, Canoagem, Ciclismo, Esgrima, Futebol, Ginástica, Hipismo, Halterofilismo, Hóquei, Handebol, Iatismo, Judô, Luta, Natação e Saltos Ornamentais, Pentatlo Moderno, Pólo-Aquático, Remo, Tiro e Volibol.

VILAS OLÍMPICAS

São locais, separados por sexos, onde ficam alojados os atletas, em atmosfera fraternal e harmoniosa, sem discriminação de raça, cor, religião e política. Foram instituídas nos Jogos Olímpicos de Berlim, embora tenham aparecido pela primeira vez, sob forma de acampamento, nos Jogos de Paris (1924).

Sucessão dos Jogos Olímpicos de Verão e de Inverno (1896-1980)

1896: I Olimpíada — Atenas (Grécia)
1900: II Olimpíada — Paris (França)
1904: III Olimpíada - Saint Louis (Estados Unidos)
1908: IV Olimpíada — Londres (Inglaterra)

"O Arqueiro", de autoria do polonês Wladyslaw Skoczylas, é uma gravura sobre madeira colorida. Ganhou o 1º prêmio do Concurso Olímpico Nacional de Varsóvia e o 3º lugar no Concurso Olímpico dos Jogos de Amsterdam, ambos em 1928.

1912: V Olimpíada — Estocolmo (Suécia)
1916: VI Olimpíada: marcada para Berlim (Alemanha), não se realizou devido à eclosão da Primeira Guerra Mundial.
1920: VII Olimpíada — Antuérpia (Bélgica)
1924: VIII Olimpíada — Paris (França)
I Jogos Olímpicos de Inverno: Chamonix (França)
1928: IX Olimpíada — Amsterdam (Holanda)
II Jogos de Inverno: Saint-Moritz (Suíça)
1932: X Olimpíada — Los Angeles (Estados Unidos)
III Jogos de Inverno: Lake Placid (Estados Unidos)
1936: XI Olimpíada — Berlim (Alemanha).
IV Jogos de Inverno: Garmisch-Partenkirchen (Alemanha)
1940 e 1944: XII e XIII Olimpíadas — marcadas, respectivamente, para Tóquio (depois Helsinque) e Londres, não se realizaram devido à eclosão da Segunda Guerra Mundial.
1948: XIV Olimpíada — Londres (Inglaterra)
V Jogos de Inverno: Saint-Moritz (Suíça)
1952: XV Olimpíada — Helsinque (Finlândia)
VI Jogos de Inverno: Oslo (Noruega)

1956: XVI Olimpíada — Melbourne (Austrália)
       VII Jogos de Inverno: Cortina d'Ampezzo (Itália)
1960: XVII Olimpíada — Roma (Itália)
       VIII Jogos de Inverno: Squaw Valley (Estados Unidos)
1964: XVIII Olimpíada — Tóquio (Japão)
       IX Jogos de Inverno: Innsbruck (Áustria)
1968: XIX Olimpíada — Cidade do México (México)
       X Jogos de Inverno: Grenoble (França)
1972: XX Olimpíada — Munique (Alemanha Ocidental)
       XI Jogos de Inverno: Sapporo (Japão)
1976: XXI Olimpíada — Montreal (Canadá)
       XII Jogos de Inverno: Innsbruck (Áustria)
1980: XXII Olimpíada — Moscou (Rússia)
       XIII Jogos de Inverno: Lake Placid (Estados Unidos)

O Desenrolar dos Jogos Olímpicos

I Olimpíada (Atenas)

"Eu declaro abertos os Jogos da I Olimpíada Moderna", tais foram as palavras breves e formais do Rei Georges, da Grécia, ao inaugurar, debaixo de enorme ovação, os primeiros Jogos Olímpicos da nossa era. Logo que se estabeleceu o silêncio, os espectadores entoaram o hino, cheio de beleza, composto pelo poeta Costis Palamas e pelo maestro Spiros Samaras:

"Imortal gênio da Antigüidade,
Pai da bondade, beleza e verdade.
Descendo até nós, derrama tua luz
Em esta terra e debaixo deste céu,
Testemunhas de tua glória imperecedora!
Dá vida a estes nobres Jogos,
Coroa com flores imarcescíveis
Aos vencedores na corrida e na luta,
Forja corações de aço em nossos peitos!
A tua luz, planícies, montes e mares
Brilham em halo rosado
E formam um templo imenso,
Ao qual acodem todos os povos para te adorar,
Ó imortal espírito da Antigüidade!"

Depois de mil dificuldades, de marchas e contramarchas, no dia 25 de março de 1896 (6 de abril pelo calendário gregoriano), sob o céu de Atenas, concretizava Coubertin seu velho sonho. Todos estavam profundamente emocionados, e o espírito da Antigüidade, no dizer de alguém, parecia descer sobre o Estádio.

Para a realização das provas, o antigo Estádio Panatenaico, construído com mármore do Pentálico e situado a leste da Acrópole, foi magnificamente restaurado, graças à generosidade de M. Averoff, rico mecenas e grande patriota. Com a cooperação dele e dos irmãos Zappa, outras instalações foram erguidas, completando assim os locais indispensáveis às competições.

No decorrer da realização dos desportos programados (atletismo, ciclismo, esgrima, ginástica, luta, tiro, tênis, remo e natação), pouco a pouco, o público grego tornou-se inquieto, porque os seus patrícios, dos quais muito se esperava, até o quarto dia das disputas não haviam obtido nenhuma vitória. Inclusive no arremesso do disco, desporto helênico por excelência, os louros de campeão couberam a Robert Garret, atleta norte-americano. Mas, quase ao apagar das luzes da organização do certame, por proposta do francês Michel Bréal, da Academia Francesa e autor de notáveis obras sobre Mitologia Comparada e Lingüística, introduziu-se uma corrida de resistência — do campo de batalha da Maratona até o Estádio Olímpico. O vencedor foi o pastor grego Speridion Louis e um delírio se apossou dos espectadores, entre os quais o Príncipe Herdeiro Constantino e seu irmão, que, correndo, acompanharam o vencedor, considerado a figura máxima dos Jogos, nos derradeiros metros do percurso. Tal vitória, no momento, simbolizava a perseverança nacional, o renascimento da pátria livre do domínio secular do estrangeiro.

Parecia que toda a antigüidade helênica chegava com ele, no dizer de Coubertin. No dia seguinte, um escritor francês, lembrando inscrição antiga, disse que "sob os passos de Speridion Louis tinha corrido a terra grega ..."

É oportuno relembrar, ressaltando ao mesmo tempo, o glorioso feito grego que inspirou a instituição da maratona. O fato deu-se no V século a.C. e seu herói era soldado do exército de Milcíades. Após a batalha, ele recebeu a missão de comunicar ao povo, reunido no estádio, que os persas, seis vezes mais numerosos, tinham sido completamente batidos. Depois de 42 km de extraordinário esforço, empregando suas últimas reservas de energia, ao chegar ao local da concentração, ao dar o resultado da luta, pronunciou, antes de sucumbir de fadiga, as seguintes palavras: "Alegrai-vos, atenienses, nós vencemos ..."

Comentando a ação patriótica do mensageiro, Diem, com muita propriedade, assim se expressou: "Que importa que tal sucesso seja real ou imaginário! Uma magnífica exaltação de amor à Pátria, para o qual nada representa o preço de uma vida, oferecida para levar a seu povo a notícia da vitória! Coubertin relacionou a epopéia grega como uma prova de resistência física, que ficou, desde então, como clássica."

Com o mesmo entusiasmo do começo, foram encerrados os Jogos. O

Presidente do COI, o grego Demetrius Bikelas, cumprindo as determinações da carta olímpica, em solenidade formal e cheia de encantamento, pronunciou as palavras finais de despedida.

II Olimpíada (Paris)

O desejo ardente expresso pela Grécia de tornar-se sede permanente dos Jogos, como é perfeitamente compreensível, não pôde ser aceito. Fora da idéia de universalização das competições, a própria carta, para elas estabelecida, previa a indicação sucessiva de diferentes cidades, espalhadas pelo mundo. Assim, Paris foi a escolhida, em homenagem a Coubertin e de acordo com o ajustado anteriormente. Os gregos não se conformaram e, com eco na sua imprensa, clamaram com indignação: "Roubaram as nossas Olimpíadas! ..."

Tendo falhado o encargo de organização dado a desportistas franceses, formou-se novo comitê sob a presidência de Coubertin. Depois de mil dificuldades, foram os Jogos integrados nas promoções da Exposição Internacional, surgindo, por conseguinte, como uma realização secundária. Foi uma caricatura dos Jogos anteriores, uma verdadeira feira de músculos.

Apesar das deficiências apresentadas, alguns recordes foram batidos. Entretanto, um incidente imprevisto, resultante do desejo dos "donos da Exposição" de atribuir prêmios em dinheiro para alguns vencedores, contrário ao espírito do amadorismo e aos preceitos regulamentares estabelecidos, fez Coubertin, com justa indignação, perder a paciência.

Quase não houve publicidade do certame e os vencedores, por incrível que pareça, levaram vários meses para receber os respectivos diplomas.

O opinião pública, com bastante razão, classificou os Jogos de Paris como verdadeiro fracasso. Sem dúvida, eles foram o ponto mais baixo, através dos tempos, no desenvolvimento da idéia olímpica.

III Olimpíada (Saint-Louis)

Foram os primeiros Jogos realizados fora da Europa. Eles coincidiram com a celebração do centenário de cessão, pela França, da Luisiânia aos Estados Unidos. Como em Paris, os Jogos sofreram a má influência de uma Exposição Universal. Os ingleses e franceses, por falta de fundos para a viagem, não puderam comparecer ao certame; apenas cinco países europeus nele competiram. Reunião sem brilho.

Em 1906, os gregos, desejosos de guardar para seu país a celebração das Olimpíadas, realizaram uma reunião desportiva, na qual participaram alguns países que não estiveram presentes em Saint-Louis. Foram bem sucedidos, mas outras competições de caráter olímpico, em solo grego, por falta de apoio das nações, não mais se realizaram. A Grécia acabou aceitando a universalização dos Jogos.

IV Olimpíada (Londres)

Pela primeira vez nas Olimpíadas, os jogos de equipe entraram na programação.

A principal característica dos Jogos de Londres foram os notáveis progressos registrados nas performances do atletismo.

As provas de ginástica também tiveram lugar de honra, constituindo para muitos uma revelação.

Como novidade, as bandeiras nacionais ergueram-se no estádio olímpico, estimulando, talvez, rivalidades entre os naturais dos países participantes. Houve alguns atritos, obrigando os juízes, muitas vezes, a aplicar sanções severas. Datam desse momento os dizeres do Bispo de Pensilvânia e de Pierre de Coubertin que, mais tarde, foram transformados em "slogan" de exaltação do Olimpismo.

V Olimpíada (Estocolmo)

Os jogos de Estocolmo, por sua excelente estruturação, constituíram grande sucesso. Eles marcaram a maturidade do Olimpismo, graças, principalmente, aos esforços desenvolvidos pelo sueco J. Sigfried Edstrom, seu organizador e mais tarde presidente do COI, a cuja fé pela causa olímpica se juntou a ajuda desinteressada da Família Real, alma desta grande manifestação desportiva.

Um atleta extraordinário das competições foi, sem dúvida, o fundista Hannes Kohlemainen, cujas passadas, foi dito na ocasião, "desenharam a Finlândia na carta do mundo. Mas o índio norte-americano Jim Thorpe, vencedor do pentatlo e do decatlo, se consagrou como a figura máxima do certame. Mais tarde, acusado de profissionalismo, dele foram retirados os títulos alcançados, fato único nos anais desportivos. Havia ainda muita pureza em torno do ideal olímpico.

Os concursos artísticos e literários não corresponderam à expectativa, apresentando resultados bem medíocres.

VI Olimpíada (Berlim)

A Primeira Grande Guerra Mundial impediu a realização desta Olimpíada.

VII Olimpíada (Antuérpia)

Somente após o conflito tiveram lugar os Jogos de Antuérpia, que muito contribuíram para amenizar o estado de espírito da juventude belga, sacrificada no campo de honra, nos acantonamentos de prisioneiros e nos sofrimentos impostos pela ocupação brutal de seu país.

Ao Conde de Baillet-Latour (1876-1942), que sucedeu ao Barão de Coubertin na presidência do COI, couberam todas as glórias da realização do certame.

Os Jogos alcançaram, do ponto de vista de confraternização, sucesso sem precedentes. Embora contra o espírito olímpico, mas justificável pela natural animosidade existente, a Alemanha e seus aliados foram excluídos da participação. Na verdade, o espírito olímpico não havia revivido de todo.

Na cerimônia da abertura, o sino dobrou finados em memória dos heróis das Olimpíadas de Estocolmo, tombados na guerra. Em seguida, repetindo o que se fazia nas antigas competições de Olímpia, os atletas pronunciaram o juramento antes do começo das provas. E a bandeira olímpica flutuou pela primeira vez. Ela se tornou o símbolo das Olimpíadas, servindo para ligar dois certames consecutivos, ficando em custódia, ao encerramento de cada competição, com o país organizador dos Jogos seguintes.

Os resultados, de modo geral, foram medíocres, cabendo aos Estados Unidos, à Suécia, à Noruega e à Finlândia a maior parte das medalhas. A Finlândia obteve tantas medalhas quanto os Estados Unidos. Os norte-americanos obtiveram extraordinária vitória em natação. O Brasil brilhou no tiro.

VIII Olimpíada (Paris)

Para comemorar o 30º aniversário da restauração dos Jogos Olímpicos, as competições se desenrolaram de novo em Paris. Os Jogos de Inverno realizaram-se, pela primeira vez, em Chamonix.

Numerosos literatos franceses — Montherlant, Jean Richepin, Girandoux, Marcel e Jean Prévost — aderindo à idéia olímpica, muito fizeram para ressaltar a importância dos Jogos.

A América do Sul, por intermédio do Uruguai (futebol) e da Argentina (pólo), deu a nota sensacional do certame.

Erigiu-se a primeira vila olímpica, de maneira modesta, sob barracas.

Os Estados Unidos brilharam no atletismo, seguidos de perto pela Finlândia, onde Nurmi e Ritola se destacaram. O primeiro alcançou quase todos os recordes de provas sobre pistas; o segundo obteve três medalhas de ouro.

Em natação, o país de Lincoln mostrou uma supremacia quase total. Weissmuller, depois Tarzan no cinema, foi seu grande astro.

Pela primeira vez, os concursos de arte foram incluídos no olimpismo, e o encerramento dos Jogos, conforme antigo desejo de Coubertin, constou da execução dos hinos e hasteamento das bandeiras da Grécia, do país organizador e do país escolhido para realizar a próxima Olimpíada.

IX Olimpíada (Amsterdam)

Foram construídas magníficas instalações, as melhores desde o restabelecimento dos Jogos.

O finlandês Paavo Nurmi, herói nacional e símbolo absoluto de sua sociedade, aumentou suas glórias, vencendo de novo os 10 mil, 5 mil e

3 mil metros com obstáculos. Seu estilo era impressionante, seguro e tranqüilo. Nove medalhas de ouro, em três Jogos consecutivos, foram-lhe concedidas, tornando-o verdadeiro herói olímpico e nacional. Sua estátua, em bronze, decora o Museu Nacional da Finlândia; uma segunda versão dela foi erigida no Estádio Olímpico de Helsinque.

Lando Ferretti, escritor italiano, comparou com muita felicidade a fotografia do grande atleta com uma decoração de corredor, constante de um vaso grego, afirmando que poderemos colocá-las juntas, em um alinhamento perfeito de cabeças, troncos, braços, pernas e pés. A única diferença, de pequena monta, está na altura menor do atleta finlandês.

Exaltando o grande corredor Nurmi, é de justiça citar também o nome de Lauri Pihkala, seu treinador. Com eles, além do sistema de trabalho alternado, o endurecimento tornou-se, daí por diante, a pedra angular sobre a qual se apóia o treinamento desportivo de alto nível.

Iniciaram-se as competições femininas.

Pela primeira vez, patrocinado pela FIMS (Federação Internacional de Medicina Desportiva) realizou-se um congresso mundial de medicina desportiva. Os trabalhos foram realizados em comum com médicos e professores de educação física.

O Uruguai fez-se bicampeão olímpico de futebol. A Índia levantou o campeonato de hóquei, fato que se reproduziu em mais outras sete Olimpíadas, até que, em 1960, o Paquistão lhe arrebatou o título.

Kahanamoku, norte-americano do Havaí, empregando pela primeira vez o "crawl" em competição e batendo o recorde de 100 metros nado livre, constituiu-se em atração, despertando curiosidade pelo seu extraordinário estilo. Duas outras inovações foram, respectivamente, a introdução do pentatlo moderno e do desporto eqüestre, este último por proposta de Coubertin.

X Olimpíada (Los Angeles)

Grandes instalações foram construídas, inclusive uma confortável vila olímpica.

O Japão, representado por uma juventude cheia de disposição, brilhou em natação. Igualmente notável foi a atuação do japonês Chuhei Nambu no salto-triplo e de T. Nishi em uma das provas hípicas.

Os Estados Unidos, como sempre, conseguiram o maior número de medalhas. No atletismo, numerosos e excelentes resultados marcaram seus atletas negros. Tolan, por exemplo, venceu os 100 e 200 metros.

XI Olimpíada (Berlim)

Os Jogos de Berlim foram de raro brilhantismo, apesar do interesse do Governo alemão, na sua ânsia de afirmação política, em fazer propaganda do seu poder, enchendo o ambiente, durante os dias das competições, de hinos nazistas e de bandeiras da cruz gamada. Houve a preocupação, sem dúvida, de chamar a atenção para a Cultura e a História do país, postas a serviço da retomada de posição da Alemanha no mundo.

O sino olímpico, escolhido como símbolo fraternal dos Jogos, completava-se com seu admirável "slogan": "Eu chamo a mocidade do mundo!..."

Perfeita foi a organização. Um estádio novo foi construído, assim como instalações magníficas para os desportos de inverno, regatas, tiro e vôo sem motor. Na tarde da abertura, ouviram-se a música de Richard Strauss e a palavra de Coubertin, gravada em disco. A vila olímpica, especialmente montada para hospedar os atletas, constituiu um empreendimento feliz, cujo exemplo, daí por diante, tem sido seguido pelos países organizadores. Foi feito, pela primeira vez, o célebre transporte da "chama sagrada" de Olímpia.

Realizou-se um congresso de medicina desportiva, e uma exposição de arte, bem organizada, agradou sobremaneira aos visitantes do certame.

Os Estados Unidos brilharam no atletismo, graças às excelentes performances dos seus corredores de cor. Jesse Owens, chamado o "deus dos deuses", por suas espetaculares vitórias, foi, sem favor, a figura máxima dos Jogos: quatro medalhas de ouro. Em 1962, em uma enquete feita na França, a opinião pública o escolheu como "o maior atleta do último meio-século".

A Alemanha, salvo no atletismo e em natação, portou-se magnificamente, disputando com os Estados Unidos os lauréis da vitória. A Finlândia, a Grã-Bretanha e o Japão foram os países seguintes na obtenção de medalhas.

Sobre os Jogos um grande filme, sob o título "Festival dos Povos", foi realizado por Leni Rienfenstahl.

O sueco Sven Hedin, intelectual de projeção internacional, dirigindo-se aos atletas, pronunciou notável discurso, cujas palavras finais constituem um hino de exaltação aos Jogos:

"Cumprida vossa participação, e com a palma da vitória nas mãos, retornai à vossa pátria, próxima ou longínqua. Retornai ao mundo como arautos ao serviço do bem. O caminho que percorrestes leva, através das terríveis dificuldades da nossa época, a um mundo de beleza imarcescível e a uma humanidade unida na felicidade, fraternidade e harmonia. Só os lutadores que têm essa meta no coração, e tenham mantido suas bandeiras fiéis à empresa de alcançar o mais elevado cume do Olimpo, são merecedores do maior de todos os prêmios: a imortalidade."

XII e XIII Olimpíadas

A XII Olimpíada foi prevista para Tóquio, mas o Japão declinou de sua realização, em face das dificuldades de uma crise nacional e do conflito sino-japonês. Mais tarde, explodiu a Segunda Grande Guerra, ocasionando o cancelamento dos certames de 1940 e 1944.

XIV Olimpíada (Londres)

Os Jogos de Londres constituíram obra de fraternidade humana. A Grã-Bretanha, no seu esforço de reconstrução, no pós-guerra, ainda estava exausta e cheia de dificuldades. Para possibilitar a realização das competições, os países participantes manifestaram admirável espírito de cooperação: a Suécia forneceu a madeira para o aprestamento do antigo estádio, a Argentina enviou seus cavalos, a Islândia emprestou seus iates e quanto ao problema da alimentação, o mais sério no momento, o Canadá e a Austrália tomaram a si a resolução.

A grande surpresa das competições foi, sem dúvida, a holandesa Fanny Blanders-Hoen, mãe de duas crianças, que assombrou o mundo com sua extraordinária velocidade, tendo obtido quatro medalhas de ouro. Foi a rainha dos Jogos.

Zatopek, "a locomotiva humana", batendo o recorde dos 10.000 m, revelou sua vontade inabalável e sua qualidade ímpar de fundista.

O Brasil alcançou um 3º lugar no basquetebol.

Os Estados Unidos foram o grande vencedor, monopolizando, principalmente, o atletismo e a natação.

XV Olimpíada (Helsinque)

Helsinque foi um triunfo, tanto do ponto de vista de participação como dos resultados obtidos. Pela primeira vez, desde a Revolução Russa, a União Soviética e alguns dos seus satélites fizeram-se presentes.

A chama olímpica, conduzida através da terra, do ar e do mar, foi acesa na pira principal por Kohlemainen, o vencedor da maratona de 1920. Antes, em um último revezamento, ela havia sido colocada em uma torre por Paavo Nurmi, um dos maiores atletas de todos os tempos. Sua imagem foi escolhida para símbolo dos Jogos.

O poeta finlandês Foivo Lyy escreveu um hino para a Olimpíada, o qual, na apreciação de Diem, é o melhor composto na época contemporânea.

A grande revelação dos Jogos foi a União Soviética. Tem-se dito que ela acumulou energia, nos últimos cinqüenta anos, para liberá-la nessa ocasião única.

O tchecoslovaco Zatopek, recordista nos 5.000 m, 10.000 m e na maratona, consagrou-se como a grande figura do certame. Sua mulher, na mesma ocasião, bateu o recorde feminino do arremesso do dardo.

O brasileiro Ademar Ferreira da Silva, no salto tríplice, tornou-se campeão olímpico.

Por ocasião dos Jogos, realizou-se um simpósio internacional de Medicina e Fisiologia Desportiva, cujos resultados trouxeram boa contribuição ao estudo do assunto.

Tapeçaria Olímpica. Obra de arte polonesa exposta nos Jogos Olímpicos de Londres, 1948.

XVI Olimpíada (Melbourne)

Dois acontecimentos internacionais — a insurreição húngara e a ocupação do canal de Suez pelos árabes —, pouco antes das competições, empanaram um pouco o brilho da Olimpíada de Melbourne.

Os Jogos foram dominados pelos russos, seguidos de perto, em quase todos os campos, pelos norte-americanos, que conservaram a supremacia do atletismo.

A vedete russa foi, sem dúvida, Vladimir Kuntz, que obteve duas medalhas de ouro por suas vitórias nos 5.000 e 10.000 metros.

Ademar Ferreira da Silva, em um salto tríplice espetacular, manteve a hegemonia olímpica na sua especialidade.

Em natação, os australianos Ilsa e John Konrads estabeleceram, ainda em idade juvenil, várias marcas mundiais.

XVII Olimpíada (Roma)

Consciente da importância e do alto valor espiritual dos Jogos, a Itália consagrou todos os seus esforços na sua realização.

Como símbolo oficial do certame, cultuando o passado lendário de Roma, foi escolhida a "Loba Capitolina", colocada sob uma base com a inscrição "MCMLX", debaixo da qual, de maneira sugestiva, figuram os cinco anéis olímpicos.

Dando início às festividades, a flama trazida de Olímpia, após ter passado pela Via Ápia, foi recebida no Capitólio por uma multidão entusiástica. Realizou-se também, entre inúmeras outras grandiosas promoções, a exposição do "Desporto na História e na Arte", nela reunindo, após criteriosa seleção nos museus italianos, muitos séculos de obras admiráveis de cunho desportivo.

As instalações desportivas, especialmente construídas, demonstraram o valor e a importância da moderna arquitetura italiana.

Os Jogos propriamente ditos foram ricos de surpresas. O etíope Abebe Bikila, correndo descalço, ganhou a corrida da maratona. Wilma Rudolph, negra norte-americana de grande simpatia e modéstia, consagrou-se nos 100, 200 e 4x100 m.

A supremacia norte-americana nas corridas de velocidade foi ultrapassada, tendo sido posta por terra pelas possantes marcas do alemão Armin Harry (100 m) e do italiano Livio Berruti (200 m).

A ginástica olímpica, através de apresentações admiráveis, atingiu o seu máximo, destacando-se, entre os atletas de muitos países, os da União Soviética e do Japão.

O halterofilismo também teve apresentação brilhante, destacando-se, por suas altas marcas, o russo Yuri Vlasov, considerado por muitos o rei das Olimpíadas.

Para terminar, diremos que os Jogos Olímpicos de Roma, cheios de encantamento e disputados com ardor, muito contribuíram para criar entre os povos uma atmosfera de compreensão e solidariedade, rica de experiência para o futuro da Humanidade.

XVIII Olimpíada (Tóquio)

Admirável foi sua organização sob todos os pontos de vista. Inúmeros aparelhos eletrônicos modernos serviram para controlar as provas nas melhores condições, marcando para a Humanidade uma conquista nova no terreno desportivo.

As Forças Armadas do país muito contribuíram para o brilhantismo do certame.

Vera Caslavska, representando a Tchecoslováquia, demonstrou sua classe extraordinária na ginástica, vencendo as provas de cavalo-salto e trave de equilíbrio.

O Brasil brilhou no basquetebol, conquistando o 3º lugar, como nos Jogos anteriores.

XIX Olimpíada (Cidade do México)

Diante das manifestações estudantis que, pouco antes da abertura dos Jogos, perturbavam a vida mexicana, pensou-se, com fundadas razões, em um completo fracasso do certame. No entanto, parece que o espírito olímpico, no último momento, magnetizou a subversão, e tudo decorreu com brilhantismo, dentro de uma organização impecável.

Para a execução perfeita do certame muito contribuiu o apoio militar que lhe foi dado. Dezesseis mil militares, exercendo múltiplas tarefas, cooperaram com o seu esforço.

Do ponto de vista técnico e humano, a Olimpíada do México foi um acontecimento repleto de ensinamentos e de confraternização. Por isso, antes mesmo do término dos jogos, ela recebeu as denominações de "Olimpíada dos Recordes" e "Olimpíada da Paz".

O problema da altitude, que antes das competições trouxe muitos receios, levando os principais países desportivos à realização de sérios estudos e cuidadosa preparação dos seus atletas, evidenciou, pelo menos para as alturas médias, ser um mito dentro do quadro geral, embora individualmente tenha havido casos de inadaptação. Os recordes de atletismo foram pulverizados nas provas previstas (corridas de velocidade, salto em distância e salto-tríplice).

Além disso, a fisiologia desportiva foi revista e surgiram novos conhecimentos no seu campo.

O homem "não-branco", como vem acontecendo desde os Jogos de Los Angeles, demonstrou extraordinário valor no atletismo e revelou as fantásticas possibilidades dos africanos e outros povos em fase de desenvolvimento, mesmo quando submetidos a treinamentos naturais, sem grandes pormenores científicos. Os atletas do Quênia e Etiópia realizaram sensacionais proezas e demonstraram grande trabalho de equipe. Quebrando a barreira dos 100 m, embora pertencendo a um meio de alto gabarito desportivo, o corredor norte-americano Jimmy Himes, cognominado a "Flecha de Ébano", marcou 9,9 s, tempo inacreditável.

Vera Caslavska, ginasta extraordinária, com quatro medalhas de ouro, consagrou-se a principal figura das competições. Em seguida às Olimpíadas de Tóquio, esteve a grande atleta no Rio de Janeiro, onde exibiu sua alta classe e técnica que a fizeram a melhor ginasta do mundo nos últimos doze anos. Na Escola de Educação Física do Exército, após rigoroso aquecimento, realizou os mais variados exercícios na trave, paralelas assimétricas, barra horizontal, cavalo de pau e chão, terminando com uma arrojada "reversão dianteira com carpa", depois de executar o salto sobre o cavalo de pau, número espetacular que a tem consagrado nos grandes certames internacionais. Nessa ocasião, sua treinadora — Slevka Matlochavá — é justo ressaltar, também demonstrou sua elevada experiência na especialidade, sobretudo no aquecimento de sua pupila, proporcionando ótimos ensinamentos aos desportistas presentes.

Grupando 126 nações, de todas as partes do mundo, o Olimpismo, mais uma vez, confirmou ser um movimento apolítico e sem fronteiras raciais.

O Congresso Internacional de Medicina Desportiva, acontecimento digno de nota, constituiu-se em uma reunião de elevado gabarito científico e cultural.

Na parte cultural foram realizados, cheios de encantamento, quatro exposições de arte e sete espetáculos folclóricos, constituindo estes empreendimentos verdadeira "Olimpíada Cultural". Ademais, um grande filme, de alto nível técnico, foi organizado.

Ao término dos Jogos, de maneira apoteótica, foi anunciada ao mundo a escolha da cidade de Munique para as disputas das XX Olimpíadas. Ela será, no dizer do jornalista francês Marcel Hensenne, "a encruzilhada de várias gerações e de todos os continentes".

XX Olimpíada (Munique)

Coube a Munique, a progressista capital da Baviera, o privilégio de ter sido escolhida para sede dos Jogos Olímpicos de 1972.

De Munique tem-se dito muita coisa boa. Uma vez, Thomas Mann escreveu: "É a cidade do sentimento humano, da generosidade, da liberdade das artes, na qual se pode sentir, viver e amar duas coisas ao mesmo tempo: o povo e o mundo."

Como cidade tradicional de arte, de desporto, de alegria de viver e de hospitalidade, como era esperado, ela proporcionou a seus visitantes, atletas e espectadores, uma atmosfera de encantamento e de elevados resultados técnicos. A exposição cultural "Os Costumes do Mundo e Arte Moderna" serviu para expressar o ideal olímpico de fraternidade.

Os Jogos se constituíram numa exuberante demonstração de grandeza do desporto alemão, sobre o qual se ergueu, visível ou invisível, o símbolo — a espiral. Esse emblema oficial, belo em sua clareza, indicou o dinamismo próprio do desporto. E do mesmo dinamismo, disse a imprensa da terra de Goethe, transbordou a paisagem olímpica, que, assinalada, em particular, pela torre de televisão, com 290 metros de altura, mostrou ao mundo uma arquitetura grandiosa e ousada.

Do ponto de vista desportivo, em natação mereceu destaque o norte-americano Mark Spitz, considerado o maior nadador de todos os tempos, pelas medalhas de ouro ganhas e os vários recordes mundiais batidos. Igualmente, mereceu louvores, na parte feminina, a italiana Novela Calligaris, também recordista mundial de natação.

A alemã Heidi Schuller, que pronunciou o juramento do atleta, durante a solenidade de abertura dos Jogos, sagrou-se campeã mundial do salto em extensão. A búlgara Rosenthal, Rian, Gamoudi e o finlandês Lasse Viren (que fez lembrar Paavo Nurmi, nos 10 mil metros), foram outros atletas que deixaram seus nomes para a posteridade como grandes virtuoses.

Lamentável foi a tragédia provocada pelo terrorismo palestino contra os atletas judeus.

XXI Olimpíada (Montreal)

Mais uma vez o problema político afetou o brilhantismo dos Jogos Olímpicos, quando mais de vinte países africanos resolveram, à última hora, não participar da competição em atitude de protesto pela presença de nações que mantêm a política de segregação racial. Em decorrência disso, renomados atletas recordistas mundiais, que se prepararam durante anos a fio para uma consagração internacional, foram obrigados a não participar dos Jogos, solidários com o Governo de seus países.

Outro ponto negativo foi representado pelas excessivas medidas de segurança que os organizadores dos Jogos procuraram proporcionar aos atletas participantes, que tiveram seu livre trânsito impedido, não só nas próprias instalações da Vila Olímpica, como na cidade.

A grande estrela desses Jogos chamou-se Nadia Comaneci, uma adolescente romena, de apenas catorze anos, ganhadora de três medalhas de ouro, uma de prata e uma de bronze, nas provas de ginástica. Sua graça e beleza, além da leveza de uma pluma na execução dos exercícios em trave, barra assimétrica ou solo, mostraram ao mundo o resultado de um trabalho de 7 a 8 horas diárias aliado a uma alimentação devidamente apropriada para uma jovem desportista em plena fase de crescimento físico e técnico.

Além de Comaneci, merecem citação especial os desempenhos do cubano Alberto Juantorena, do finlandês Lasse Viren (ambos ganhadores de duas provas), do soviético Victor Saneev (tricampeão olímpico do salto triplo) e do campeão do decatlo, o norte-americano Bruce Jenner, no atletismo masculino, além da soviética Tatiana Kazankina, ganhadora de duas medalhas; da alemã oriental Rosemarie Ackerman, da búlgara Ivanka Christova (arremesso do peso) e da também alemã oriental Ruth Fuchs (arremesso do dardo), no atletismo feminino.

O cubano Teófilo Stevenson, bicampeão de boxe, na categoria pesado; os nadadores norte-americanos Brian Goodell e John Naber, ganhadores de duas medalhas de ouro, cada um; as alemãs orientais Kornelia Ender e Ulrich Tauber e a recuperação da equipe húngara de pólo-aquático, que ao se sagrar campeã do torneio olímpico voltou a ocupar lugar de honra no cenário mundial, se constituíram em outros destaques dos Jogos Olímpicos de Montreal.

XXII Olimpíada (Moscou)

A ocupação soviética no Afeganistão serviu de pretexto para que, novamente, um problema político influísse decisivamente no brilhantismo de uma Olimpíada, uma vez que os norte-americanos condicionaram sua presença em Moscou à retirada das tropas russas daquele país. Como isso não aconteceu, eles simplesmente não participaram dos Jogos, no que foram seguidos por várias nações, algumas de grande expressão no cenário esportivo internacional, como a Alemanha Ocidental e o Japão.

Outros países, em sinal de protesto, não participaram do desfile de abertura, embora presentes aos Jogos, que se constituíram num exemplo de organização do mais alto nível e se restringiram a uma luta entre a União Soviética e a Alemanha Oriental pelo maior número de medalhas.

De qualquer maneira algumas atuações individuais merecem registro todo especial, situando-se, nesse caso, o nadador russo Vladimir Salnikov, que nos 1.500 metros, nado livre, derrubou a marca dos 15 minutos, tarefa até então considerada impossível. O mesmo destaque deve ser atribuído ao também soviético Alexandre Dityatin, ganhador de oito medalhas na ginástica: quatro de ouro, três de prata e uma de bronze. Mas também cabe um elogio à soviética Nelly Kim, uma bela eurasiana, e àquela que se constituiu na maior atração da ginástica feminina, outra russa, Yelena Davidova. Ao lado delas, outra representante de um país socialista, a alemã oriental Barbara Krause, na exuberância de seus 21 anos, conseguiu uma proeza sem precedentes: nadar os 100 metros livres abaixo de 55 segundos.

Fora do bloco socialista, destaquemos os corredores ingleses de meia distância, Sebastian Coe e Steve Ovett; os italianos Pietro Menea e Sara Simeoni (100/200 metros rasos e salto em altura, respectivamente), o lutador de boxe cubano Teófilo Stevenson, tricampeão olímpico dos pesados, além do reencontro dos brasileiros com o primeiro lugar no "podium" olímpico, após 24 anos de jejum, desde que Ademar Ferreira da Silva ganhou o salto triplo, em Melbourne, em 1956. As duplas de iatistas Marcos Soares-Eduardo Penido e Alex Welter-Lars Bjorkstrom obtiveram a medalha de ouro nas classes 470 e tornado, em regatas disputadas acirradamente nas águas de Kiev, compensando assim as decepções causadas pelos rapazes do judô e por João Carlos de Oliveira, no salto triplo, todos muito cotados para um primeiro lugar e dos quais só João ficou com a medalha de bronze.

No campo da Arte, alcançou grande repercussão a exposição pública intitulada "Pintores enfeitam a cidade", na qual artistas, principalmente da área socialista, se propuseram e atingiram seu objetivo: embelezar e alegrar, até onde lhes foi permitido, a capital soviética.

Jogos Olímpicos de Inverno

Nos Jogos de Inverno cumpre destacar a figura da norueguesa Sonja Henie, que na prova de patinação artística obteve, antes, o título de campeã mundial e se sagrou tricampeã olímpica (1928-32-36), sucesso que inclusive a levou até às telas cinematográficas de Hollywood e jamais igualado por qualquer outro participante dos chamados "Jogos sobre o gelo".

A Luta das Medalhas

Encerrados os Jogos Olímpicos de 1980, no que concerne aos desportos de verão, os Estados Unidos mantêm a supremacia na conquista de medalhas desde que a competição foi reativada, em 1896, totalizando 1.568. A União Soviética vem a seguir com um total de 988 medalhas.

Recompensas Olímpicas

O COI concede uma série de troféus, distribuídos anualmente, para premiar o ideal olímpico. São eles:

A *Copa Olímpica* de prata, criada por Coubertin em 1906, e outorgada a uma instituição ou associação de caráter amplo e desinteressado, tendo servido à causa do desporto ou concorrido para a propagação da idéia olímpica. Fica exposta no Museu Olímpico, recebendo seu titular uma plaqueta de bronze e um diploma. Em 1949, o Fluminense F.C. foi honrado com esta recompensa. O III Congresso Luso-Brasileiro de Educação Física, em Luanda, aprovou uma proposta de indicação da Escola de Educação Física do Exército para tão alto galardão.

O *Diploma Olímpico de Mérito*, criado, em 1905, no Congresso de Bruxelas, é concedido a uma personalidade, reunindo as mesmas condições que as definidas na Copa Olímpica. Ele também pode ser dado aos membros honorários do COI. Ao nosso Santos Dumont foi outorgado este diploma, sendo o terceiro a recebê-lo, após a sua instituição, sendo precedido apenas pelo Presidente Theodore Roosevelt e pelo grande explorador norueguês Fritjof Nansen, que atravessou a Groenlândia de leste para oeste, em quarenta dias, servindo-se de esquis. Em 1939, a cinegrafista alemã Leni Riefenstahl o recebeu, a pedido dos norte-americanos e franceses, pelo magnífico filme que produziu sobre os Jogos Olímpicos de Berlim.

A *Copa Fearnley*, criada, em 1905, por Thomas Fearnley, membro do COI, tem por objetivo recompensar um clube de desporto pelos seus méritos olímpicos. A Copa está exposta no Museu Olímpico. Seu titular recebe uma miniatura e um diploma.

A *Copa Mohamed Taher*, criada, em 1950, por Mohamed Taher, é reservada a um atleta amador, tendo ou não participado das competições olímpicas, cujos méritos justifiquem uma distinção particular de caráter olímpico. O troféu está exposto no Museu Olímpico. Seu titular recebe uma plaqueta e um diploma. Em 1953, após suas brilhantes vitórias em dois jogos olímpicos consecutivos, Ademar Ferreira da Silva foi glorificado com esta bela recompensa.

O *Troféu Bonacossa*, criado em 1955, pelo Comitê Olímpico Italiano e a família do falecido desportista Alberto Bonacossa, é atribuído a um Comitê Nacional Olímpico que tenha servido, de modo especial, à causa do Olimpismo. O troféu está exposto no Museu Olímpico. Seu titular recebe uma miniatura e um diploma.

Nas provas individuais e coletivas, para ressaltar o valor desportivo, são conferidas medalhas até o terceiro lugar, inclusive. Os vencedores, além disso, recebem diplomas.

Atuação dos Brasileiros

Apenas seis brasileiros obtiveram medalhas de ouro nos Jogos Olímpicos: Guilherme Paraense (tiro de revólver, em Antuérpia, 1920), Ademar Ferreira da Silva (salto triplo, em Helsinque e Melbourne, superando em ambos o recorde mundial) e os iatistas Eduardo Penido, Marcos Soares (classe 470), Alex Welter e Lars Bjorkstrom (classe Tornado).

Como segundos colocados, Afrânio Costa (tiro de pistola livre, em Antuérpia) e Nélson Prudêncio (salto triplo, na Cidade do México).

Medalhas de bronze, referentes ao terceiro lugar, o Brasil obteve em Antuérpia: equipe de pistola; em Londres, 1948: equipe de basquete; em Helsinque, 1952: José Teles da Conceição, no salto em altura e nos 200 metros rasos e o nadador Tetsuo Okamoto, nos 1.500 metros, nado livre; em Roma, 1960: equipe de basquete e o nadador Manoel dos Santos, nos 100 metros, nado livre; em 1968, na Cidade do México: o pugilista Servilio de Oliveira, peso mosca, e a dupla de iatistas Reinald Conrad-Burkard Cordes, na classe "flying-dutchman"; em Munique, 1972, novamente no salto triplo com Nélson Prudêncio, e o judoca Chiaki Ishii, na categoria meio-pesado; em Montreal, 1976: João Carlos de Oliveira, no salto triplo e a dupla de iatistas Reinald Conrad-Peter Ficker, na classe "flying dutchman"; em Moscou, 1980: mais uma vez no salto triplo, com João Carlos de Oliveira, em natação, a equipe do revezamento de 4x200 metros, nado livre.

Em 10 participações nos Jogos Olímpicos, desde 1920, os atletas brasileiros ganharam apenas 20 medalhas de ouro, 2 de prata e 15 de bronze.

Jogos de Caráter Olímpico

Na Antiguidade, as diferentes tribos gregas realizavam, desde os tempos heróicos, seus próprios Jogos. Nessas festas eram fortalecidos os laços de fraternidade, fé, sentido tribal e proteção mútua.

Animados pelo COI e por seus comitês nos diferentes países, ou por imitação aos Jogos Olímpicos, hoje em dia, realizam-se numerosas competições de caráter continental, regional, ideológico, profissional ou de inferiorizados físicos. Tais são os Jogos Pan-Americanos, Centro-Americanos, Bolivarianos, Luso-Brasileiros, Africanos, Pan-Asiáticos, da Ásia Ocidental, da Europa, Mediterrâneos, Balcânicos, da Comunidade Britânica, Comunistas (em forma de Espartaquíadas ou Jogos Mundiais da Juventude), Socialistas, Militares (Campeonatos do CISM), Universitários (Universíades), Macabíadas (reuniões desportivas judaicas), dos Cegos, Surdos etc. Através dessas competições estabelece-se mais um capítulo do Olimpismo, na sua gloriosa tarefa de unir os povos. Em nossa opinião, dentro de uma nova estruturação, muitos dos jogos citados poderão servir, no futuro, para solucionar o "gigantismo" das atuais Olimpíadas, funcionando como competições selecionadoras pré-olímpicas.

Além dos Jogos, o COI e seus filiados, vez por outra, organizam congressos médico-desportivos que cuidam dos problemas técnicos e científicos do desporto. Em Tóquio, precedendo os Jogos Olímpicos, o tema tratado foi bastante sugestivo: "As Ciências do Desporto". Os trabalhos do certame foram reunidos em uma obra de magnífica apresentação.

Honrando a memória de Coubertin, periodicamente, reúne-se em Olímpia a Academia Olímpica Internacional, forja de ideais olímpicos, instituída pela vontade monolítica de Karl Diem.

Problemas dos Jogos Olímpicos

O estudo sócio-filosófico das Olimpíadas contemporâneas, impondo meditação, evidencia sérias dificuldades.

Os organizadores dos Jogos e os desportistas em geral sabem que, por detrás do brilho e prestígio das competições, há problemas graves e urgentes, que necessitam pronta solução.

Pelo menos dois estão em pauta: o falso amadorismo e o chauvinismo exagerado. O primeiro destrói a integridade do indivíduo e da comunidade; o segundo provoca trapaças, brutalidade, exibicionismo, "doping" e abre a porta a todos os excessos. Outros podem ser citados: o gigantismo da competição e a exploração comercial. O nacionalismo mórbido é dos mais condenáveis, pelo seu empenho em produzir desportistas-recordes, verdadeiros super-homens, através dos meios estatais, pois o desporto deve permanecer essencialmente como prática de interesse individual, dentro do quadro da educação integral.

O "apartheid", sistema imposto na África do Sul, não permitindo a prática desportiva entre brancos e negros, constitui fato inconcebível e inaceitável dentro do olimpismo. Deve haver uma ação mundial para fazer cessar tal absurdo, pois os homens, quaisquer que sejam suas etnias, têm o mesmo valor social.

O Conselho Internacional de Educação Física e Desportos, órgão da UNESCO, vem estudando com atenção tais desvios, tendo mesmo redigido um trabalho denominado "Manifesto dos Desportos", de grande oportunidade, que contém um ensaio analítico dos problemas e das propostas para solucioná-los.

Os Jogos Olímpicos, conservando o espírito do "fair play", do "jogo limpo", essência de qualquer competição, necessitam ser reestruturados, sem prender-se às fórmulas idealísticas do passado, porém, superadas diante dos fatos. O verdadeiro amadorismo não está em classificações ultrapassadas, mas nos atletas que empregam na disputa todo o seu coração, a totalidade de suas forças e o ideal olímpico, no mais completo desinteresse. Urge, por conseguinte, procurar para os problemas uma solução válida, apoiada simultaneamente nos imperativos da moralidade, da justiça social, da promoção humana, da fraternidade e do verdadeiro espírito desportivo.

XIX
Educação Física e Desportos no Brasil

MARIA LENK — Pioneira da natação e da Educação Física no Brasil, tornou-se a primeira mulher sul-americana a participar dos Jogos Olímpicos (1932, em Los Angeles) e a primeira atleta sul-americana a superar um recorde mundial, além de primeira mulher no mundo a nadar o estilo borboleta. Na Educação Física, integrou a primeira turma civil a formar-se em São Paulo, tornando-se a primeira Catedrática (depois Titular) de Esportes Aquáticos da Escola de Educação Física e Desportos da Universidade Federal do Rio de Janeiro, sendo também a primeira mulher a ser designada Diretora de uma escola de Educação Física no Brasil. Como dirigente esportiva, é a primeira e até agora única mulher a pertencer ao Conselho Nacional de Desportos.

Podemos prever o futuro das atividades físicas brasileiras, aplicando versos de Castro Alves, transpostos, no tempo e no espaço, para os dias de hoje:

"Talhado para as grandezas,
para crescer, criar e subir...
O Novo Mundo nos músculos
sente a seiva do porvir."

A história da educação física e dos desportos no Brasil, para facilitar o conhecimento de atos e fatos de sua evolução, pode ser dividida, do mesmo modo que a história política, em três períodos:

1º período: Brasil-Colônia (1500 — 1822);
2º período — Brasil-Império (1822 — 1890);
3º período — Brasil-República (1889 até os nossos dias).

Poucos foram os que se interessaram pelo seu estudo, realizando pesquisas bibliográficas ou interpretando algo do seu desenvolvimento. Os dados divulgados, apresentados aqui e ali, inclusive neste trabalho, devem-se, na sua maioria, ao espírito arguto e pesquisador de Inezil Penna Marinho.

Brasil-Colônia

Cumpre assinalar, a título de formação curiosa, como a mais antiga notícia sobre os exercícios físicos em terras brasileiras, fato ocorrido por ocasião da Descoberta, um trecho da carta de Pero Vaz de Caminha, escrivão-mor da armada de Cabral, a El-Rei D. Manuel: "passou-se então além do rio Diogo Dias, almoxarife que foi de Sacavém, que é homem gracioso e de prazer, e levou consigo um gaiteiro nosso, com sua gaita, e meteu-se com os indígenas a dançar, tomando-os pelas mãos, e eles folgavam e riam, e andavam com ele muito bem, ao som da gaita. Depois de dançarem, fez ali, andando no chão, muitas voltas ligeiras e salto real de que se espantavam, riam e folgavam muito." Foi a primeira "aula" de recreação e ginástica praticada em nossa terra. Igualmente, interpretando o fato com um pouco de fantasia, pode-se atribuir a Caminha a glória de ter sido o primeiro cronista desportivo do Brasil.

As atividades físicas naturais a que se entregavam os índios brasileiros, mais ou menos idênticas em todas as civilizações primitivas, não tinham por finalidade, como acontece hoje de maneira sistemática, a valorização do homem pelo exercício, através do aperfeiçoamento, ao mesmo tempo, de sua saúde e de suas qualidades físicas, morais e sociais. Por instinto, sabiam os silvícolas que, na dura luta pela existência, somente os fortes, os de elevado valor corporal, poderiam sobreviver. A caça e a pesca, a luta e o uso do arco e flecha e do tacape, a navegação e a canoagem, a marcha e a corrida, a dança, a natação e o mergulho sintetizam, sem pormenores, as principais práticas físicas usadas pelos nossos índios, aliás fortes e bem estruturados. Deles disse o padre Simão de Vasconcelos: "por ordinário membrudos, corpulentos, bem dispostos, robustos e forçosos..."

De modo geral, segundo numerosos autores, possuíam nossos indígenas bastante força e extraordinária resistência à fadiga, que lhes permitiam deslocarem-se a grande distância, transportando, de maneira veloz, cargas pesadas em plena selva.

A vida natural tornava o índio exímio caçador e valente guerreiro. Como guerreiro, na época do romantismo brasileiro, foi exaltado em prosa e poesia. Em "I-Juca-Pirama", Gonçalves Dias, poeta dos maiores da literatura brasileira, canta em versos magistrais a bravura de um guerreiro tupi, empenhado em luta de morte contra os Timbiras, seus inimigos não menos valorosos — "rudes, severos, sedentos de glória". Eis uma estrofe:

"A taba se alborota, os
golpes descem,
Gritos, imprecações
profundas soam,
Emaranhada a multidão
braveja,
Revolve-se, novela-se confusa,
E mais revolta em
mor furor se acende.
E os sons dos golpes que
incessantes fervem,
Vozes, gemidos, estertor de morte

Vão longe pelas ermas serranias
Da humana tempestade propagada
Quantas vagas de povo enfurecido
Contra um rochedo vivo
se quebravam".

Os índios brasileiros, de modo geral, eram excelentes nadadores e canoeiros. Os índios paumaris, por exemplo, segundo Joseph Beal Steere, distinguiam-se como "essencialmente fluviais, peritos nadadores e canoeiros insignes". Dos Taramambeses, excelentes nadadores, entre outros feitos, relata-nos Viriato Correia: "Conta-se que, armados de paus aguçados e curvos, iam no fundo do mar atacar os tubarões, metendo-lhes os paus pela garganta adentro e matando-os. E isso sem nadadeiras, sem máscaras e sem espingardas de ar comprimido".

Ao lado dos exercícios naturais como atividade derivada e mística, as danças davam o tom nas cerimônias rituais e de recreação, fato comum em toda sociedade primitiva. Por elas é comunicado ao selvagem o poder dos deuses e agradecidos os benefícios deles recebidos. Os Tamoios, por exemplo, eram grandes dançarinos. Os Bororós e outros grupos indígenas recreavam-se com a peteca feita com palha de milho. Rondon, nas suas andanças, observou, entre os Parecis e outras tribos, o jogo da bola.

A utilização do cavalo, como meio de transporte, de recreação, e na guerra, veio somente mais tarde, destacando-se, na sua prática, além dos Charruas, os célebres índios guaicurus, habitantes do sul de Mato Grosso.

Mais tarde, no longo período colonial, como primeiras atividades desportivas, imitando velhos costumes medievais, em algumas festividades públicas, realizavam-se os jogos de argolinhas, as cavalhadas e as touradas, para gáudio de um público rude e de hábitos simples.

De cunho local, importante como festa tradicional do Nordeste, era a vaquejada, costume ainda hoje subsistente, que consiste em derrubar o gado pela cauda, em plena corrida.

Surgiram, também, em numerosos pontos do País, outras festas populares do ciclo do gado, ligadas ao rodeio: cavalgar cavalos xucros encilhados ou em pêlo, laçamento de bezerros na corrida, derrubada de novilhos e provas de adestramento no laço.

Os bandeirantes, bons andarilhos e exímios canoeiros, também merecem citação como exemplo da fortaleza física de um povo em formação. Sob a dominação espanhola, ousados paulistas aventuram-se pelo sertão, escrevendo uma das mais belas páginas da História do Brasil — "A epopéia das bandeiras". Sobre ela, tal como Camões cantando os feitos lusitanos, diz Guilherme de Almeida, poeta de raça:

"Com o peito em lanças ou empurrando quilhas
Passaram muito além das Tordesilhas..."

Dos tempos coloniais, criada na senzala, sobretudo no Rio de Janeiro e na Bahia, cumpre chamar a atenção sobre a capoeira, rixa ardilosa e cheia de recursos, impregnada de criatividade e ritmo, que, embora desprezada, vem, nos últimos tempos, adquirindo certo vigor e sendo reconhecida, no seu justo valor, como luta de enormes recursos. Ela procura crescer sem alhear as suas raízes históricas. E elevar-se-á à altura de uma instituição nacional, no dizer de Fernando de Azevedo, mediante polimentos no emprego e na estilização dos seus recursos.

No campo cultural, demonstrando interesse pelo assunto, cumpre assinalar, oriundo de Portugal, o *Tratado de Educação Física e Moral*, de autoria de Luiz Carlos Muniz Barreto e impresso em 1787. Esta obra foi, possivelmente, a primeira sobre educação física aparecida no Brasil. No fim do século XVIII e início do XIX, em Lisboa, foram lançados alguns livros especializados, dois dos quais do brasileiro Dr. Francisco de Melo Franco, médico interessado na manutenção da saúde através do exercício e dos agentes naturais. Na mesma ocasião, deve ter chegado até nós o *Tratado de educação física dos meninos para uso da nação portuguesa,* obra ligada à higiene e traduzida do inglês pelo Barão de Almeida. É curioso constatar que, na citada época, eram os exercícios físicos considerados no quadro da Medicina, e, com poucas exceções, quase todas as publicações ostentavam o pomposo título enunciado linhas atrás.

Brasil-Império

Para começar, diremos que, durante esse período, afora algumas iniciativas isoladas, nada ou quase nada se fez em prol da educação física. Mas, apesar de tudo, no decorrer do tempo houve sempre algo para justificar a regra.

Em 1823, Joaquim Jerônimo Serpa, dentro de objetivos educacionais e através de noções de higiene e puericultura, com o título de *Tratado de Educação Física e Moral dos Meninos,* lançou, em Pernambuco, a primeira obra especializada publicada no Brasil.

De 1845 em diante, assinalam-se alguns trabalhos sobre educação física, assunto constantemente escolhido para tema nas teses apresentadas pelos doutorandos na Faculdade de Medicina do Rio de Janeiro.

Alguns educadores também começaram a chamar a atenção para o problema, surgindo, a partir de 1851, em muitos pontos do território nacional, leis e regulamentos introduzindo a ginástica na escola, embora quase sem aplicação prática.

Nos meios militares, de maneira tímida mas real, a execução dos exercícios começou a ganhar terreno. No entanto, longe estava a realidade da criação de uma consciência em torno da educação física.

Em 1867, em plena Guerra do Paraguai, é publicada no Rio de Janeiro, de autoria do Dr. Eduardo Augusto de Abreu, uma obra de real valor, intitulada *Estudos Higiênicos Sobre a Educação Física, Intelectual e Moral do Soldado*. Dela diz I.P. Marinho: "Tem-se a impressão de que o autor se encontrava avançado meio século em relação à época em que viveu". Mas, apesar de tudo, não teve eco no campo prático, embora servisse para aumentar o interesse no campo cultural.

Como prova de interesse, cumpre ressaltar a realização de várias conferências na Escola Normal, algumas presididas pelo Imperador D. Pedro II, durante as quais figuras de relevo na instrução pública se batiam ardorosamente pela causa dos exercícios físicos.

Mas o principal acontecimento foi, sem dúvida, em 1882, na Câmara dos Deputados, o parecer de Rui Barbosa sobre a reforma do ensino primário, considerado, até hoje, peça magnífica, na qual afirma a necessidade do desenvolvimento físico e intelectual marcharem paralelos. Em resumo, na parte da educação física, talvez a primeira iniciativa do gênero na América Latina, preconiza projeto apresentado:

"1.º — Instituição de uma seção especial de ginástica em cada escola normal.
2.º — Extensão obrigatória da ginástica a ambos os sexos, na formação do professorado e nas escolas primárias de todos os graus, tendo em vista, em relação à mulher, a harmonia das formas femininas e as exigências da maternidade futura.
3.º — Inserção da ginástica nos programas escolares como matéria de estudo, em horas distintas das do recreio, e depois das aulas.
4.º — Equiparação, em categoria e autoridade, dos professores de ginástica aos de todas as outras disciplinas".

Ademais, consta da proposição uma afirmação admirável: "Nós não pretendemos formar acrobatas, nem Hércules, mas desenvolver a juventude pelo vigor essencial de equilíbrio da vida humana, a felicidade da alma, a defesa da Pátria e a dignidade da espécie."

Comentando o projeto de Rui Barbosa, afirma Waldemar Areno que as conclusões dele "devem ser detidamente analisadas pelos administradores equivocados e pelos professores pretensiosos que ensinam outras disciplinas e subestimam a educação física, porque a ignoram, indevida e lamentavelmente."

Demonstrando certo interesse pelo problema, cumpre assinalar o aparecimento, em 1866, do *Manual Teórico e Prático de Ginástica Escolar*, de Pedro Manoel Borges.

Infelizmente, como nos anseios anteriores, fica a problemática da educação física sem execução.

Atividades Desportivas

Quanto à prática desportiva, segundo o modelo inglês, quase nada temos a informar. Em todo o País era bem insignificante, conquanto começasse a surgir interesse pelo desporto náutico. No Rio de Janeiro, nos trinta ou quarenta anos que precederam a Proclamação da República, realizavam-se, no mar, provas rústicas de natação, patinação, peteca e malha. Na vastidão enorme do território nacional, a utilização intensa do cavalo, o excursionismo e as caçadas, como nos tempos coloniais, davam o tom recreativo-desportivo da vida brasileira.

Com o correr dos anos, algo foi aparecendo. No Rio de Janeiro, a Escola Militar da Praia Vermelha constituiu-se, embora de diminuta significação no conjunto, no principal centro difusor das atividades corporais do País. Além da prática dos desportos da época já referidos, através da escalada aos morros da Urca e do Pão de Açúcar, prova de coragem e resistência, a mocidade era despertada para a prática dos exercícios físicos.

Do ponto de vista associativo, merece registro a fundação, em 1868, do Clube Ginástico Português, instituição que, até hoje, continua prestando reais serviços, com intensa e orientada atividade no setor de recreação, desporto e ginástica.

Brasil-República

Para facilidade de elucidação, vamos expor os fatos em três fases e faremos, no final, uma apreciação sobre a atualidade desportiva e um retrospecto cultural.

1ª Fase (1889 — 1930)

No setor da educação física sistemática, em todo o País, pouco foi feito. Em 1890, o Dr. Ramiz Galvão, diretor da Instrução Pública do então Distrito Federal, assim se expressava: "Em relação à educação física, há um verdadeiro mundo novo a abrir-se nas escolas." Mais objetivo, José Veríssimo, no seu livro *Educação*, coloca em relevo o problema, discorrendo sobre o assunto.

O Exército, a Marinha e alguns estabelecimentos de ensino, quase como exceções, ministravam nos primeiros tempos da República uma ginástica bastante precária.

Nos últimos anos do século XIX, o desporto, de maneira pouco expressiva, começou a despertar o interesse da mocidade. Em 1893, a Associação Cristã de Moços, instituição de caráter internacional, estabeleceu-se no País. Com o tempo, destacou-se na implantação de novas atividades, incentivando, no Rio de Janeiro e em São Paulo, o basquetebol, o volibol e, sobretudo, a ginástica calistênica. Hoje em dia, organizada em federação, com dez filiadas, coopera no campo educacional e serve beneficamente à educação física nacional.

O remo, no entanto, foi, na última década do século passado e princípio do atual, o desporto de preferência. Foram fundados vários clubes de natação e remo, no Rio de Janeiro e nos demais Estados. As regatas, sobretudo no Rio, e durante muitos anos, marcaram época. Olavo Bilac, o *Príncipe dos Poetas Brasileiros*, entusiasmava-se com as provas e o vigor dos atletas, e, transportando sua imaginação para a velha Grécia, em exaltação cheia de civismo, afirmava na imprensa da época: "Meninos! Foram músculos como esses que ganharam a batalha de Salamina!"

Em 1905, recebeu o Brasil o primeiro galardão do Comitê Olímpico Internacional. Ao nosso Santos Dumont, na época, pelo seu feito, considerado serviço amplo e desinteressado à causa do desporto, foi outorgado o diploma olímpico de mérito, sendo o terceiro a recebê-lo, após sua instituição, precedido apenas pelo presidente Theodore Roosevelt e pelo grande explorador norueguês Fridt Jof Nansen, que atravessou a Groenlândia de leste para oeste em quarenta dias, servindo-se de esquis. Quando se criar o Museu de Educação Física e Desportos, previsto no planejamento do Departamento de Educação Física e Desportos, atual Secretaria de Educação Física e Desportos (SEED), deve esse diploma figurar no seu acervo, como peça de admirável significação.

Nos primeiros anos de nosso século, aproveitando os fundamentos implantados pelo padre Manuel Gonzales, Charles Miller e Oscar Cox, surgem muitos clubes de futebol — o Fluminense, o América, o Botafogo, o Bangu etc., diversificados, mais tarde, em uma multiplicidade de atividades. Influenciada pelo futebol e outros desportos, a educação física, embora em círculos limitados, começou modestamente a ganhar terreno.

A prática do basquetebol, como do volibol, surgiu mais tarde, trazida pela Associação Cristã de Moços.

Em 1905, ficou célebre o projeto apresentado pelo Dr. Jorge de Morais, deputado pelo Amazonas, solicitando ao Congresso Nacional, depois de focar a importância da educação física, a criação de duas escolas especializadas, uma civil e outra militar, e o comissionamento de pessoal idôneo para estudar o assunto no estrangeiro e instalá-las. Estabelecia também a necessidade de aquisição de terrenos para a prática de jogos ao ar livre nas escolas superiores e a instituição da prática da ginástica sueca e de jogos ao ar livre. Infelizmente, pelo despreparo dos nossos legisladores em assuntos de educação física, esse projeto, tão bem elaborado, não conseguiu tornar-se realidade.

Em 1907, a Missão Militar Francesa, contratada para ministrar instrução à Força Pública do Estado de São Paulo, fundou, na referida milícia, uma sala de armas destinada ao ensino e à prática da esgrima, origem de sua Escola de Educação Física, o mais antigo estabelecimento especializado em todo o Brasil. Em 1909, foi criada a escola em apreço, que diplomou, em cursos regulares, os primeiros mestres de ginástica e mestres de esgrima no País.

Dentre as personalidades atuantes no campo do exercício físico, cumpre registrar o nome de Arthur Higgins, professor entusiasta e autor de dois manuais de ginástica. Foi uma figura admirável de educador, cuja ação, em vários estabelecimentos de ensino, beneficiou, nessa fase, uma geração inteira de estudantes.

Em 1920, nos Jogos Olímpicos de Antuérpia, com a participação do nosso País pela primeira vez, dois atiradores — Guilherme Paraense e Afrânio Costa — e a equipe de tiro obtiveram, na especialidade, respectivamente, medalha de ouro, prata e bronze.

Em 1922, quando ministro da Guerra o Dr. Pandiá Calógeras, espírito dinâmico e realizador, foram feitas no Exército as primeiras tentativas de sistematização dos exercícios e de criação de um centro formador de especialistas, objetivando os meios civil e militar. Curta foi, no entanto, essa fase de trabalhos, em face das dificuldades materiais insuperáveis e dos acontecimentos políticos da época.

Após o fracasso da tentativa de 1922, seguiu-se um período de poucas iniciativas de aprendizagem e de luta incessante em prol da concretização da idéia, cuja bandeira era levantada por uma plêiade de oficiais do Exército. Guardemos os seus nomes: Newton de Andrade Cavalcanti, Ilídio Rômulo Colônia, João Barbosa Leite, Jair Dantas Ribeiro, Inácio de Freitas Rolim e Virgílio Alves Bastos. É justo citar também um oficial francês, formado pela escola de Joinville-le-Pont: Major Pierre Segur, que, com seu tirocínio e entusiasmo, muito ajudou os oficiais brasileiros.

Somente em 1929, após esforços tenazes, instalou-se o Curso Provisório de Educação Física, na Vila Militar. Nesse curso, por iniciativa do Dr. Fernando de Azevedo, diretor de Instrução Pública do então Distrito Federal, foi matriculada uma turma de professores primários, aumentando assim a importância do empreendimento. Os dois atos citados marcaram uma ação decisiva na implantação da educação física no meio brasileiro.

2ª Fase (1930 — 1964)

O Curso Provisório, transformado em Centro Militar de Educação Física, em 1930, passou a funcionar no recinto da Fortaleza de São João, justamente no sítio histórico onde Estácio de Sá lançou os fundamentos da cidade do Rio de Janeiro. Pela seriedade e rendimento dos seus trabalhos, em pouco tempo o centro projetou-se no meio educacional.

Em 1930, após a vitória da Revolução, é criado o Ministério da Educação e Saúde. Com ele surge maior interesse pela educação física, tanto no Rio de Janeiro, como nos demais Estados.

Em 1931, é aprovada uma reforma educacional pela qual fica estabelecida a obrigatoriedade da educação física nos estabelecimentos de ensino secundário. Em seguida, surge o Departamento de Educação Física do Estado de São Paulo e o Curso Especial, em Pernambuco. No Espírito Santo é criada organização idêntica e um curso de educação física infantil. Na mesma época, disciplinando os trabalhos, entram em vigor os programas de educação física, baseados no método francês, que, por sua caracterização lógica, muito ajudou a prática das atividades físicas nos meios civil e militar.

Em 1933, o Centro Militar de Educação Física é ampliado e transforma-se na atual Escola de Educação Física do Exército. Este estabelecimento de ensino especializado, como pioneiro, tem prestado inestimáveis serviços à educação física e ao desporto de nossa terra, cabendo-lhe, por conseguinte, lugar de relevo entre as grandes instituições nacionais. Dentro de seguro programa de ação, muito tem contribuído para o aperfeiçoamento das técnicas pedagógicas e desportivas da coletividade brasileira.

Ainda está para ser estudada e, conseqüentemente, ressaltada a importância da operosidade e do trabalho construtivo da Escola de Educação Física do Exército na elevação do nível de robustez das populações brasileiras, principalmente no campo das atividades físicas e de recreação, onde verdadeiramente notável tem sido seu papel pioneiro. Ela tem sido uma escola de líderes e forja de ideais olímpicos.

De 1933 em diante, publicações especializadas começam a surgir, os decretos e portarias se multiplicam e culminam com a criação da Divisão de Educação Física do Ministério da Educação e Saúde, cujo primeiro diretor, o major João Barbosa Leite, torna-se merecedor de encômios pelos serviços prestados. Outros diretores, como ele, dignificaram a função, integrando-se no rol dos benfeitores da educação física nacional, cabendo citar, sem demérito para os demais, os nomes de Alfredo Colombo e Antônio Pires de Castro Filho.

Sentindo a deficiência de professores e de médicos especializados, a Divisão de Educação Física do Ministério da Educação e Cultura, com a valiosa cooperação da Escola de Educação Física do Exército, planejou e estruturou um curso de emergência, que funcionou durante cinco meses, entre 1938 e 1939, tendo diplomado 168 professores e 78 médicos. Foi um passo decisivo para numerosas outras conquistas no campo das atividades físicas.

Integrando a Universidade do Brasil, em 1939, foi fundada a Escola Nacional de Educação Física e Desportos, empreendimento de grande significação. O então major Inácio de Freitas Rolim, seu primeiro diretor, batalhador incansável pela educação física nacional, muito contribuiu para o seu êxito inicial.

Mais tarde, já amadurecido, começou o Brasil a organizar estágios internacionais, destacando-se os de iniciativa do Departamento de Educação Física do Estado de São Paulo, que proporcionou a vinda de numerosos e experimentados técnicos estrangeiros. Outras reuniões culturais, cursos, encontros, simpósios foram realizados com elogiável sucesso.

No setor oficial e privado, sem solução de continuidade, os desportos tomaram intenso desenvolvimento. Em 1941, o Governo, com bastante oportunidade, estabeleceu as bases da organização desportiva brasileira e instituiu o Conselho Nacional de Desportos, destinado a orientar, fiscalizar e incentivar a prática desportiva em todo o País, bem como a tornar os desportos, cada vez mais, um eficiente processo de educação física e espiritual da juventude e uma alta expressão de cultura e energia nacionais.

A natação, praticada sem o apuro técnico devido, evoluiu de maneira notável, depois da vinda para o Brasil do extraordinário profissional japonês Takashiro Saito, iniciativa da antiga Liga de Esportes da Marinha.

O futebol, o basquetebol, o volibol, o atletismo, o hipismo, o iatismo, o boxe, o tênis, o tênis de mesa e outros desportos, na sua maioria ainda vacilantes, após campanhas memoráveis atingiram elevado índice no cotejo internacional. Deles diremos algo na conclusão deste bosquejo histórico.

3ª Fase (1964 — 1979)

No decorrer desta fase, sobretudo nos últimos anos, novos atos governamentais e a criação de numerosos órgãos especializados deram impulso extraordinário no equacionamento do problema da educação física e dos desportos de alta competição.

Muitas iniciativas concorreram para se alcançar tal meta; dentre elas, a utilização dos recursos da Loteria Esportiva.

Procedeu-se também ao "levantamento da situação da educação física e dos desportos", diagnóstico que muito ajudará na realização dos futuros empreendimentos.

Em nossos dias, cumpre referenciar o Decreto nº 69.450, de 1º de novembro de 1971, e outros que se lhe seguiram, dando origem a várias medidas na área educacional, pública e privada. Coroando tais iniciativas, foi reestruturada a administração das atividades físicas, com a criação do Departamento de Educação Física e Desportos (DED), substituído mais tarde, em 1978, pela Secretaria de Educação Física e Desportos (SEED), organismo bem imaginado e mais consentâneo com os tempos atuais e vindouros.

Esta entidade vem ampliando o mercado de trabalho para os professores de Educação Física, incentivando a abertura de novos estabelecimentos de ensino especializados e, sobretudo, disseminando instalações desportivas por todo o território nacional, possibilitando, assim, prática mais intensa e bem orientada.

O elevado número de escolas especializadas, todas de nível universitário, expressa o interesse pela profissão de professor de Educação Física, técnico desportivo e médico especializado.

Quanto às construções desportivas, a SEED, em convênio com várias instituições, construiu ou está construindo, em diversas unidades da Federação, quadras para ginásios polivalentes, piscinas olímpicas e semiolímpicas, ginásios, quadras cobertas, pistas de atletismo e campos de futebol.

Na Universidade Federal do Rio de Janeiro, na ilha do Fundão, interessantes pesquisas estão sendo realizadas sobre fisiologia do esforço, aptidão física, métodos e processos de treinamento. É um extraordinário trabalho de equipe que engloba a teoria e a prática, a Ciência e a experiência, e cujos frutos, sem dúvida, virão a seu tempo. Em outras partes do País, estão sendo instalados centros idênticos.

Resta muito a fazer, mas grande passo está sendo dado. Nas escolas brasileiras, em todos os níveis de escolarização, inclusive no universitário, hoje em dia a educação física constitui prática obrigatória. Ademais, sente-se existir grande interesse de renovação de conhecimentos no meio do magistério especializado, através de toda sorte de reuniões culturais especializadas.

Quanto ao desporto, precisamos agir no sentido de massificar sua prática pela vastidão enorme do nosso território, criando na nossa gente, ao lado de alto espírito de desportividade, mente sadia, corpo vigoroso e caráter firme. Desportistas que, no dizer de Diem, sejam soldados da evolução e duma humanidade melhor. Desportistas imbuídos do desejo competitivo, expresso pelo lema: *Citius, Altius, Fortius.*

O Conselho Nacional de Desportos (CND), órgão normativo do desporto nacional, trabalhando exaustivamente, muito tem contribuído para a disciplina e desenvolvimento do desporto nacional. Suas iniciativas — Copa Latina de Natação, Festival Internacional de Ginástica e Campeonato Internacional de Volibol — merecem registro na história dos desportos no Brasil.

Atualidades Desportivas

Cumpre dizer algo sobre a atualidade desportiva. Um fato traduz, de maneira expressiva, a importância que o desporto, cada vez mais, adquire na mentalidade brasileira. Refiro-me à conquista da taça Jules Rimet, representando três vitórias na disputa do Campeonato Mundial de Futebol. Apresentando um futebol com características bem nacionais, impregnado de flexibilidade e improvisação, demonstrou o jogador brasileiro um estilo inigualável, cheio de malícia e potencialidade orgânica.

O Brasil inteiro vibrou por ocasião dos jogos. O povo, unido, cantava num coro imenso o *Pra frente, Brasil,* hino do inesquecível Miguel Gustavo:

"Noventa milhões em ação
Pra frente, Brasil
Do meu coração.
Todos juntos, vamos

Pra frente, Brasil,
Salve a Seleção

De repente é aquela
Corrente pra frente
Parece que todo o Brasil deu a mão
Todos ligados na mesma emoção
Tudo é um só coração,

Todos juntos, vamos
Pra frente, Brasil, Brasil
Salve a Seleção
Todos juntos, vamos
Pra frente, Brasil, Brasil
Salve a Seleção".

O maior jogador brasileiro — Pelé — tornou-se ídolo internacional. Nenhum negro no mundo, mais do que ele, tem contribuído para varrer as barreiras raciais. Em concurso feito pela BBC de Londres, entre jornalistas, elevou-se, no campo desportivo, como a maior personalidade mundial de 1970. Em março de 1971, foi recebido em Paris com honras especiais, tendo sido ovacionado por grande massa popular. Há, no estrangeiro, clubes e estádios com o nome desse inigualável futebolista.

O Brasil ocupa lugar destacado no basquetebol mundial. Seus jogadores são velozes e sabem conduzir habilmente a bola. Por duas vezes a seleção nacional, em campeonatos mundiais masculinos, saiu vencedora: a primeira em 1959, no Chile, e a segunda, em 1963, no Rio de Janeiro. Tem brilhado nos Jogos Olímpicos e outros grandes eventos internacionais, sendo também de primeira categoria suas equipes femininas. Fez-se campeão masculino e feminino nos Jogos Pan-Americanos de Cali (Colômbia). Infeliz nos Jogos Olímpicos de Munique, mostrou sua potencialidade, quase em seguida, em campeonatos realizados em 1973, no Rio de Janeiro e em São Paulo. Já possui técnicos e árbitros de elevada categoria e projeção mundial.

O tênis tem proporcionado ao Brasil êxitos internacionais. Maria Esther Bueno, por exemplo, por três vezes, em simples e duplas, conquistou o campeonato de Wimbledon, em Londres. Edson Mandarino, já afastado, e Thomas Koch também se constituíram ou se constituem em figuras exponenciais.

A natação, através de Tetsuo Okamoto e Manoel dos Santos, ganhadores de medalhas de bronze nos Jogos Olímpicos, em provas individuais, proporcionou grandes emoções. Maria Lenk, em 1939, trouxe-nos também enorme satisfação, ao bater recordes, nos 200 e 400 metros, nado de peito. José Sílvio Fiolo projetou-se mundialmente ao superar o recorde mundial dos 100 metros, nado de peito. Igualmente, Djan Madruga e Ricardo Prado, ganhadores de medalhas de ouro nos

Ademar Ferreira da Silva, vencedor do salto triplo nos Jogos Olímpicos de Helsinque e Melbourne.

campeonatos mundiais de natação, também elevaram bem alto o nome do Brasil.

O atletismo, ainda pouco praticado pela massa da população, apesar de tudo, já produziu notáveis campeões, sendo Ademar Ferreira da Silva o mais famoso, tendo vencido nos Jogos Olímpicos de Hensinque e Melbourne a prova de salto triplo. Conferiu-lhe o Comitê Olímpico Internacional (COI), pelos méritos a ele atribuídos, em 1953, distinção particular de caráter olímpico — a plaqueta e o diploma Mohammed Taher.

José Teles da Conceição foi outro grande campeão, ao lado de Nelson Prudêncio e João Carlos de Oliveira, o "João do Pulo", ambos especialistas no salto triplo, que obtiveram, respectivamente, medalhas de prata e bronze nos Jogos Olímpicos do México, Munique e Moscou (bronze, para João Carlos, atual recordista e campeão mundial da prova).

O hipismo brasileiro tem evoluído muito, refletindo seu grande desenvolvimento, nos últimos anos, os êxitos alcançados pelo cavaleiro Nelson Pessoa Filho e outros patrícios em confronto com os melhores do mundo.

No iatismo, vêm os brasileiros demonstrando alto valor em disputas no exterior, tendo Axel e Eric Schmidt, R. Conrad e B. Cordes, Gunnar Ficker e Joerg Bruder, entre outros, conseguido significativos resultados. A vela tem dado ao nosso País honrosos títulos mundiais, sendo que Bruder, recentemente falecido, conquistou, pela primeira vez na história desse desporto, o título de tricampeão mundial da classe "finn". Em 1973, a vitória da equipe brasileira na Admiral S Cup consagrou de uma vez nosso País, apesar do número diminuto de barcos, entre os vanguardeiros do iatismo mundial.

Para culminar, o iatismo obteve, nos Jogos Olímpicos de Moscou, sua consagração máxima com as medalhas de ouro obtidas por Marcos Soares-Eduardo Penido e Alex Welter-Lars Bjorkstrom, nas classes 470 e Tornado, respectivamente.

O volibol é outro desporto que vem crescendo no País. Grande é sua popularidade, e, pela mentalidade que se está implantando, estamos convictos de que, dentro em breve, elevada será sua potencialidade.

Não ficam atrás outros desportos, tais como: o automobilismo, o remo, o ciclismo, a ginástica rítmica desportiva, o tênis de mesa, o boxe, o handebol, o judô, o caratê, o pólo aquático, o pentatlo militar, o pentatlo naval, o tiro, o faustebol (praticado no sul do País), a caça submarina e o levantamento de peso. Em 1972, Emerson Fittipaldi, demonstrando extraordinária categoria, levantou o Campeonato Mundial de Automobilismo — Fórmula-1, feito repetido por Nelson Piquet, em 1981. Éder Jofre consagrou-se campeão mundial de peso-pena. Ishi obteve medalha de bronze no judô, em Munique. Watanabe tornou-se, em Paris, campeão mundial de caratê. A equipe brasileira de pentatlo naval ostenta o título de campeã mundial.

Apesar dos altos resultados alcançados em cotejos no estrangeiro, ainda não dispomos de uma política nacional desportiva bem definida e de infra-estrutura convenientemente montada, capaz de servir de base a um largo desenvolvimento desportivo e garantir elevados resultados, tal como acontece com o futebol, cuja liderança desportiva internacional nos pertence. Até no futebol amador, classe de juvenis, por quatro vezes, em Cannes, levantamos o título máximo mundial.

Para maior incentivo do desporto nacional, acompanhando o crescimento vertiginoso da nossa Pátria, precisamos atuar de maneira inteligente e dinâmica, mobilizando os homens de boa vontade em todos os setores de atividades sociais, a fim de criarmos enormes exércitos de cooperadores — dirigentes, técnicos, árbitros etc. É preciso que a ação seja bem ordenada, necessitando que todos os desportistas, cada um compenetrado do seu papel, ajam pondo o desporto a serviço de um nobre ideal.

O Brasil assumiu a responsabilidade e efetuou com bastante sucesso, em diferentes épocas, alguns certames internacionais de vulto, somente possível em meios aparelhados e tecnicamente amadurecidos, tais como: a copa do mundo, dois campeonatos mundiais de basquetebol, torneio quadrangular feminino, os II Jogos Pan-Americanos, o campeonato mundial de judô e dois campeonatos mundiais de pentatlo militar, a minicopa, a copa latina de natação, o festival internacional de ginástica, e o torneio internacional de volibol. A sua Corrida de São Silvestre, onde atuam os maiores fundistas mundiais, tem elevado conceito internacional. Por tudo está credenciado a realizar, conforme pretende, em futuro próximo, os Jogos Olímpicos.

Cresce a construção de instalações desportivas por todo o País. Possuímos os maiores e melhores estádios do mundo: Maracanã (Rio de Janeiro), Morumbi (São Paulo), Beira-Rio (Porto Alegre), Mineirão (Belo Horizonte), Fonte Nova (Salvador) e Rei Pelé (Maceió). Diversos outros grandiosos, como o Pinheirão (Curitiba), Alacid Nunes (Belém), Castelão (Fortaleza), Lourival Batista (Aracaju), Morenão (Campo Grande), Castello Branco (Natal) e Colosso do Arruda (Recife), merecem menção. Vale acentuar que os estádios do Maracanã e do Morumbi, no momento, pela ordem de capacidade, ocupam os dois primeiros lugares em todo o mundo; o Beira-Rio é o sétimo, e o Mineirão o oitavo lugar, figurando, respectivamente, os de Hampdem (Escócia), Santiago Bernabeu (Espanha), Ibrox Stadium (Escócia) e Kiev (União Soviética) nos lugares intermediários.

Sir Stanley Rous, ex-Presidente da FIFA, após visitar numerosos estádios brasileiros, declarou: "Estádio de futebol tornou-se símbolo no Brasil, e o Brasil possui o maior conjunto de estádios do mundo".

Há também no País numerosos ginásios bem aparelhados: Brasília (Presidente Médici), Rio de Janeiro (Maracanãzinho), São Paulo (Ibirapuera), Porto Alegre, Fortaleza, etc.

O Ginásio de Brasília, obra grandiosa e de extraordinária beleza arquitetônica, tem capacidade para receber 25.000 pessoas sentadas e quase 6.000 em pé. Tudo nele é perfeito: serviço de som, iluminação moderna, visibilidade, ventilação e facilidade de escoamento.

No Rio de Janeiro, o estádio de atletismo Célio de Barros, o Parque Aquático Júlio Delamare; em Minas Gerais, na Pampulha, o complexo esportivo denominado carinhosamente de "Mineirinho", representam o esforço do país em também dotar o esporte amador de instalações desportivas modernas e confortáveis.

Retrospecto Cultural

Através dos tempos, têm surgido muitas obras brasileiras sobre as atividades físicas.

Do ponto de vista doutrinário, o método francês, que dava o tom na educação física nacional, desapareceu quase completamente do cenário, embora seus princípios pedagógicos e técnicos, como um farol a iluminar os caminhos, muito têm servido à nova geração de professores, para organizar seus programas de trabalho. Sente-se, de maneira acentuada, entre os diferentes sistemas beneficiados pelo desporto, evidente movimento de "influências recíprocas e universalização". Domina também um elevado espírito criador na organização do trabalho.

O desporto popular, sobretudo o futebol, parece constituir a forma essencial, muitas vezes a totalidade da educação física nacional. Porém, além dele, de prática mais ou menos isolada, encontram-se a educação tísica desportiva, a ginástica rítmica desportiva, a calistenia, a ioga, o judô como ginástica, o levantamento de peso e, ultimamente, os exercícios aeróbicos do Dr. Cooper, que estão interessando muitas pessoas.

Numerosos sistemas objetivando o desenvolvimento da resistência e da potência muscular ao máximo são empregados na preparação desportiva de alto nível: "Interval-training", "power-training", sistema de Cooper e muitos outros.

A Medicina Desportiva não fica atrás no progresso das atividades físicas nacionais, exercendo eficaz vigilância na educação física escolar e melhorando as condições dos atletas para lhes dar possibilidades de alto rendimento. Numerosos são os especialistas brasileiros de projeção internacional.

No campo da colaboração internacional, visando à fraternidade mundial e ao intercâmbio de conhecimentos, tem o Brasil procurado integrar-se, cabendo-lhe, em particular, posição de vanguarda na Federação Internacional de Educação Física (FIEP), quanto ao número de associados e promoções realizadas, nos dois últimos anos.

Além da imprensa em geral, algumas revistas especializadas e jornais desportivos demonstram a importância das atividades físicas no meio brasileiro. Agora mesmo acaba de se estruturar de maneira eficiente a *Revista Brasileira de Educação Física*, cheia de artigos interessantes e ótima feitura material. A SEED e o CND, através de inteligente campanha de esclarecimento desportivo, têm lançado numerosas publicações, realizando importante trabalho de conscientização das atividades físicas.

Numerosas foram as personalidades de primeira plana da educação física e dos desportos mundiais que, convidadas para reuniões culturais, cursos ou demonstrações, tomaram contatos com o meio especializado brasileiro. Dentre muitas, podemos citar algumas que, por suas atuações no campo pedagógico, desportivo ou médico das atividades físicas, merecem registro neste relato histórico.

Ei-las: Herbert Riendell, Woldemar Gerschler, Liselot Diem, Ira Nikolai, August Kisch, O. Hanebuth, August Listello, Pierre Seurin, Forbes Carlile, Gerhard Schmidt, Paul Swinnen, Raoul Mollet, Julien Falize, Mac Cloy, P. J. Rasch, H. Cooper, R. Margaria, Doroty Ainsworth, Antônio Leal d'Oliveira, Celestino Marques Pereira, Mário Gonçalves Viana, Curt Johansson, B. Saltin, Niels Bukh, Ernest Idla, J. Cutreira, Milton Cofré, I. Matsudaira e I. Iamakafa.

O Brasil também tem dado sua contribuição no campo internacional, sobretudo o "know-how" nacional em treinamento futebolístico está sendo aproveitado. Numerosos técnicos têm atuado em Portugal, Espanha e algumas nações latino-americanas e africanas. Igualmente, alguns professores, de maneira permanente ou em simples estadas, ministraram cursos em diversos países. O Paraguai, em particular, encontra-se bastante entrosado com o meio cultural brasileiro de educação física.

Muitos são os brasileiros que, presentemente, exercem funções em entidades desportivas de âmbito internacional. João Havelange e Sílvio de Magalhães Padilha são membros do Comitê Olímpico Internacional (COI), sendo o primeiro também presidente da Federação Internacional de Futebol Association (FIFA).

Apesar do realizado nos últimos anos, existem ainda muitas falhas e omissões desafiando a capacidade da nova geração de professores, médicos e técnicos especializados, dirigentes esportivos e governantes, que, animados de espírito de luta incomum, tudo devem fazer em prol da educação física e do desporto de nossa terra. Devem, antes de tudo, procurar desenvolver o espírito lúdico de nossa gente, mormente nas zonas subdesenvolvidas do Brasil. É preciso ensinar o brasileiro a amar o desporto.

Carlos Drummond de Andrade, genial poeta nacional, em seu encantador poema *Na Grande Área* faz-nos vibrar e reviver, em versos admiráveis, os vibrantes lances da Copa do Mundo de 1970, cuja transcrição, em letras de ouro, deve figurar na história desportiva de nosso País, para conhecimento e entusiasmo das novas e porvindoiras gerações.

Eis o poema:

I
MEU CORAÇÃO NO MÉXICO
Meu coração não joga nem conhece
as artes de jogar. Bate distante
da bola nos estádios, que alucina
o torcedor, escravo de seu clube.
Vive comigo e em mim, os meus cuidados.
Hoje, porém, acordo, e eis que me estranho:
Que é de meu coração? Está no México,
voou certeiro, sem me consultar,
instalou-se, discreto, num cantinho
qualquer, entre bandeiras tremulantes,
microfones, charangas, ovações,
e, de repente, sem que eu mesmo saiba
como ficou assim, ele se exalta
e vira coração de torcedor,
torce, retorce e se destorce todo,
grita: Brasil! com fúria e com amor.

II
O MOMENTO FELIZ
Com o arremesso das feras
e o cálculo das formigas
a seleção avança
negaceia
recua
envolve.
É longe e em mim.
Sou o estádio de Jalisco, triturado
de chuteiras, a grama sofredora
a bola mosqueada e caprichosa.
Assistir? Não assisto. Estou jogando.
No baralho de gestos, na maranha
na confusão da coxa
na dor do gol perdido
na volta do relógio e na linha de sombra
que vai crescendo e esse tento não vem
ou vem mas é contrário... e se renova
em lenta lesma de replay
Eu não merecia ser varado
Por esse tiro frouxo sem destino.
Meus onze atletas
são onze meninos fustigados

por um deus fútil que comanda a sorte.
É preciso lutar contra o deus fútil,
fazer tudo de novo: formiguinha
rasgando seu caminho na espessura
do cimento de muro.
Então, crescem os homens. Cada um
é toda a luta, sério. E é todo arte.
Uma geometria astuciosa,
aérea, musical, de corpos sábios
a se entenderem, membros polifônicos
de um corpo só, belo e suado. Rio,
rio de dor feliz, recompensada
com Tostão a criar e Jair terminando a fecunda jogada.
É gooooooooool na garganta florida
rouca, exausta, gol no peito meu aberto
gol na minha rua nos terraços
nos bares nas bandeiras nos morteiros
gol
na girandolarrugem das girândolas gol
na chuva de papeizinhos celebrando
por conta própria no ar: cada papel,
riso de dança distribuído
pelo país inteiro em festa de abraçar
e beijar e cantar
é gol legal, é gol natal é gol de mel e sol.
Ninguém me prende mais, jogo por mil
jogo em Pelé o sempre rei republicano
o povo feito atleta na poesia do jogo mágico.
Sou Rivelino, a lâmina do nome cobrando, fina,
a falta.
Sou Clodoaldo, rima de Everaldo.
Sou Brito e sua viva cabeçada,
com Gérson e Piazza me acrescento
de forças novas. Com orgulho certo
me faço capitão Carlos Alberto.
Félix, defendo e abarco
em meu abraço a bola e salvo o arco.
Como foi que esquentou assim o jogo?
Que energias dobradas afloraram
do banco de reservas interiores?
O rio passa em mim ou sou o mar atlântico
passando pela cancha e se espraiando
por toda a minha gente reunida
num só vídeo, infinito, num ser único?
De repente o Brasil ficou unido

contente de existir, trocando a morte
o ódio, a pobreza, a doença, o atraso triste
por um momento puro de grandeza
e afirmação no esporte.
Vencer com honra e graça
com beleza e humildade
é ser maduro e merecer a vida,
ato de criação, ato de amor.
A Zagalo, zagal prudente
e a seus homens de campo e bastidor
fica devendo a minha gente
este minuto de felicidade.

REGATAS

Divulgado por Waldemar Areno, figura exponencial na Medicina Desportiva e nas atividades físicas em geral, transcrevemos o poema *Regatas*, de autoria de Otávio da Rocha, descrevendo uma competição de remo e dedicando os versos à embarcação vitoriosa, a gloriosa Diva:

O povo se aglomera pela praia,
Jóias, sedas, bordados alamares,
Mil flâmulas serpeiam pelos ares,
Cruzam barcos de velas pela raia.

A um sinal todos tomam seus lugares,
Leques adejam, rendas de cambraia
Acenam: e rolando, além desmaia
Uma lágrima cérula dos mares.

Troa o canhão! Os silvos e as fanfarras
Como um concerto imenso de cigarras
Tangem sonoros hinos d'ouro à glória.

Eis que se ouve uma voz: Remos ao alto!
E a célebre canoa dando um salto
Desfralda a bandeira da vitória.

XX
Museu de Educação Física e Desportos

Aspecto do Museu do Desporto, em Praga (Tchecoslováquia).

"A atividade desportiva adquiriu tal desenvolvimento e difusão, no nosso século, que constitui um dos aspectos mais importantes do complexo social-econômico de uma nação." (Avery Brundage, presidente do Comitê Olímpico Internacional.)

"Colecionar representa um dever cívico, visto constituir um meio de preservar objetos, que, doutro modo, correriam o risco de desaparecer para sempre." (Douglas A. Allan, museologista inglês de fama internacional.)

"Na época atual, numerosas influências tendem a destruir rapidamente em nós as qualidades humanas. O museu é, talvez, um dos meios mais eficazes para fazer nascer e aumentar o amor do saber, da qualidade, da verdade e da beleza entre os que parecem desprezar esses valores." (Molly Harrison, museologista inglês de fama internacional).

"Todas as ciências, todas as técnicas e todas as atividades da vida contemporânea têm, como símbolo e paradigma de sua personalidade, como expressão de sua cultura, museus próprios." (Mário Gonçalves Viana, ex-diretor do Instituto Nacional de Educação Física de Portugal.)

"Criando museus de Educação Física salvar-se-ia da dispersão aquilo que ainda existe; realizar-se-ia uma obra de reconstituição e hierarquização de valores; interessar-se-iam as massas pelos aspectos espirituais, estéticos e higiênicos da Educação Física e, finalmente, edificar-se-ia um monumento admirável, mais sólido e mais perdurável do que o mais grandioso dos estádios." (Mário Gonçalves Viana, ex-diretor do Instituto Nacional de Educação Física de Portugal.)

"A criação de um Museu é sempre motivo de júbilo e conforto espiritual, para quem ama a cultura e respeita o passado, com sua nobreza e suas tradições.

O Museu de Educação Física é empreendimento que deve merecer o apoio e o incentivo de quantos vivem no mundo admirável da nossa especialidade..." (Waldemar Areno, ex-diretor da Escola de Educação Física e Desportos da Universidade Federal do Rio de Janeiro.)

Principais Objetivos

1. Integrar os problemas da Educação Física e dos Desportos na Cultura Geral da nossa época.
2. Dar uma visão de conjunto e idéias precisas sobre as atividades físicas no tempo e no espaço.
3. Contribuir para dar o sentimento do Belo e do Bom Gosto, apresentando a Educação Física nas relações com todas as formas de Arte.
4. Reunir as peças de valor histórico e cultural no campo da Educação Física, principalmente os troféus desportivos ganhos pelo Brasil nos grandes cortejos internacionais, a fim de evitar sua dispersão com o tempo.
5. Ensinar às gerações porvindouras o nome e os feitos dos construtores da Educação Física Nacional, especificando suas ações dentro do quadro educacional ou desportivo.
6. Homenagear os grandes benfeitores do Desporto e apontar ao povo, com justiça e sem partidarismo, o nome dos grandes atletas de todos os tempos.
7. Desenvolver a imaginação e a sensibilidade do povo, aproveitando a Educação Física para mostrar-lhe o valor da ciência moderna, o patrimônio cultural de outros povos e as tradições do nosso País.
8. Incentivar o interesse pela Educação Física e pelo Desporto em particular, a fim de cooperar no aumento do potencial de vigor e saúde das populações brasileiras.
9. Fazer o povo compreender o valor e ação da Educação Física, como oportunidade da Educação e coadjuvante da Medicina.
10. Cooperar na formação e aperfeiçoamento dos dirigentes e profissionais de Educação Física, colocando à disposição dos mesmos uma apreciável fonte de material científico, iconográfico, estatístico e bibliográfico.
11. Divulgar pelos diferentes e modernos processos científicos de difusão, os fatos palpitantes da atividade física mundial, dando particular relevo aos de caráter gímnico-desportivo, recreativo e educacional.
12. Colaborar com os estabelecimentos de ensino de grau médio, principalmente com os professores de História da Civilização, por meio de peças históricas e artísticas inerentes ao passado da Humanidade.
13. Estudar e pesquisar as questões atinentes à Educação Física e, em particular, elucidar o sentido e o valor das peças existentes no acervo do Museu.
14. Colocar à disposição dos interessados, para consulta ou apreciação, as obras, filmes, discos etc., referentes à Educação Física, de valor firmado pelo seu conteúdo cultural ou recreativo.
15. Elaborar livros, monografias, gráficos, filmes, "slides", discos e

demais elementos úteis à aprendizagem ou divulgação da Educação Física ou assuntos correlatos.

16. Incentivar a utilização de técnicas audiovisuais para promover a teoria e a prática das atividades físicas.

17. Estimular e servir de modelo a organizações congêneres a serem criadas em todo o País.

18. Promover o desenvolvimento da cultura artístico-desportiva nacional, inclusive estimular realizações de caráter popular.

19. Dentro do campo cultural das atividades físicas, manter intercâmbio com organizações congêneres do País e do estrangeiro.

20. Estabelecer o maior contacto possível entre os estudiosos e pesquisadores nacionais e estrangeiros e coordenar pesquisas e experiências.

21. Constituir centro de atração turística nacional e estrangeira.

Peças de Exposição e Consulta

(Exemplificação)

1. Materiais e instalações: objetos reais, reproduções, reconstituições, miniaturas, maquetas etc.

2. Quadros murais e painéis: descrições sintéticas, gráficos, esquemas, estatísticas, estampas, tabelas, desenhos em geral, diagramas, organogramas, pinturas, esboços, cartazes, gravuras, fotografias, fotocópias, caricaturas, mapas etc.

3. Objetos e obras de arte: troféus em geral, pinturas, esculturas, iluminuras, baixos-relevos, cristais, cerâmicas, azulejos, tapeçarias, leques, jóias, gravuras, músicas, poesias etc.

4. Medalhas e insígnias; medalhas pessoais e comemorativas, emblemas, distintivos, colares, plaquetas etc.

5. Publicações: livros, folhetos, revistas, jornais, álbuns, almanaques, boletins, regulamentos desportivos, catálogos, impressos em geral etc.

6. Meios audiovisuais: filmes, "slides", discos, "video-tape", diapositivos, dioramas, diafilmes, gravações etc.

7. Inscrições murais: aforismos, "slogans", poesias etc.

8. Diversos: manuscritos, documentos antigos, filatelia, diplomas, vestimentas, uniformes desportivos antigos e modernos, flâmulas, bandeiras, autógrafos, elmos, armas primitivas, armaduras, armas de esgrima, escudos etc.

Apresentação das Peças

(Como lembranças)

1. O museu será estruturado dentro de cânones modernos, por conseguinte, com arte e de maneira racional e científica. Tudo nele deve ter valor educativo.

2. Todos os visitantes, independendo da idade e do grau de cultura, devem aproveitar os benefícios do museu. Assim, a exposição do material será feita em função de "três grupos de inteligência": crianças, adolescentes ou adultos comuns e especialistas. Diz Mário Gonçalves Viana que os museus devem objetivar: a distração instrutiva, o prazer espiritual, a compreensão do mundo através da cronologia, a formação humanística do público, a formação científica e a formação técnica dos diversos profissionais.

3. A arrumação das peças obedecerá a uma seriação lógica, indo sempre do conhecido para o desconhecido. Em princípio, no âmbito de cada assunto, um ou mais quadros, com descrições sintéticas, darão uma idéia geral do conteúdo.

4. As etiquetas das peças devem ser bem redigidas, legíveis, de formato e impressão tipográficas uniformes e expressar de maneira sintética o fato ou objeto exposto.

5. Para tornar o mostruário atraente e despertar a atenção dos visitantes, é preciso dar a cada peça uma disposição hábil, utilizando iluminação e fundos adequados. Ademais, as salas de exposição devem apresentar aspecto agradável, com cores que se harmonizem com arte, instalações e móveis bem concebidos.

6. As peças fundamentais devem ficar isoladas e não aglomeradas para que sejam mais bem apreciadas.

Exposição Permanente *

(Sugestões)

1. **Visão de Conjunto dos Objetivos, Qualidades Desenvolvidas e Meios de Ação da Educação Física:**

   a. Quais os objetivos a atingir com a prática da Educação Física?
   b. Quais as qualidades desenvolvidas pela Educação Física?
   c. Quais os meios de ação que a Educação Física utiliza para atingir seus objetivos?
   d. Quais as atividades físicas mais praticadas em todo o mundo?

Peça

Quadro-mural (0,80m x 0,50m): Basquetebol. É um desporto de equipe excelente e de larga difusão mundial. Desenvolve grande número de qualidades físicas e morais do praticante. Na presente fotografia vê-se o

---

* Acompanha cada assunto um exemplo de peça a ele inerente. Os quadros-murais, painéis com gravuras e fotografias ampliadas, especialmente indicados sob o ponto de vista econômico para começo da organização, constituirão os materiais mais comuns. As peças antigas, excessivamente caras ou de difícil aquisição, serão fotografadas ou reproduzidas.

Peças pertencentes ao acervo do Museu de Cultura Física e Turismo de Varsóvia, Polônia.

esforço dos jogadores, disputando a bola debaixo da cesta, em magníficas e belas atitudes.

2. A Educação Física na História e na Arte

   a. Civilizações Primitivas de Ontem e de Hoje.
   b. Povos da Antigüidade na Região Mediterrânea.
   c. Ásia.
   d. Idade Média.
   e. Renascimento.
   f. Os Exercícios Físicos nos Tempos Modernos e Contemporâneos no Mundo Ocidental (apresentação sumária).
(Esta seção será a mais importante do Museu.)

3. O Movimento Germânico

   a. Basedow e Guts-Muths.
   b. Jahn e o seu movimento nacionalista.
   c. Contribuição pedagógica de Spiess à Educação Física.
   d. Os inovadores e a integração do ritmo e da expressão na ginástica.
   e. A ginástica natural austríaca.
   f. Os exercícios físicos na Alemanha Nazista.
   g. Karl Diem, símbolo da Educação Física alemã dos nossos tempos.

Escultura de atletas em luta corporal (Museu de Munique).

Peça

Quadro-mural (0,40m x 0,30m): Jahn (1778-1852). Após a derrocada alemã em Iena pelas tropas de Napoleão, Jahn organizou um movimento patriótico para o desenvolvimento da energia física e moral do seu povo. Em torno da fotografia do grande ginasta alemão vêem-se alguns flagrantes de exercícios do sistema por ele criado.

4. **O Movimento Escandinavo**
   a. A ação precursora da Dinamarca.
   b. Ling e os fundamentos históricos do sistema.
   c. O Instituto de Estocolmo.
   d. Os inovadores.
   e. A ginástica sueca como sistema racional pedagógico.
   f. A ginástica médica.

g. O Movimento de Ginástica Voluntária.
  h. As salas de ginástica e o material sueco.
  i. Atualidades da ginástica neo-sueca.
  j. Integração da moderna ginástica sueca.

Peça

J. G. Thulin (1875-1965) — o grande eclético da ginástica sueca e sua maior figura depois de Ling.

5. O Movimento Francês

  a. Amorós e a ginástica amorosiana.
  b. Os continuadores de Amorós e a Escola de Joinville.
  c. Marey, Demeny, Lagrange, Boagey e outros educadores e homens de ciência.
  d. Hébert e o Método Natural.
  e. Um suedista dentro da Escola Francesa: Tissié.
  f Educação Física Desportiva e o Instituto Nacional de Desportos.

Peça

Quadro-mural (0,40m x 0,30m): Geórges Demeny. Colaborador de Marey e continuador dos seus trabalhos. Consagrou toda sua vida e empregou todo seu saber à causa da Educação Física; por isso mesmo, merece ser considerado o chefe da Escola Francesa de Educação Física.

6. Sistemas Menores de Educação Física e Atividades Correlatas

  a. Hatha-Ioga.
  b. Contração Isométrica.
  c. Calistenia.
  d. Método Canadense dos Planos "5BX" e "XBX".
  e. Sistemas Culturais.
  f. Aeróbicos.
  g. Psicomotricidade.

Peça

Mapa (0,70m x 0,50m): Uma série de exercícios de Hatha-Ioga, conforme plano elaborado pelo Professor Hermógenes.

7. O Movimento Desportivo Inglês

  a. Thomas Arnold e o "cristianismo muscular".
  b. Atividades desportivas na Inglaterra nos séculos XVIII e XIX.
  c. Difusão mundial dos desportos.

Peça

Quadro-mural (0,40m x 0,30m): Algumas atividades desportivas na Inglaterra nos séculos XVIII e XIX.

"A Bola". Gravura sobre madeira, de autoria do polonês S. Dawski, premiada com o 2º lugar no Concurso Olímpico Nacional de 1956. Pertence ao acervo do Museu de Desportos e Turismo de Varsóvia.

8. Origem e Evolução dos Grandes Desportos Contemporâneos
   a. Futebol.
   b. Basquetebol.
   c. Atletismo.
   d. Etc.

Peça

Quadro-mural: Flagrante da extraordinária assistência durante a disputa da Copa do Mundo, no México: Brasil x Itália.

9. Sistemas de Treinamento Desportivo de Alto Nível
   a. Sistema de Pinkala.
   b. Fartelek.
   c. "Interval-Training".
   d. "Marathon-Training".
   e. Sistema de Cerruty.
   f. "Cross-Promenade".
   g. "Time-Lauf".
   h. "Circuit-Training".

i. "Power-Training".
j. Contração Isométrica.
l. Aeróbicos.
m. Altitude "Training".
n. No âmbito da área socialista.

Peça

Quadro-mural (0,40m x 0,30m): Zatopek — Um dos maiores atletas de todos os tempos. Demonstrou através de sua brilhante carreira o valor do treinamento realizado na base do esforço-contra-esforço.

10. Os Jogos Olímpicos Contemporâneos

a. Pierre de Coubertin e a Restauração dos Jogos.
b. A "Carta" dos Jogos, atos e símbolos olímpicos.
c. Sucessão dos Jogos e seus principais acontecimentos.
d. Manifestações do olimpismo mundial ligadas ao Brasil: Jogos Pan-Americanos, Campeonatos Sul-Americanos, Jogos Luso-Brasileiros, Corrida de São Silvestre, Jogos da Primavera etc.
e. Os atletas olímpicos brasileiros.
f. Atividades do Comitê Olímpico Internacional (COI): presidentes, animadores, reuniões, recompensas etc.
g. Culto do passado e atualidades olímpicas: o Museu de Mon Repos, a Academia Olímpica Internacional e aspectos atuais de Olímpia.

Peça

Fotografia de Guilherme Paraense — o 1º atleta brasileiro vencedor nas Olimpíadas. Medalha de Ouro nos Jogos de Antuérpia (1920): tiro de revólver. Além da medalha, vêem-se o diploma olímpico, o revólver usado na prova e várias medalhas ganhas por este extraordinário atirador em outros certames.

11. Os Exercícios Físicos no Brasil

a. Brasil-Colônia.
b. Brasil-Império.
c. Brasil-República.
d. Retrospecto Cultural.
e. Atualidade Desportiva.

Peça

Escultura: Bandeirante. Os bandeirantes, bons andarilhos e exímios canoeiros, constituem exemplo de fortaleza física de um povo em formação. Sob a dominação espanhola, ousados paulistas aventuram-se pelo sertão, escrevendo uma das mais belas páginas da História do Brasil — A Epopéia das Bandeiras. Sobre ela diz Guilherme de Almeida, poeta de raça:
"Com o peito em lanças ou empurrando quilhas
Passaram muito além das Tordesilhas..."

Bela vitrina do Museu do Desporto de Praga

12. **Os Grandes Títulos do Desporto Brasileiro e os Respectivos Troféus (mínimo Campeonato Sul-Americano):**

   a. Futebol.
   b. Basquetebol.
   c. Atletismo.
   d. Etc.

(As confederações desportivas brasileiras doarão ou deixarão em custódia no Museu os troféus de projeção internacional conquistados pelo Brasil. Tais peças, no caso de doação, constituirão patrimônio nacional.)

Peça

Copa Jules Rimet, troféu ganho pelo Brasil como tricampeão mundial de futebol (Estocolmo — 1958; Santiago — 1962; México — 1970). Flagrante das três equipes campeãs.

13. **Mérito Desportivo**

   a. Galeria de atletas brasileiros de projeção internacional e alguns símbolos de suas vitórias.
   b. Galeria de personalidades brasileiras merecedoras de gratidão pelos seus serviços em prol da Educação Física e do Desporto nacionais.
   c. Quadros de honra ou placas de desportistas brasileiros consagrados por instituições estrangeiras.
   d. Quadros de honra ou fotografias de personalidades ou desportistas estrangeiros ligados à Educação Física.
   e. Quadros de estrangeiros de elevado espírito desportivo e galeria dos premiados com os Troféus do "Fair Play" Pierre de Coubertin, Helms, Karl Diem e outros.

Peça

(Fotografia)
Dr. Áureo de Morais
(1905-1949)
Médico do Exército. Especializado em Educação Física. Foi instrutor da Escola Nacional de Educação Física do Exército e professor da Escola Nacional de Educação Física e Desportos da Universidade do Brasil. Destacou-se no ensino da Cinesiologia e na criação de alguns aparelhos úteis e práticos de medicina-desportiva: mesa de Viola modificada e respectivo cursor, arteriotensiômetro coletivo e cronômetro esfigmométrico para o controle do treinamento.

CITIUS — ALTIUS — FORTIUS
É o lema olímpico, expressão do aperfeiçoamento contido em toda pugna desportiva, significando
MAIS VELOZ — MAIS ALTO — MAIS FORTE
Exemplo de inscrição mural

> **POESIA DESPORTIVA NA VELHA CHINA**
>
> Li-yu, poeta chinês do I século da nossa era, motivado pelo Ts'u, futebol de antanho, assim se expressava em versos modernizados:
>
> "Redonda é a bola, quadrado, o campo
> Igual a imagem da Terra e do Céu
> A pelota passa sobre nós como a Lua
> Quando duas equipes se encontram.
> Foram nomeados os capitães, que dirigem o jogo
>
> Segundo o imortal regulamento.
> Nenhuma vantagem para os parentes
> Não há lugar para partidarismo; em troca
> Reina a decisão e o sangue-frio
> Sem erro nem omissão,
> E se tudo é necessário para o futebol,
> Quanto mais o será na luta pela vida!"

14. **Fraternidade Desportiva** (objetos de arte ou diplomas desvinculados dos diferentes assuntos específicos do Museu, gestos de desportividade etc.);

a. Fraternidade internacional: homenagem dos países amigos, entidades desportivas e personalidades estrangeiras.

b. Fraternidade nacional: homenagem dos Estados e Territórios, entidades desportivas e personalidades brasileiras.

c. Gestos notáveis de solidariedade e espírito desportivo.

Peça

"La Carreta", bronze de rara beleza e símbolo da Colonização do Uruguai. Miniatura de uma das mais belas obras de arte da cidade de Montevidéu. Oferta dos desportistas uruguaios à CBD e por esta doada ao Museu.

15. **Os Exercícios Físicos no Mundo**

a. Síntese histórica e situação atual de cada país (organização escolar, fatos e informações gerais e doutrinárias, escolas de formação do pessoal especializado, centros de investigação e controle, museus especializados, professores e treinadores de projeção internacional, clubes e associações desportivas de relevo etc.).

b. Principais organizações internacionais de direção e fomento da Educação Física, Medicina Desportiva e Recreação: FIEP, CIEPS, ICHPER, FIMS, AIESEF, LIGM, IRA etc.

c. Principais organizações internacionais da direção e fomento dos Desportos: FIFA, FIBA, IAAF, FIG, CISM etc.

d. Organizações internacionais particulares de fomento desportivo: ACM (Associação Cristã de Moços), AJH (Associação dos Jovens Hebreus) etc.

e. As confederações e federações desportivas brasileiras: CBD, CBB, CBV etc.

f. Principais jornais e publicações periódicas das atividades físicas em todo o mundo.

g. Grandes festivais ginástico-desportivos: Ginastradas, Espartaquíadas etc.

h. Insígnias desportivas no mundo.

i. Atualidades ginástico-desportivas mundiais, inclusive brasileira.

j. O mundo espiritual e os exercícios físicos.

Peça

Quadro-mural (3,00m x 4,00m): Recordes olímpicos, mundiais, pan-americanos, sul-americanos e brasileiros de atletismo.

16. Educação Física da Mulher

a. Ginástica Rítmica Desportiva: Maja Carlquist, Idla Leesment, Foerster, Bede, Medau, Ellen Cleve, Frohlich, Bjokersten, Jakleanen, Erica Sauer, Ilona Peuker etc.

Peça

Quadro (0,80m x 1,00m): Flagrantes do Grupo Ilona em suas demonstrações cheias de graça e beleza.

17. Atividades Físicas e Recreação no Trabalho

a. Influência da Educação Física na fadiga profissional.
b. Papel da Educação Física na prevenção de acidentes.
c. A atividade física na aprendizagem de ofícios.
d. A Ginástica de Pausa.
e. Os lazeres do trabalhador.
f. Treinamento físico profissional.

Peça

Quadro-mural (0,50m x 0,40m): Ginástica de Pausa. Grupo de operários suecos realizando exercícios durante um intervalo no trabalho. Esta ginástica generaliza-se, cada vez mais, nos países nórdicos. Forma integrante do "Desporto para todos".

18. Recreação e Uso do Tempo Livre Através das Atividades Físicas

a. Como construir um mundo melhor através da recreação.
b. A recreação no mundo.

c. Campos de jogos e centros de recreação.
   d. Alegria de viver.
   e. Ginástica para todos.

Peça

Quadro-mural (0,30m x 0,40m): Cenas de inverno na Suécia: beleza, poesia e alegria de viver. Os trenós deslizam pelas quietas florestas, cujo silêncio só é interrompido pelas campainhas dos cavalos trotando.

19. **Treinamento Físico Militar**

   a. No Brasil.
   b. No estrangeiro.
   c. Papel e atuação do CISM.

Peça

Fotografia do Major Raoul Mollet, secretário permanente e grande animador do CISM. Figura de projeção internacional no campo do treinamento desportivo. Dele são os sistemas de preparação do atleta — "Cross-Promenade" e "Power-Training".

20. **Educação Integral, Folclore e Vida ao Ar Livre**

   a. Escotismo.
   b. Campismo.
   c. Excursionismo.
   d. Danças folclóricas.
   e. Folguedos infantis.
   f. Jogos populares.

Peça

Quadro-mural (0,40m x 0,30m): Lord Baden Powell, que viveu de 1857-1941, foi o criador e grande animador do escotismo mundial, verdadeira escola de educação integral.

21. **Ciências da Educação Física**

   a. Ciências biológicas.
   b. Ciências pedagógicas.
   c. Ciências sociais.
   d. Centros de controle e investigação científica.
   e. Testes de aptidão física.
   f. Grandes figuras atuais na pesquisa para o progresso das atividades físicas.

Peça

Quadro-mural (0,40m x 0,30m): Máscaras típicas do esforço atlético violento, modeladas pelo Dr. McKenzie. A primeira é uma expressão de dor violenta; a segunda, de cansaço e de sofrimento; a terceira e a quarta, de esgotamento e de luta contra o colapso iminente.

22. **Higiene e Educação Física**

   a. Educação Sanitária.
   b. Alimentação.
   c. Saúde Mental.
   d. Etc.

Peça

Quadro-mural (0,40m x 0,30m): O atleta necessita de uma alimentação completa. Uma alimentação é completa quando apresenta um justo total calórico, adequada harmonia de substâncias nutritivas, apreciada e equilibrada quantidade de vitaminas e presença de água e sais minerais.

23. **Medicina Desportiva**

   a. Origem e evolução da Medicina Desportiva.
   b. A Medicina Desportiva no Brasil.
   c. Atualidade da Medicina Desportiva mundial.
   d. Galeria dos grandes médicos desportivos de todo o mundo.

Peça

O Artério-Tensiômetro Coletivo do Dr. Áureo de Morais: aparelho útil no controle do treinamento. Consta de uma mesa em semicircunferência, com um reservatório de ar comprimido de 50 litros, uma bomba compressora de pedal, um único manômetro (de mercúrio), quatro manguitos simples de borracha, um estetoscópio biauricular e um distribuidor. A medida das pressões de 4 indivíduos ligados ao aparelho pode-se fazer, sem grande prática, em um minuto e 15 segundos. Um médico, afeito a seu funcionamento, faz o trabalho em um minuto apenas.

24. **Cinesioterapia e Assuntos Correlatos**

   a. Origem e evolução da Cinesioterapia.
   b. A Cinesioterapia em diferentes países e no Brasil.
   c. Exercícios corretivos, terapêuticos e de reabilitação.

Peça

Fotografia da sala de ginástica médica e de massagem do Instituto de Estocolmo (os pacientes têm, na sua maioria, mais de 60 anos).

25. **Atualidades das Artes na Educação Física**

   a. Arquitetura.
   b. Escultura.
   c. Pintura.
   d. Arte Decorativa.
   e. Tapeçaria.
   f. Música.

Peça

Bela fotografia do Centro Desportivo do "Foro Itálico" em Roma: À direita: o Estádio de Mármore do arquiteto Enrico del Debbio. À esquerda: o monumental Estádio Olímpico do arquiteto Anibal Vitellozzi.

26. O "Rei Pelé", símbolo do futebol brasileiro

    a. Sua vida e seus excepcionais feitos desportivos.
    b. Seus prêmios desportivos.
    c. Missão do grande craque, como embaixador da fraternidade humana e do respeito mútuo.

Peça

O "Rei Pelé", ao receber a condecoração outorgada pelo Governo da Iugoslávia, como embaixador da paz, da amizade e da colaboração entre os povos.

27. Medalhística e Emblemática

    a. Medalhas desportivas, nacionais e estrangeiras, doadas ao Museu e oriundas de grandes desportistas.
    b. Medalhas e medalhões comemorativos de certames desportivos de vulto.
    c. Medalhas, medalhões, moedas e colares inspirados em motivos desportivos de qualquer natureza.
    d. Medalhas nacionais e estrangeiras de Mérito Desportivo.
    e. Insígnias desportivas nacionais e estrangeiras.
    f. Emblemática em geral.
    g. Fotografias, desenhos, maquetas etc. do material acima discriminado.

Peça

I Olimpíada do Exército

Medalha mandada cunhar pelo Departamento de Desportos do Exército para comemorar o certame citado. Anverso: Um índio com um joelho em terra, distendendo um arco para lançar uma flecha. Reverso: Na parte superior, uma perspectiva da Av. Presidente Vargas, vendo-se os primeiros arranha-céus construídos e, no fundo, a Serra da Tijuca; no centro, a inscrição: "1ª Olimpíada do Exército — Brasil — 1949"; na parte inferior, os cinco elos simbólicos das Olimpíadas. Gravada na Casa da Moeda. Foi outorgada ao General Jayr Jordão Ramos e por ele oferecida ao Museu.

28. Filatelia

    a. Selos olímpicos em geral.
    b. Selos desportivos nacionais e estrangeiros.

c. Bilhetes postais desportivos.
d. Carimbos especiais relativos a certames desportivos.

Peça

I Olimpíada Moderna — Atenas — 1896. Esta série, hoje muito rara, marca a data de aparecimento do selo desportivo na filatelia.

29. Flâmulas e Bandeiras

Peça

Flâmula da Escola de Educação Física do Exército — Escola de líderes e forja de educadores e de ideais desportivos.
(Serão selecionadas as instituições e associações desportivas, nacionais e estrangeiras, cujas flâmulas devem figurar no Museu.)

30. Simbolismo Desportivo (objetos de arte ou gravuras)

a. Dos Estados e Territórios Brasileiros.
b. Do Estrangeiro.

Peça

Nurmi, o atleta-símbolo da Finlândia. Em Helsinque, como exemplo de valor desportivo, está perpetuado no bronze.

Centro de Documentação e Informação

1. Biblioteca Especializada

a. Obras raras e comuns.
b. Publicações periódicas (há mais de 150 boas revistas pertencentes a 25 países diferentes).
c. Arquivos de recortes impressos e trabalhos datilografados: históricos, científicos, artísticos, biográficos, técnicos, informativos em geral, quadros de recordes etc.
d. Classificação bibliográfica: livros, revistas, jornais etc.
e. Coleções: gravuras e fotografias de atletas, técnicos, obras de arte, instalações desportivas etc.; projetos de estádios, ginásios, material de Educação Física etc.; regulamentos desportivos nacionais e internacionais em vigor, mapas de exercícios, manuscritos e autógrafos, catálogos comerciais sobre artigos desportivos etc.
f. Oficina gráfica.
g. Salão de leitura.

2. Filmoteca Especializada

a. Filmes, "slides" etc. informativos, científicos e técnicos de interesse das atividades físicas em geral.
b. Catálogos e monografias sobre filmes, "slides" etc.

c. Aparelhos cinematográficos e filmes para serviço externo.
d. Produção de filmes, "slides" etc.
e. Salão de cinema.

3. **Fototeca**

a. Coleção de fotografias e negativos de interesse da Educação Física e Desporto (confeccionado pelo Museu).
b. Serviço fotográfico.
c. Salão de exposição.

4. **Fonoteca**

a. Coleção de discos e fitas magnéticas de interesse das atividades físicas.
b. Coleção de músicas, de hinos desportivos e cantos folclóricos.
c. Serviço de gravação.

5. **Aparelhagem e Equipamento Modernos**

a. Ginástica.
b. Jogos.
c. Desportos.
d. Danças.
e. Recreação.

6 **Seção de Vendas:**

Cartões-postais, fotografias, gravuras, reproduções de objetos expostos, medalhas, emblemas, flâmulas, livros, monografias, mapas de exercícios, catálogos, guias ilustrados, revistas de educação física, boletins informativos, regulamentos desportivos, vinhetas, selos desportivos, "slides", filmes, discos sonoros, músicas folclóricas etc. (A venda de objetos e publicações, ao lado da cobrança de entrada, muito poderá ajudar a manutenção do Museu, em virtude do interesse popular existente sobre as coisas inerentes às atividades físicas.)

Outras Iniciativas

(Como lembrança)

1. Cursos, grupos de estudo, palestras, debates e orientação aos interessados.
2. Estudos, inquéritos, pesquisas e intercâmbio com instituições congêneres.
3. Congressos, simpósios, colóquios, encontros etc.
4. Elaboração e publicação de obras e boletins informativos.
5. Exposições temporárias, cíclicas ou circulares.
6. Sessões de cinema, televisão e rádio.

7. Demonstrações de Educação Física em geral, inclusive trabalhos científicos, pedagógicos, folclóricos e históricos.
8. Organização de festivais de Educação Física, Desporto e Recreação.

Idéias e Informações

1. Não há muitos museus de Educação Física ou Desporto no mundo. Los Angeles (Fundação Helms), Springfield (Nasmith Memorial), Chicago, Connecticut (Museu Nacional de Arte Desportiva), Olímpia, Helsinque, Oslo (Museu do Esqui), Estocolmo, Basiléia, Praga, Varsóvia, Freyburg an der Unstrut (Museu de Jahn), Brasov (Romênia), Lausanne (Museu COI), Rio de Janeiro (Museu Presidente Médici), Henley (Museu Inglês do Reino) e algumas outras cidades européias e norte-americanas já possuem o seu, embora, na sua maioria, restritos nas exposições e impregnados de sentimentalismo.

2. Nos grandes museus, na Itália principalmente, abundam as estátuas de atletas, pinturas de atividades físicas e vasos desportivamente decorados, de grande beleza e valor artístico. Os museus do Vaticano, em particular, apresentam os mais ricos espécimes desportivos da Antigüidade.

3. Numerosos museus, em todo o mundo, têm nas suas galerias muitos quadros de motivos desportivos de mestres consagrados: Rembrandt, Rubens, Renoir, Gericault, Manet, Picasso, Leger, Degas, Baumeister e muitas outras.

4. Por ocasião dos Jogos Olímpicos de Roma, foi notável a exposição do "Desporto na História e na Arte". Ao lado das mais belas esculturas, foram mostrados vasos etruscos, mosaicos e medalhões do Império Romano, gravuras antigas, pinturas de mestres consagrados, coleções de armas de esgrima, coisas da época dos Torneios e Justas, maquetas de instalações antigas e modernas, isto é, toda a história da arte desportiva italiana.

5. Nos últimos Jogos Olímpicos da cidade do México, o programa artístico foi de alto gabarito, com excelente apresentação de peças antigas e modernas. Em particular, sob o título "O Desporto na Arte Clássica", ricas peças dos museus italianos foram expostas com bastante agrado. A arte desportiva mexicana foi também uma revelação.

6. Os chamados selos desportivos, atualmente bastante difundidos no mundo, constituem um meio de promoção das atividades físicas. Geralmente são peças bem confeccionadas, sugestivas e em cores, preferidas pelos jovens filatelistas em suas coleções. Eles servem para incutir, entre os colecionadores, o amor desinteressado pelo desporto.

7. No Brasil, na utilização das atividades físicas como meio de cultura, podemos afirmar, de modo categórico, que nada ou quase nada existe. Apenas algumas associações desportivas mantêm salas de troféus e recordações, vinculadas às suas glórias e aos seus benfeitores.

8. Para facilitar o intercâmbio internacional, a título de cooperação, fornecemos alguns endereços de museus especializados:

a. *Helms Hall*
8760 Venice Boulevard, Los Angeles 34, Califórnia, Estados Unidos.

b. *The National Art Museum of Sport*
P. O. Box 293, New Canaan, Connecticut, Estados Unidos.

c. *Museum of CGI*
Lidingövägen 1, Stockolm 0, Suécia.

d. *Schweizerisches Turn — Und Sportmuseum*
Missionsstrasse 28, Basel 3, Suíça.

e. *Muzeum Telesne Vychovy A Sportu*
Ujerd 450, Malá Strana, Praha 1, Tchecoslováquia.

f. *Muzeum Kultury Fizycznej i Turystyki*
Ul. Wawelska 5, Stadion "Skri", Warszawa, Polônia.

9. Desejamos, para nosso País, e para isso empregaremos todos os nossos esforços, um museu moderno e funcional, ligado à História, à Pedagogia, à Medicina e à Arte, a fim de cooperar no desenvolvimento da cultura, da imaginação e da sensibilidade de nosso gosto, aproveitando o exercício físico nas suas diferentes modalidades de emprego, para mostrar-lhe, de maneira atraente e convincente, a beleza da arte desportiva, o valor da ciência moderna, o patrimônio cultural de outros povos e os feitos tradicionais da nossa terra. Ademais, muitos e muitos outros serão os objetivos que visamos com a sua criação.

10. Sobre o presente trabalho, após examiná-lo, diz Mário Gonçalves Viana, museologista português e figura de projeção internacional na Educação Física: "Li o seu ensaio sobre o 'Museu da Educação Física e Desportos'. Está bem sistematizado e bem apresentado. Cordiais felicitações, pela forma superior como põe o problema. Oxalá seja compreendido e possa levar a efeito esse magnífico empreendimento, ao nível em que ele deve ser realizado. Seria o primeiro museu do gênero, verdadeiramente museu, porque a maior parte dos existentes não passa de 'armazéns de velharias'. Será um Museu verdadeiramente funcional."

11. O Museu de Educação Física e Desportos, a ser criado no Brasil, precisa ser uma realidade. Diz Fernando Pessoa, extraordinário poeta lusíada: "O Homem sonha, Deus quer e a Obra nasce...".

XXI
Panorama Mundial da Educação Física

JOSÉ MARIA CAGIGAL — Formado em Filosofia, Psicologia e Educação Física pela Universidade de Madri, além de estudos complementares de Teologia e Psicologia em Frankfurt, ocupou durante treze anos o cargo de diretor do Instituto Nacional de Educação Física e Desportos de Madri, onde também ensina Psicopedagogia. Autor de livros e de artigos publicados em jornais e revistas espanholas, alemãs, inglesas e francesas, Cagigal é presidente da Associação Internacional das Escolas Superiores de Educação Física (AIESEP), cargo que acumula com os de vice-presidente da Federação Internacional de Educação Física (FIEP) e do Comitê de Investigação do Conselho Internacional de Educação Física e Desportos (CIEPS).

Embora esteja atravessando uma fase intensa de integração de seus conceitos doutrinários, naturalmente com desacertos e vacilações, três são as grandes modalidades atuais da Educação Física no mundo: o desporto popular, a ginástica neo-sueca e o movimento livre "natural".

No dizer de Langlade, professor uruguaio de projeção internacional, sente-se de maneira acentuada, entre os sistemas de ginástica, evidente movimento de "influências recíprocas e universalização". Cada vez mais, impregnados pelo desporto, eles se desenvolvem conjuntamente e de maneira compreensível, no elevado propósito do aperfeiçoamento humano. Existem hoje, nos diferentes domínios da Educação Física, um importante capital comum de experiência e a possibilidade de acordo sobre seus princípios fundamentais. Domina também um elevado espírito criador na organização do trabalho.

A Hatha-Ioga, a Contração Isométrica, a Calistenia, os Exercícios de Aparelhos em geral, o Judô como ginástica, a Ginástica de Niels Bukh, o "Circuit-Training", o método canadense dos Planos "5BX" e "XBX", os sistemas culturais e outras formas de trabalho, vinculadas ou não às modalidades básicas, exercem ação menos importante. Atualmente, os "Aeróbicos", do Dr. Cooper, estão saindo de uma quase obscuridade para um programa de exercícios de âmbito mundial, interessando elevado número de pessoas.

Três Grandes Modalidades

Consideraremos sucessivamente as três principais modalidades:

a) *Desporto Popular* — Em certos países (Estados Unidos, Grã-Bretanha, Brasil e outros), parece constituir o essencial, muitas vezes a totalidade da Educação Física, sobretudo realizada de maneira intencional.

Alguns modernos sistemas ginásticos são nele moldados, não sendo outra a orientação atual da ginástica francesa, através de sua "Educação Física Desportiva". A antiga ginástica de Jahn, sob denominação de ginástica olímpica ou internacional, modernizou-se e integrou-se no quadro desportivo.

Em todo o mundo, sem exceção, avulta a importância do desporto, sendo, de fato, o processo de trabalho mais adequado à época em que vivemos, impondo-se como elemento indispensável na atual organização social. É lamentável, no entanto, o perigo atual que vem apresentando, sob o ponto de vista educativo, como espetáculo apaixonante. A camaradagem dele resultante, quando bem explorada e conduzida, ajuda a confraternização mundial, e a sua prática, cada vez mais, faz parte da vida dos nossos tempos, impondo-se como natural reação à presente mecanização da existência. Infelizmente, nem sempre isso se passa de maneira generalizada, pois, na ânsia de superação, quase sempre os melhores são selecionados em detrimento dos mais fracos, dos que mais necessitam do exercício, salvo na Grã-Bretanha, onde a prática tem ainda caráter popular, predominando as salutares preocupações educativas e formativas dos gregos e o "fair play" próprio dos ingleses.

Numerosos sistemas, objetivando o desenvolvimento da resistência e da potência muscular ao máximo, foram criados para emprego na preparação desportiva de alto nível.

b) *A Ginástica Neo-Sueca* — Conhecida, conforme os seus fins e os países onde é praticada, sob várias denominações — ginástica analítica, ginástica de formação, ginástica formativo-educativa, ginástica construída, ginástica de conservação, ginástica de postura etc. —, continua a ter destacado lugar na realização dos exercícios corporais, sobretudo no campo escolar.

Ela exerce importante papel na prática das atividades físicas de numerosos países: Suécia, Noruega, Dinamarca, Bélgica, França, Espanha, Portugal, Chile, Uruguai e na maioria das Repúblicas Populares.

c) *O Movimento Natural* — Apresentando-se com aspectos diversos, é também forma de trabalho de grande aceitação em todo o mundo. No século XVI, Rabelais, na sua célebre obra *Gargântua e Pantagruel*, pregou a necessidade dos exercícios naturais e parece ter sido o primeiro a observar, dentro de nova concepção, o realismo da existente. Além do citado precursor, a execução de tais atividades repousa, principalmente, sobre as idéias de Rousseau, difundidas no seu *Emílio*, e nos mestres modernos da chamada "escola ativa" (Claparède, Dewey, Decroly e muitos outros). Dele fazem parte a "Ginástica Natural Austríaca", o "Método de Hébert", o "Método Francês" e a "Ginástica Moderna". O excursionismo, forma assistemática, constitui igualmente prática generalizada.

A Ginástica Natural Austríaca está em pleno desenvolvimento e tem tido grande aceitação nos meios escolares. Além da Áustria, seu país de origem, a Alemanha e a Holanda a empregam em larga escala. O Brasil e a Argentina estão interessados em sua divulgação.

O Método de Hébert perde terreno, inclusive na própria França, e o Método Francês, produto de trabalhos pertinazes da Escola Joinville-le-Pont, desapareceu quase completamente do cenário, embora os princípios pedagógicos e técnicos de ambos, como um farol a iluminar os caminhos, muito tenham servido na estruturação de novas orientações.

A Ginástica Moderna, com as adaptações realizadas em cada país, segundo as escolas adotadas, está-se infiltrando em toda parte, inclusive no campo masculino, integrando-se mesmo nos sistemas educacionais.

Em muitos países constitui precioso componente do trabalho ginástico, principalmente feminino. São os sistemas atuais de Maja Carlquist, Ernst Idla e I. Leesment (Suécia); Bode, Medau, Ellen Cleve e Foerster (Alemanha); H. Grahmann e Margareth Frohlich (Áustria); Van der Mosst e Bkher (Holanda); Paclova (Tchecoslováquia); A. Gotta (Itália); S. Bercik (Hungria); M. Sepa (Iugoslávia); Jalkanen (Finlândia); Erica Sauer e Ilona Peuker (Brasil), inspirado em Laban (Grã-Bretanha) e muitos outros de emprego na ginástica da mulher. Entusiastas do trabalho rítmico expressivo masculino são Otto Hanebuth (Alemanha Ocidental) e Alberto Dallo (Argentina).

Objetivos Fundamentais

No mundo atual, grande é o interesse pela Educação Física escolar. Alguns países têm conseguido excelentes resultados, enquanto outros ainda se encontram sem orientação segura. Mas, em quase todos os meios, hoje em dia, os professores procuram libertar-se da rigidez dos antigos sistemas doutrinários. Tudo é válido, dentro da Ciência e de técnicas apropriadas, para obtenção de resultados máximos, cabendo aos profissionais a escolha dos exercícios e dos processos pedagógicos de sua preferência. Nenhum dos sistemas ginásticos clássicos permanece em estado absolutamente puro. Eles influíram uns sobre os outros, adquirindo todos, como já foi expresso, um caráter universal comum.

O desporto, fato social de larga envergadura, figura em primeiro plano entre as atividades físicas da atualidade, refletindo sua ação dominadora, socializante e recreativa, sobre os antigos sistemas ginásticos que, cada vez mais, se integram em um trabalho benéfico e compreensivo.

Tomando por base os esquemas das lições das escolas francesa, alemã e sueca, representadas, hoje em dia, nas suas expressões máximas, pelas doutrinas do Instituto Nacional de Desportos (Educação Física, Desportiva Generalizada), Instituto de Educação de Graz (Ginástica Natural Austríaca) e Escola Superior de Ginástica e Desportos de Estocolmo

(Moderna Ginástica Sueca), naturalmente sem exame de pormenores, vemos uma universalização, intensa e racional, dos conceitos ginásticos, que se completam para melhor servir a Humanidade.

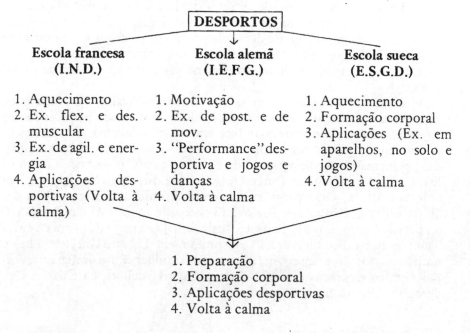

Universalização dos Esquemas da Lição de Ginástica

Há uma tendência generalizada e progressista: cada professor, apoiado em princípios metodológicos sancionados pela experiência e na didática moderna, deve organizar seu próprio método, utilizando para isto seu saber, vivência e imaginação criadora. Segundo R. Marchand, educador francês, "ele deve ser, antes de tudo, um espírito, um educador; em segundo lugar, um pedagogo e, finalmente, um técnico".

No campo prático, com base nas diferentes doutrinas e com o desejo de criar algo de novo, fomenta-se um judicioso trabalho de síntese, podendo-se resumir em quatro os objetivos fundamentais procurados: Saúde, Valor Físico, Valor Moral e Valor Social.

Compreende-se por saúde, conforme definição dada pela Organização Mundial de Saúde, "o bem-estar completo, físico, mental e social, e não apenas a simples ausência de doenças e enfermidades". Sendo a Educação Física uma oportunidade da Educação, é óbvio que a formação moral e social do indivíduo, quando o professor estiver à altura de sua missão, receberá seus benefícios. Na atualidade, em pleno começo da era espacial, mais do que nunca, há necessidade profunda de uma educação integral.

Outras Apreciações

a) Quanto à direção das atividades sistemáticas, segundo estudo feito por Pierre Seurin, podemos considerar, no mundo, a existência de três tipos de organização: o estatal, o livre e o misto.

No estatal, de modo geral, todo sistema é dirigido pelo Estado. É o caso da União Soviética e de todas as Repúblicas Socialistas (Polônia, Alemanha Oriental, Tchecoslováquia, Hungria, Iugoslávia, Bulgária, Romênia e Cuba).

No livre, tudo independe do Estado (ou a ele se vincula de maneira limitada), tal como se vê nos Estados Unidos, Canadá, Grã-Bretanha e muitos outros países de origem inglesa.

No misto, com maior ou menor interferência, o Estado dirige, fomenta e subvenciona, deixando às Federações Desportivas, ou a outras instituições dirigentes, uma independência doutrinal e administrativa. A maior parte dos países do mundo ocidental (França, Bélgica, Espanha, Itália, Alemanha Ocidental, Portugal, Brasil, Argentina, México, Chile e outros) enquadra-se neste tipo. Parece ser este o melhor modelo, sobretudo para os países em desenvolvimento e com recursos limitados.

b) Relativamente à formação de professores de Educação Física, em estabelecimento de nível universitário, mormente no mundo ocidental, há dois tipos de escola: as "univalentes" e as "bivalentes".

Nas "univalentes", em cursos de quatro e cinco anos, o aluno estuda somente matérias inerentes à atividade profissional (Ginástica, Natação, Atletismo, Recreação, Socorros Urgentes etc.), ao lado evidentemente dos assuntos culturais básicos (Anatomia, Fisiologia, Higiene, Biometria, Biomecânica, Pedagogia, Psicologia, Sociologia etc.). As escolas deste tipo, tais são as brasileiras, predominam em todo o mundo.

Nas "bivalentes", o aluno, ao lado da Educação Física, é preparado para ensinar outras matérias (Higiene, Ciências Naturais, Línguas, Matemática etc.). Numerosas escolas deste tipo são encontradas nas duas Alemanhas, Áustria, Dinamarca, Noruega, Grã-Bretanha, República Sul-Africana e Tchecoslováquia.

Quanto à Educação Física no ensino primário, existe uma tendência em dar ao professor da categoria, como nas demais disciplinas, os ensinamentos indispensáveis para que possa assegurar sua prática aos alunos. É a única solução para o problema, mas longe está, mesmo nos países mais desenvolvidos, de tornar-se realidade.

Cursos por correspondência são comuns nas Repúblicas Populares, sendo conduzidos de maneira objetiva e com sucesso, tanto que os neles diplomados, geralmente com mais de um ano de curso, não diferem em capacidade dos que possuem cursos regulares.

Há também, no campo do desporto de competição, escolas de nível secundário, onde preponderam os ensinamentos de ordem técnica. Em face do desenvolvimento extraordinário do desporto em todo o mundo, impõe-se a criação de escolas deste tipo que, embora não constitua o ideal, virá contribuir para colocar o treinamento desportivo em mãos mais qualificadas, evitando assim a intromissão dos leigos.

c) Em todo o mundo, com grande interesse, está sendo estimulada a educação física do trabalhador, tendo em vista diminuir a fadiga profissional, compensar os efeitos nocivos do trabalho (ginástica de pausa), prevenir acidentes, ajudar a aprendizagem de ofícios, aumentar a produtividade e preencher as horas de lazer. Este último aspecto, já realidade em muitos países, objetiva recrear e melhorar as condições de saúde do trabalhador e de sua família.

A diminuição das horas de trabalho e o conseqüente aumento da folga, se não considerados no presente momento, constituirão, em futuro próximo, sério problema social de grande complexidade e difícil solução. As horas de lazer, quando mal aproveitadas, são grandes inimigas do trabalhador. Diz bem o adágio popular, na sua sabedoria, que a "ociosidade é a fonte de todos os vícios".

d) Estamos no século do "homem sentado". Ortega y Gasset, filósofo espanhol, escreveu com muita propriedade que "a sociedade moderna industrial está ameaçada de perder sua vitalidade". Observa-se, por isso mesmo, largo interesse pela ginástica voluntária, isto é, a ginástica para todos. Há uma ação generalizada por toda parte: Suécia, Noruega, Dinamarca, Bélgica, Finlândia, França, Repúblicas Populares etc. Como coroamento e motivação de tão grande movimento, grandes demonstrações como as Espartaquíadas (Tchecoslováquia, União Soviética, Alemanha Oriental etc.) e as Ginastradas (Alemanha Ocidental, Holanda, Suíça, Iugoslávia etc.), reuniões de massa, evidenciam esse esforço para a Educação Física da população. Os Estados Unidos, através de suas Associações Cristãs de Moços e suas correspondentes femininas, hoje espalhadas em numerosos países e com um conteúdo político-social diferente, realizam também obra excelente, de grande valor educacional e humano. O rádio e a televisão, levando aos lares os exercícios, permitem longa difusão da Educação Física popular.

Todo apoio deve ser dado ao movimento de ginástica voluntária. Pierre Seurin, insigne professor francês, sintetizou bem seus objetivos: recrear (evasão das preocupações profissionais), satisfazer à necessidade de movimento e de ação em comum, cuidar da saúde e do bem-estar, proporcionar o prazer do aperfeiçoamento corporal e dos resultados alcançados, dar ao executante satisfação no cumprimento do trabalho e na realização estética dos exercícios.

e) Quanto mais o homem utilizar as vantagens da técnica, mais necessidade tem de suprir a falta de movimentos corporais, realizando para isso sérios estudos e pesquisas. Os Institutos de Investigação estão planejando com uma audácia sempre crescente. Sucedem-se os cursos, congressos, seminários, simpósios, colóquios, demonstrações práticas e toda sorte de reuniões culturais para tratar da educação física, desporto de competição, recreação física, medicina desportiva, recuperação funcional e outros assuntos afins. Criam-se, por toda parte, associações culturais de Educação Física. Os mais diversos problemas são estudados no campo da Fisiologia, da Biomecânica, da Higiene, da Medicina, da Sociologia, da Dietética, da História etc. Existem numerosas publicações periódicas especializadas, inclusive algumas de divulgação de pesquisas. Acentua-se a produção de meios audiovisuais e contam-se por milhares as obras sobre as atividades físicas aparecidas anualmente.

f) Há no mundo mais de duzentas publicações periódicas de exercícios físicos, que aparecem com regularidade e são ricas de ensinamentos. A maioria delas trata das atividades físicas em geral, mas existem umas tantas cuidando, particularmente, de certos aspectos de sua problemática: ciências aplicadas, cultura física, desporto específico, recreação, medicina física, medicina desportiva, olimpismo, pesquisa, treinamento desportivo de alto nível, treinamento físico-militar, trabalho e lazer do trabalhador etc. Dentre muitas, classificadas como excelentes, cumpre destacar: "Sport" (Bélgica), "Educação Física e Desportiva" (Brasil), "Education Physique et Sport" (França), "L'Homme Sain" (França), "Bulletin de la FIEP" (Internacional), "Bulletin du COI" (Internacional), "Revue Analytique d'Education Physique et Sportive" (Internacional), "Medicina delle Sport" (Itália), "Wychowanie Fizyczne y Sport" (Polônia), "Educação Física-Desportos-Saúde Escolar" (Portugal) e "Research Quarterly" (Estados Unidos). É lamentável, depois de um passado tão brilhante, terem saído de circulação ou quase desaparecido a revista "Citius-Altius-Fortius" (Espanha), a "Revista de Educação Física" (Brasil) e a "Revista Chilena de Educação Física".

g) Dentre as obras modernas, por seus conteúdos de caráter geral e informativo, na nossa opinião, impõe-se a citação de quatro de alto gabarito cultural: *Tratado de Educação Física*, de Celestino Marques Pereira, *L'Education Physique dans le Monde*, de Pierre Seurin, *História dos Desportos*, de Karl Diem, e *Theoria General de la Gimnasia*, de Alberto Langlade e Nelly Rey de Langlade.

h) Cada vez mais, o exercício afirma-se como ciência e integra-se na cultura dos nossos tempos. Em um mundo em constante transformação, os conhecimentos científicos, aliados à tecnologia, procuram solucionar os problemas que se apresentam em todos os campos da especialidade. Em tudo há um sopro extraordinário de progresso: as idéias agitam-se, as pesquisas tornam-se rotina e as criações multiplicam-se.

Os institutos de investigação aplicados ao exercício físico, numerosos na Europa e nos Estados Unidos, aperfeiçoam dia a dia seu equipamento e pessoal, podendo assim realizar trabalho de alto aperfeiçoamento. Em toda parte os laboratórios trabalham exaustivamente na explicação do porquê dos fatos do movimento útil e na procura de novas soluções, capazes de atuar positivamente na melhoria da educação física escolar, na busca da vitória desportiva, no tratamento dos doentes, no condicionamento físico da mulher, na recuperação dos acidentados, na melhoria das deficiências dos inferiorizados físicos e mentais, no acréscimo da longevidade, no aumento do rendimento do trabalho, no estabelecimento de locais adequados para a prática dos exercícios e em muitos outros aspectos das atividades físicas.

i) No campo da Educação Física e dos Desportos de Competição, foram criados, sobretudo depois da Segunda Grande Guerra, verdadeiros laboratórios humanos, sendo dignos de menção os existentes nos estabelecimentos universitários norte-americanos de Springfield (ACM), Iowa, Kentucky, Harvard, Michigan, Chicago, Illinois e no Laboratório Aeroespacial do Texas (Estados Unidos); nos soviéticos de Moscou, Leningrado e Tbilissi; nos escandinavos de Copenhague e Estocolmo; no Instituto Nacional de Desporto de Joinville-le-Pont (França); no Instituto de Fisiologia Humana de Milão (Itália); no Instituto Max-Planck de Fisiologia do Trabalho de Dortmund (Alemanha); no Instituto de Cultura Física de Friburgo (Alemanha); no Instituto de Pesquisas de Cultura Física de Varsóvia (Polônia) e no Instituto de Pesquisas Científicas de Educação Física e Desporto de Budapeste (Hungria). Não deve ser esquecida a Federação Internacional de Medicina Desportiva, cuja contribuição dada à ciência das atividades físicas é verdadeiramente notável. Ligados às referidas instituições e a outras não citadas, numerosos cientistas, técnicos e professores, no momento, projetam-se no campo da investigação e firmam-se no conceito internacional, sendo difícil estabelecer uma lista sem cometer injustiças. Sem demérito para muitos não referidos, eis alguns nomes: T. K. Cureton, Peter V. Karpovitch, Arthur H. Steinhaus, P. J. Rasch, L. E. Morenhouse e K. H. Cooper, todos dos Estados Unidos; N. V. Zimkin, N. Ozolin e Letunov, da União Soviética; E. Asmussen, F. Andersen, da Dinamarca; M. J. Karvonen, da Finlândia; P. O. Astrand, P. Hogberg e E. H. Christensen, da Suécia; Chailley-Bert e Jacquet, da França; Ernst Jokl (atualmente nos Estados Unidos), Knipping, Hettinger, Müller, Toni Nett, Nocker, Mies, Hollmann, Herbert Reindell, Waldemar Gesschler, Hans Lorenzen (exercícios para inferiorizados físicos) e Liselotte Diem, todos da Alemanha; Ludiwis Prokop, H. Groll e J. Recla, da Áustria; Venerando, R. Margaria e La Cava, da Itália; A. B. Munrow, da Inglaterra; J. Falize e R. Mollet, da Bélgica; F. Hepp, da Hungria; E. Simon, de Israel; D. Mateev, da Bulgária; M. J. Král, da Tchecoslováquia; P. Smithells, da Nova Zelândia; F. Carlile, da Austrália.

j) A doutrina de Pavlov (1849-1936), dos reflexos condicionados, considerada indiscutível nas questões de aperfeiçoamento do mecanismo dos movimentos, está perdendo sua importância, inclusive na própria União Soviética, surgindo críticas dos erros advindos de uma interpretação puramente materialista da Psicologia.

l) A Medicina Desportiva, nos últimos tempos, vem-se desenvolvendo de maneira extraordinária, elevando os hábitos higiênicos dos praticantes do exercício e melhorando as condições do atleta para melhor rendimento. O médico desportivo, através de seus trabalhos técnico-específicos, executa extraordinária ação social, concorrendo para elevar o índice de saúde das populações.

A utilização do exercício como terapêutica chama, cada vez mais, a atenção das personalidades responsáveis nos diversos países.

As ginásticas médica, corretiva e ortopédica, assim como as atividades físicas para inferiorizados físicos e mentais, já constituem, em certos meios, prática de largo emprego. Nos últimos anos, grande tem sido o progresso no âmbito das técnicas de recuperação funcional.

Numerosos são os centros de medicina desportiva no mundo, onde militam muitos médicos especializados. Todas as grandes universidades norte-americanas têm excelentes serviços especializados. No Estádio Lenine, em Moscou, funciona uma policlínica desportiva de grandes proporções, na qual trabalham 45 médicos (6 catedráticos universitários) e 20 enfermeiros. Em Leningrado, Kiev e Tallin existem também organizações semelhantes. Em Londres há uma grande organização, dotada de todos os requisitos modernos. Assim, em muitos outros países.

m) Os testes de aptidão física, sobretudo no campo médico-desportivo, têm, hoje em dia, largo emprego. Entre numerosos, podemos citar a avaliação no ciclo-ergômetro, a fórmula de Mc Cloy, o teste de Larsson, a prova de Philips, o teste de Bergman, o salto de Sargent, os testes da Marinha Norte-Americana, o teste de Letounov, a prova de Ruffier, o teste de Lartigue, o teste do Banco de Harvard. No Brasil, entre os mais empregados, são dignos de menção o controle tensio-esfignométrico do exercício, a prova de Burger e o teste de Donnagio. Na prática, com sucesso, foi empregado o teste de Cooper.

n) Em alguns países, como estímulo à prática do exercício físico, sobretudo visando à difusão do desporto, foram instituídas as insígnias desportivas. Pela primeira vez, a iniciativa surgiu na Suécia, por ocasião dos Jogos Olímpicos de Estocolmo. Hoje, estão sendo adotadas em vários países, entre eles as duas Alemanhas, a França, a Austrália e a Hungria (insígnia Kilian). Na Áustria, por exemplo, para fazer jus a tal recompensa (de ouro, prata e bronze para três idades), o executante deve satisfazer a certos índices de capacidade média, relacionados à natação, à corrida de velocidade, ao salto, à força muscular e a outras atividades físicas.

o) Para as competições de alto nível, tendo em vista o máximo rendimento, na busca de maior resistência orgânica e potência muscular ao lado da técnica, têm surgido, como já foi elucidado, numerosos sistemas de preparação desportiva: Sistema Finlandês (Lauri Pihkala), Fartelek (Gosser Holmer), "Circuit-Training" (Adamson-Morgan), "Power Training" (Raoul Mollet), "Cross-Promenade" (Raoul Mollet), "Marathon-Training" (Lydiard), Contração Isométrica (Hettinger-

Müller, Bob Hoffman e outros), "Altitude-Training" (Lamartine), "Lauf-Training" etc. O treinamento hoje em dia é total: age-se planejadamente e de maneira racional sobre todos os aspectos psicossomáticos do atleta. Além disso, uma coisa é certa: não há um único sistema de trabalho a empregar, pois muitos caminhos conduzem ao sucesso. Porém, tais sistemas, fugindo das cogitações da Educação Física racional, não têm uso generalizado e necessitam ser empregados de maneira adequada.

p) O Brasil é atualmente cenário de uma integração das formas ginásticas, tendo contribuído para isso, principalmente, os "Estágios Internacionais", organizados pelo Departamento de Educação Física e Desportos do Estado de São Paulo. Porém, apesar do progresso realizado no campo da ginástica, os desportos têm a preferência em todos os meios. O futebol goza de grande prestígio, sendo praticado em todos os recantos do território nacional. Ninguém mais pára o Brasil em desenvolvimento, e a bola, melhorando as condições físicas do homem, ajuda a acelerar o progresso. Além disso, do ponto de vista desportivo, permite selecionar os melhores na massa da população, conduzindo o País a levantar grandes títulos nas competições desportivas internacionais.

Colaboração Internacional

A colaboração internacional em Educação Física e Desportos, visando à fraternidade mundial e ao intercâmbio de conhecimentos, impôs a criação de organismos constituídos por pessoas responsáveis pela sua experiência, prestígio e espírito de cooperação. Além do Comitê Olímpico Internacional (COI), das Federações Desportivas Internacionais, da Federação Internacional de Desportos Universitários (FISU) e do Comitê Internacional do Desporto do Trabalho (CSIT), entre muitos outros, todos cuidando dos desportos de competição, existe uma gama enorme de comitês e associações para os problemas culturais das atividades físicas em geral, embora algumas cuidem, concomitantemente, das práticas competitivas.

Dentre eles, cumpre destacar:

Conselho Internacional de Educação Física e Desportos (CIEPS), órgão ligado à UNESCO, criado oficialmente em 1960, em Roma. Sua missão essencial é facilitar a cooperação entre os organismos internacionais que se ocupam da educação física e do desporto competitivo de alto nível. Seu primeiro presidente, Sir Noel Baker, prêmio Nobel da Paz e antigo atleta olímpico, em fins de 1964, assinou o "Manifesto dos Desportos", documento de alto valor, onde as questões desportivas, em todos os seus setores de atuação, são convenientemente focalizadas.

Desde Tóquio, o CIEPS vem patrocinando os congressos realizados por ocasião dos Jogos Olímpicos. Além disso, tem organizado alguns seminários para coordenar e discutir assuntos inerentes às atividades físicas.

Em sua ação, o CIEPS reúne membros governamentais, instituições não-governamentais (FIEP, AIESEP), certas federações desportivas internacionais e membros individuais. Ademais, para auxiliar sua missão criou uma série de comitês especiais, encarregados de pesquisas científicas, documentação e informação, equipamento desportivo, enquadramento-programa, desporto-lazer, sociologia do desporto, desporto e turismo, história do desporto, meios de comunicação-relações internacionais, desporto e desenvolvimento.

Federação Internacional de Educação Física (FIEP), criada em Bruxelas, em 1923, sob o nome de Federação Internacional de Ginástica Educativa, é, por conseguinte, no seu gênero, a mais antiga organização internacional especializada. Antes da atual denominação, chamou-se Federação Internacional de Ginástica Ling. É uma instituição com um passado admirável de serviços à causa da Educação Física e onde atuou, como presidente, durante vinte e três anos, o grande Thulin. Dentro de elevado nível cultural, cuida dos problemas científicos, escolares, recreativos e de trabalhos inerentes às atividades físicas. Dela tratando, diz Luis Bisquentt, uma das maiores figuras da Educação Física mundial: "A FIEP surgiu no campo pedagógico num período cheio de opiniões contraditórias e confusas e tem sido seu objetivo marcar uma orientação em educação física de acordo com os conhecimentos científicos e as opiniões dos grandes pensadores, desde a Grécia Antiga."

A FIEP tem, atualmente, uma delegação oficial (Delegado-Geral e Delegados Adjuntos) em 84 países. Edita um órgão de publicidade, o "Boletim", com periodicidade trimestral, escrito em quatro idiomas: espanhol, francês, inglês e português. Nele são inseridos artigos do mais alto nível científico, técnico e pedagógico, em princípio, inerentes à educação física escolar e ao desporto para todos, além da "crônica federal", notícias do mundo e atualidades bibliográficas.

Numerosas são também as iniciativas da FIEP — congressos, seminários, simpósios, cursos internacionais, conferências etc. Em 1971, lançou o "Manifesto Mundial de Educação Física", documento de alto gabarito, que veio valorizar, em elevado grau e com bastante oportunidade, o papel das atividades físicas no campo da educação integral.

Posteriormente, em 1974, publicou sua "Carta de Cooperação Social", a fim de facilitar as relações culturais e amigáveis entre seus associados.

Associação Internacional da Educação Física e do Desporto Femini-

no (AIEPSF). Fundada em 1949, esta entidade cuida dos problemas gerais da atividade física da mulher, tendo organizado vários congressos com a finalidade de debater de forma ampla e democrática assuntos pertinentes à sua especialidade.

Associação Internacional de Escolas Superiores de Educação Física (AIESEP). Fundada em 1962, em Lisboa, tem por objetivo coordenar assuntos inerentes à formação de professores especializados, reunindo escolas superiores e departamentos universitários de Educação Física de 36 países. Tem organizado congressos para estudo de temas de sua especialidade. Dispõe, para execução de seus trabalhos, de um "bureau" executivo. Trabalha em estreita relação com outras organizações internacionais e publica suas atividades no Boletim da FIEP.

Associação de História da Educação Física e do Desporto (HISPA). Criada oficialmente em Zurique, em 1973, pelo Prof. Louis Burgener, seu primeiro presidente. Organiza anualmente um congresso, onde são discutidos temas referentes à sua especialidade.

Associação Internacional de Recreação (IRA), com sede em Nova York, tem por objetivo a difusão da recreação por todo o mundo.

Conselho Internacional de Saúde, Educação Física e Recreação (ICHPER). Fundado em 1959, é uma instituição de elevado gabarito e bastante interessada pelos trabalhos escolares de educação física.

Federação Internacional de Medicina Desportiva (FIMS), fundada em 1928, em St. Moritz, e com sede em Turim, congrega todas as federações nacionais da especialidade, reunindo os fisiologistas e médicos especializados de todo o mundo, cuidando especialmente da fisiologia do treinamento e dos acidentes desportivos. É a única organização não essencialmente desportiva reconhecida pelo COI e tem relações permanentes com a Organização Mundial de Saúde. Publica uma revista altamente especializada.

Liga Internacional de Ginástica Moderna (LIGM), fundada em 1952 e grupando as escolas austríacas, alemãs e holandesas de ginástica feminina, é uma organização bem conceituada, com sede em Coburg (Alemanha).

Conselho Internacional do Desporto Militar (CISM), fundado em 1956, em Bruxelas, cuida das práticas desportivas entre militares e estuda as questões de preparação desportiva de alto nível. Realizou, com absoluto sucesso, numerosas competições e várias reuniões de estudo. Por duas vezes, o Brasil levantou o seu campeonato anual de Pentatlo Militar e, em 1967, venceu brilhantemente o de Pentatlo Naval. O secretário do Conselho é o Major Raoul Mollet. Publica anualmente a revista especializada *CISM Magazine-Sport International* e numerosos estudos técnico-desportivos foram realizados pela sua Academia. Distribui mensalmente um boletim técnico-informativo.

Conclusão

Desde os gregos, sabemos que a Educação Física, bem compreendida, tem por objetivo cooperar no desenvolvimento integral do indivíduo. O jogo, a ginástica, o desporto, a dança e o excursionismo são os meios empregados.

O desporto, embora excelente, é apenas um dos meios, cumprindo empregá-lo de maneira adequada. Referindo-se a ele, afirma o Prof. Adalbert Dickhut, do Instituto de Educação Física de Frankfurt: "Os simplórios pensam que o fim exclusivo do desporto é formar campeões. Por isso, é oportuno alertar sobre os perigos que a luta competitiva e o recorde podem acarretar, prejudicando a prática educativa de muitas formas de trabalho físico, como a ginástica, o jogo, o próprio desporto e certas atividades tradicionais praticadas aqui e ali". Konrad Pascher, líder do ICHPER, tratando do mesmo assunto, afirma com muita propriedade que seria lamentável se, na Índia, onde os desportos empolgam as novas gerações, desaparecessem os veneráveis movimentos de concentração da Ioga, os exercícios ginásticos do "Mallakamb" e suas famosas danças, cheias de força, expressão e religiosidade. O folclore, tão rico e original no campo das danças, jamais deve ser esquecido, pois constitui elemento valioso de trabalho.

Para terminar, acentuando o ideal a atingir pelo exercício físico sob o ponto de vista educacional, façamos nossas as observações de Pierre Seurin, figura de primeiro plano da FIEP, transcritas de sua obra *L'Education Physique dans le Monde*: "O fato importante — o fato mundial — é que todos os países têm tomado perfeita consciência da importância humana e social da Educação Física. A confusão mais freqüente entre exercício físico e desporto de grande competição (amador ou profissional) é ainda obstáculo bastante sério aos programas de Educação Física, no mundo. O poder central (por demagogia), o público (por interesse imediato), mesmo os pais dos praticantes (por incompreensão) têm enorme tendência a ceder ao "desporto espetáculo". No entanto, devemos esperar que, um dia, os educadores físicos do mundo inteiro, intimamente ligados pelos princípios essenciais, saberão impor, em todos os países, uma Educação Física racional, estruturada para ser posta, verdadeiramente, ao serviço do Homem e da Sociedade."

Bibliografia

ACCIOLY, A.R. e MARINHO, I.P. História e Organização da Educação Física e dos Desportos. Cadernos de Divulgação Cultural. Rio de Janeiro. 1956.

Bulletin de la FIEP. Les Causes du Déclin des Jeux Antiques. Nº 4. Paris. 1975.

Boletim FIEP. Comitê Intergovernamental Permanente para a Educação Física e o Desporto. UNESCO. 1979.

BURGENER, L. L'Education Physique et les Sports en France. La Gymnastique Volontaire. P. 239. Nº 4. Paris. 1973.

DIEM, K. Historia de los Desportos. Caralt Editor. Barcelona. 1966.

Enciclopédia Delta Larousse. Volume IV. Rio de Janeiro. 1968.

Enciclopédia Delta Larousse. Volume VI. Rio de Janeiro. 1968.

FILHO, J.L. Introdução à Sociologia dos Desportos. Biblioteca do Exército-Editora e Edições Bloch. Rio de Janeiro. 1973.

HERMON, S. A Dança na Bíblia (O Velho Testamento). Revista Educação e Movimento Nº 22. Lourenço Marques. 1974.

LANGLADE, A. e LANGLADE, N.R. Teoria General de la Gimnasia. Stadium. Buenos Aires. 1970.

Les Jeux Olympiques. COI. Lausanne. 1964.

Les Jeux Olympiques de 1964. Tóquio. 1964.

MANIFESTO DO DESPORTO. CIESP. Es. E.F. Ex. 1965.

MENDONÇA, A.A.Q. A Morte do Atleta. Revista de Educação Física. 1933.

SILVA, J. e PENNA, J.B.D. História Geral. Companhia Editora Nacional. Rio de Janeiro. 1968.

OLIVEIRA, A.L. O Sistema de Ling-Nascimento, Evolução e Difusão. Boletim FIEP. Nº 2. 1978.

PEREIRA, C.F.M. Tratado de Educação Física. Gráfica Irmãos Bertrand. Lisboa. 1960.

RAMOS, J.J. A Moderna Ginástica Sueca. Es.E.F. Ex. Rio de Janeiro. 1967.

RAMOS, J.J. Alguns Aspectos dos Exercícios Físicos na História e na Arte. Es.E.F.Ex. Rio de Janeiro. 1969.

RAMOS, J.J. O Egito dos Faraós na Museologia. Es.E.F.Ex.Rio de Janeiro. 1966.

RAMOS, J.J. Panorama Mundial da Educação Física e Outros Assuntos. Es.E.F.Ex. Rio de Janeiro. 1970.

RAMOS, J.J. Pontos de História dos Exercícios Físicos. Es.E.F.Ex. Rio de Janeiro. 1971.

RAMOS, J.J. Os Jogos Gregos e as Olimpíadas Contemporâneas. Es.E.F. Ex. Rio de Janeiro. 1976.

SILVA, J. História da Civilização. Companhia Editora Nacional. Rio de Janeiro. 1958.

SILVA, J. História da Civilização. Companhia Editora Nacional. Rio de Janeiro. 1958.

Sport ed Arte. Giochi della XVII Olimpíade. Roma. 1960. Comitê Olímpico Italiano. 1960.

SZYMICZEE, O. L'Ideologie Olympique. Bulletin de la FIEP. Nº 4. Paris. 1975.